임동석중국사상100

당재자전

唐才子傳

辛文房 撰 / 林東錫 譯註

〈李白〉

"상아, 물소 뿔, 진주, 옥. 진괴한 이런 물건들은 사람의 이목은 즐겁게 하지만 쓰임에는 적절하지 않다. 그런가 하면 금석이나 초목, 실, 삼베, 오곡, 육재는 쓰임에는 적절하나 이를 사용하면 닳아지고 취하면 고갈된다. 그렇다면 사람의 이목을 즐겁게 하면서 이를 사용하기에도 적절하며, 써도 닳지 아니하고 취하여도 고갈되지 않고, 똑똑한 자나 불초한 자라도 그를 통해 얻는 바가 각기 그 자신의 재능에 따라주고, 어진 사람이나 지혜로운 사람이나 그를 통해 보는 바가 각기 그 자신의 분수에 따라주되 무엇이든지 구하여 얻지 못할 것이 없는 것은 오직 책뿐이로다!"

《소동파전집》(34) 〈이씨산방장서기〉에서 구당(丘堂) 여원구(呂元九) 선생의 글씨

책머리에

　일찍이 《고문진보古文眞寶》를 배울 때 송지문宋之問의 작품으로 되어 있는 〈유소사有所思〉(代悲白頭翁)라는 제목의 "연년세세화상사年年歲歲花相似, 세세년년인부동歲歲年年人不同"(해마다 해마다 꽃은 같은 모습인데, 해마다 해마다 사람은 늙어가네)이라는 구절에 이르러 "이는 원래 유정지(劉廷芝, 希夷)의 글귀인데 송지문이 빼앗기 위해 그를 죽였다. 송지문은 유정지의 장인(舅, 외삼촌)이었다"라는 말을 듣고 엄청난 충격을 느꼈던 기억이 난다. 그 일화가 《당재자전唐才子傳》이라는 책에 실려 있다는 것이었다. 그 때부터 이 책이 어떤 책인가 하는 흥미와 함께 "시가 아무리 좋다 해도 시 구절 하나를 두고 사람을 죽일 수 있으며, 더구나 인척의 어린 사람을 살해하면서까지 그 시를 자신의 것으로 만들어야 하는가? 무슨 그런 시대가 있었으며 어떤 사회이기에 그런 일이 있을 수 있는가? 그리고 어떤 책이기에 그런 이야기가 적혀 있을까?" 하는 의구심을 갖게 되었다. 아울러 이러한 생각은 머리를 떠나지 않은 채 시간이 흘렀다.

　그런데 중국문학 공부를 본격적으로 하면서 이 《당재자전》이라는 책에 대한 흥미가 되살아나 자연히 관련 자료를 모으고 비교하며 훑어보게 되었다. 과연 당唐이라는 나라는 천하 사람의 자유를 인정하고 시의 세계를 지선至善으로 삼았으며, 기인奇人의 정서情緖 돌출突出까지도 수용할 만큼 넓고 화려한 시대였음을 금방 느끼게 되었다. 그런데 그러한 시대어 도 세상이 너무 좁아 도저히 자신의 감정과 시정詩情의 예술혼藝術魂을 다 표현할 수 없다고 여겨 그 이상의 세계를 꿈꾸며 살다가 간 사람들이 있다. 바로 여기에 실린 278명과 부수적으로 이름이 오른 수십 명이 이에 해당한다.

이 책을 읽다보면 우리가 늘 들어온 대가들은 빠짐없이 실려 있고 그 외에 승려, 여인, 심지어 이름이 드러나지 않은 사람들의 뛰어난 작품을 귀신들의 작품으로 여겨 수록한 것까지 참으로 신기한 인간의 생애가 가득 차 있음을 발견하게 된다.

지금 우리는 세계 속에서 지역의 한계를 뛰어넘어 실제 상황을 그대로 보며 살고 있다. 과학문명의 발달로 인한 인터넷의 속도를 보면 사실 무섭기도 하고 내일이나 몇 년 후조차 예상할 수 없는 세상에 살고 있다. 이러한 때에 한번 좀 더 느리고 답답하고, 그러면서 한가로운 당나라 때 초인과 시인, 기인들의 풍류와 고취苦趣를 맛보는 것도 또 다른 여유가 아닌가 한다. 가슴속에 맺혀 풀 수 없는 인간의 숙명적인 위기감은 물론 그 당시도 있었다. 아니 여기에 실린 사람들은, 시대는 당대唐代였지만 생각은 그 때에 적응하지 못하였고, 삶은 그 시대와 아주 멀리 괴리된 모습들이었다. 스스로 소외疏外를 자초하여 혹 은둔하기도 하고, 혹 광기狂氣로 세상을 휘젓기도 하였으며, 또는 결국 신선 세계로 날아가 버린 인물들이다. 이백을 두고 "세상에 귀양 온 신선謫仙人"이라 하였지만 실제 이백뿐이 아니었다. 당나라 때의 재자가인으로 '적선인'이 아닌 자가 없었다.

책의 제목은 "당나라 때의 재자才子들에 대한 전기"라는 이름이지만 여기서 '재자'란 재능이 뛰어난 인물만을 가리키는 것이 아님은 책을 읽어 나가면서 금방 눈치 채게 될 것이다. 오히려 기인奇人, 광인狂人, 경지를 넘어선 도인道人, 선인仙人들쯤에 해당한다.

단지 그 당시 풍미했던 당시唐詩라는 울분 토로吐露 그릇에 그 영감靈感의 진액眞液을 쏟아 담은 것뿐이다. 그러한 쏟아 담을 그릇이 있었다는 것은 참으로 다행이라 할 수 있다. 이것이 중국 문학사를 두고 최고의 경지인 당시시대를 낳은 것이며, 과연 썩지 않을 불후의 작품은 인류에게 아주 넓은 시정詩情의 세계를 열어주었다. 그 전후를 통해 그 이상의 어떤 문학 장르도 태어나지 못하였다. 그래서 얼핏 이 책의 내용이 당대 시인들의 전기가 아닌가 잘못 판단할 수도 있다. 그러나 분명 그것은 아니다. 포괄적으로 재인이라 한 것이며, 그 구체적 유물이 당시였을 뿐이다. 그 때는 시인 아닌 자가 없었고 시인이면서 문인이 아닌 자가 없었으며, 그러면서 과거에도 덤벼보고 벼슬살이도 해보았지만 결국 생의 참된 진리를 위해 우화등선을 꿈꾸는 기인 아닌 자가 없었고, 불교나 도교에 뜻을 두지 않은 자가 없었다. 거기에 여인이나 승려, 도인도 이에 경구절창警句絶唱 한 수 표현해내지 못하면 마치 살아 있으되 제대로 산 것이 아닌 강박관념까지 느낀 것이 아닌가 할 정도로 시와 기행이 들끓는 정신적 동탕動蕩의 가마솥이었다고 느낄 정도이다. 다양한 상상력을 마음대로 펴 볼 수 있고, 그 상상력을 다시 행동으로 옮겨도 되는 자유만끽의 드넓은 시대에 태어난 사람들이, 도리어 세상이 너무 넓어 다시 새장으로 들어가고 싶어 몸부림쳤던 시대였음이 분명하다. 눈앞에 펼쳐진 세상을 너무 좁은 새장으로 여겨 더 넓은 세계를 꿈꾸었으니 인간만이 누릴 수 있는 무한에 대한 욕망의, 끝간 데 모를 추구였는지 모른다.

나는 이 책을 역주하면서 참으로 많은 행복감을 느꼈다. 이 시대와 너무 닮은 것도 있고, 내 생각과 너무 같아 나 대신 세상을 살아주는 사람들이 그렇게도 많았음을 발견한 것이다. 그리고 내 삶이 미물일진대 무엇이 그리 나를 짓누르고 있는가? 과연 여세부쟁與世不爭의 삶을 실천해 볼 수는 없는가? 옛 사람 말대로 폭풍처럼 왔다가 티끌처럼 사라질(來似暴風, 去如微塵) 수는 없는가? 이러한 화두를 그대로 일러주고 있는 당나라 재자들의 삶 속에 나를 이입移入시켜도 될 듯한 착각은, 참으로 고맙고 또한 한적한 가치를 나에게 꾸어주고 있다.

물론 이 책은 학술적으로 이용되도록 역주한 것이다. 그러나 일반인들도 읽어보면 얻는 것이 있을 것임은 당연하다. 어디 쉽고 말초적인 표현만이 이 시대 독서인의 전유물이랴? 어려움도 하나의 길이며 험난할수록 도전을 부르는 법이다. 행복한 읽을거리가 될 것이라 여기며, 다시 우리 이 시대의 삶을 조명하는 거울이 될 수도 있을 것이라 여긴다.

끝으로 소략하고 완정完整하지 못한 부분은 강호제현이 살펴 질책해 주기를 기대한다.

줄포茁浦 임동석林東錫이 취벽헌醉碧軒에서 적다.

일러두기

1. 이 책은 삼간초당본三間草堂本《당재자전唐才子傳》(臺灣 廣文書局 영인본, 1972)을 근거로 하여 역주한 것이다.
2. 백화어 번역본으로는 이립박李立朴의《당재자전전역唐才子傳全譯》(貴州人民 出版社, 1995)과《신역당재자전新譯唐才子傳》(戴揚本 三民書局 2005 臺北)이 큰 도움이 되었으며, 일부 세밀한 부분은 부선종傅璇琮(主編)의《당재 자전교전唐才子傳校箋》(총6책, 中華書局 1987 北京)이 있어 이 방면의 가장 큰 업적이라 할 수 있다.
3. 〈사고전서四庫全書〉 사부史部(七), 전기류傳記類(三), 총록지속總錄之屬의 《당재자전唐才子傳》은 내용과 체재 등이 심히 소략疏略하며 거론된 인명도 차이가 있다.
4. 역주와 인명의 차례는 〈삼간초당본〉을 따르되 일련번호를 부여하여 쉽게 찾아볼 수 있도록 하였다.
5. 일부 오자, 탈자 등은 《당재자전고이唐才子傳考異》와 부선종의 《교전 校箋》을 따라 바로잡았다.
6. 축자축구逐字逐句식의 직역을 위주로 하였으며 일부 용어는 우리말로 풀어쓰기가 쉽지 않아 그대로 사용한 것도 있다. 이 경우 한자를 병기 하여 뜻을 이해할 수 있도록 하였다.
7. 체재는 번역문을 먼저 싣고 원문을 다음 차례로 하였으며, 주譯를 제시하였다.
8. 이어서 『참고 및 관련 자료』난을 마련하여 인물의 간단한 생애生涯와 문집文集의 전래 유무有無, 그리고 본문에 거론된 시詩는 물론, 관련된 자료들을 《구당서舊唐書》,《신당서新唐書》,《신구오대사新舊五代믄》 등

사료史料와 《당시기사唐詩紀事》, 《전당시全唐詩》, 《전당시화全唐詩話》
등에서 일일이 찾아 제시하였다.

9. 부록에는 판본 영인을 제시하여 원서의 면모를 알 수 있게 하였다.

10. 부록으로는 각종 (1)관련 서발 (2)저자 신문방辛文防 관련자료 (3)당재
자전고이唐才子傳考異 (4)수隋 당唐 오대십국五代十國 송宋까지의 세계표
世系表 (5)당唐 오대五代 건원建元(年號)일람표를 실어 본문 이해와 학문적
연구에 도움이 되도록 하였다. 그리고 끝으로 (6)인명별 참고자료를
일람표로 만들어 일목요연하게 살필 수 있도록 하였다.

● 참고문헌

1. 《唐才子傳校箋》(全5冊) 傅璇琮(主編) 中華書局 1990, 北京

2. 《唐才子傳校正》周本淳 文津出版社 1988, 臺北

3. 《唐才子傳》(筆記叢編, 三間草堂雕, 印本2冊) 廣文書局 1972, 臺北

4. 《唐才子傳》(四庫全書, 文淵閣本) 史部七, 傳記類三 總錄之屬 臺灣商務印
書館印本, 臺北

5. 《唐才子傳全譯》李立朴譯註 貴州人民出版社 1995 貴陽

6. 《新譯唐才子傳》戴揚本 三民書局 2005 臺北

7. 《全唐詩》(12책) 淸 成祖御定 明倫出版社 1971 臺北

8. 《唐詩紀事》(上下) 宋 計有功 木鐸出版社 1982 臺北

9. 《全唐詩話》淸 何文煥 木鐸出版社 1982 臺北

10. 《古唐詩合解》淸 王翼雲 文政出版社 宣統元年 石印本 臺北

11. 《唐摭言》五代 王定保 四庫全書 子部 12 小說家類 雜事之屬

12. 《舊唐書》後晉 劉昫(찬) 鼎文書局 1978 臺北

13. 《新唐書》宋 歐陽修(등) 鼎文書局 1978 臺北

14. 《舊五代史》宋 薛居正 鼎文書局 1978 臺北

15. 《新五代史》宋 歐陽修 鼎文書局 1978 臺北

16. 《宋史》元 托克托 鼎文書局 1978 臺北

17. 《詩人玉屑》宋 魏慶之(찬) 臺灣商貿印書館 1980 臺北

18. 《郡齋讀書志校證》宋 晁公武(찬) 孫猛(校證) 上海古籍出版社 1990 上海

19. 《崇文總目》(上下) 王堯臣 臺灣商務印書館 1978 臺北

20. 《直齋書錄解題》陳振孫 臺灣商務印書館 1978 臺北

21. 《唐詩品彙》明 高秉 上海古籍出版社 1981 上海

22. 《唐人軼事彙編》(4책) 周勛初(主編) 上海古籍出版社 1995 上海

23. 《唐代詩人列傳》馮作民 星光出版社 1980 臺北

24. 《滄浪詩話校釋》宋 嚴羽(著) 郭紹虞(校釋) 東昇出版社 1980 臺北

25. 《高僧傳》梁 慧皎 中華出版社 1996 北京

26. 《歷代高僧傳》李山(등) 山東人民出版社 1994 濟南

27. 《唐宋詩舉要》高涉瀛 宏業書局 1977 臺北

28. 《唐詩研究》胡雲 宏業書局 1972 臺北

29. 《杜詩詳註》(4책) 正大印書館印本 1974 臺北

30. 《李太白文集》學生書局印本 1967 臺北

31. 《十八家詩鈔》(2책) 曾國藩 世界書局 1974 臺北

32. 《千家詩》印本 文化圖書公司 1974 臺北

33. 《唐宋名詩索引》孫公望 湖南人民出版社 1985, 長沙

34. 《中國歷代詩詞選》周道榮(외) 新華出版社 1983 北京

35. 《中國歷代詩選》丁嬰 宏業書局 1978 臺北

36. 《中國歷代詩人選》(12책) 源流出版社 1982 臺北

37. 《中國古代情詩選》黃筑 黃河出版社 1979 臺北

38. 《唐詩三百首》萬里書店 1983 홍콩

39. 《唐詩一千首》金聖嘆(批注) 五洲出版社 1980 臺北

40. 《唐人絶句五百首》房開江, 潘中心(편) 貴州人民出版社 1983 貴陽

41. 《唐人萬首絶句選》洪邁本, 王士禎 藝文印書館(印本) 1981 臺北

42. 《柳宗元集》(2책) 四部刊要印本 漢京文化事業有限公司 1982 臺北

43. 《唐詩論叢》陳貽焮 湖南人民出版社 1981 長沙

44. 《唐詩別裁》(上下) 沈德潛 臺灣商務印書館 1978 臺北

45. 《唐詩大觀》上海辭書出版社編輯部 1986 上海

46. 《宋詩大觀》上海辭書出版社編輯部 1989 上海

47. 《歷代詩人年譜》(上下) 臺灣商務印書館 1978 臺北

48. 《中國詩詞發展史》民文出版社 1979 臺北

49. 《宋詩話考》郭紹虞 中華書局 1985 北京

50. 《十四家詩鈔》周自清 上海古籍出版社 1981 上海

51. 《唐詩故事》陸家驥 正中書局 1980 臺北

52. 《全國唐詩討論會論文集》霍松林 陝西人民出版社 1984 西安

53. 《唐詩之旅》愛書人雜誌社 1981 臺北

　　기타 참고 및 공구서 생략

해제

1. 《당재자전》

《당재자전》은 전기체傳記體 사서史書이며 당시唐詩 평론서評論書이다. 원元나라 때 신문방辛文房이라는 이가 지은 것으로 당대唐代와 오대五代까지의 인물을 모아 평론한 약전형略傳形의 기록이다. 모두 10권으로 되어 있다. 신문방은 서역西域 사람으로 알려져 있다. 그는 한문학漢文學에 숙통熟通하였으며, 특히 당대 시인에 대한 연구가 깊어 이를 집대성하고자 노력한 인물로 알려져 있다. 신문방은 스스로 《피사시집披沙詩集》이라는 문집을 남겼다고 하나 이미 사라지고 없다.

이 《당재자전》은 모두 278명을 대체적인 등제登第 선후를 순서로 삼아 인명人名을 표제로 하여 출신지(혹 貫籍)와 자字, 과거 급제 시기와 상황을 기술하고, 이어서 기이한 일화와 시구詩句, 혹은 교유交遊 등을 서술하였으며, 특히 시단詩壇에서의 평가와 생졸生卒, 문집文集의 전래 유무 등의 체재로 기술하고 있다. 내용 그대로 약전에 불과하며 분량도 많은 양을 넘어서지 않으며 일부는 단 몇 줄에 지나지 않는 것도 있다.

특히 '재자才子'라는 큰 범위를 정하였으나 대체로 시인詩人이 많고 그 외 승려, 여인, 심지어 끝은 귀신을 언급하고 있어 이채롭다. 거론된 사람들도 공식적인 278명 외에 부기附記한 이름이 120명으로 모두 398명인 셈이다. 그러나 일부는 부기했다기보다 서술 중에 거론한 인명일 뿐인 경우도 있다. 이 많은 사람 중에 《구당서舊唐書》, 《신당서新唐書》에 전傳이 있는 인물은 100여 명에 불과하며 나머지는 여러 자료를 참고한 것으로 보인다.

문장이 간결하고 견해가 정확하여 당대 시인 전기 연구에 귀중한 자료가 될뿐더러, 아울러 당시 풍류의 변화와 시인에 대한 평가, 나아가 작가의 예술 정신을 살펴보는데 없어서는 안 될 자료로 인정받고 있다. 그러나 글 속에 일부 관점은 전혀 새로움이 없어 진부하기도 하고 일부는 착오를 일으켜 잘못 인용하거나 서술한 부분도 있다.

《당재자전》은 특히 만당晩唐 시인에 대한 사적이 상세하고 일부 오대五代, 송대宋代까지 수록하고 있다. 또한 당대의 많은 시인들의 생애에 대한 자료와 과거 경력 등을 담고 있어 매우 중요한 자료로 당시 연구는 물론 시대 상황의 연구에도 귀중한 역할을 하고 있다. 그러나 문장이 지나치게 약화略化되고 내용이 너무 함축되어 이 《당재자전》의 연구는 우선 정사正史와 《전당시全唐詩》, 《당시기사唐詩紀事》, 《전당시화全唐詩話》를 참고하고, 그 외에 《당척언唐摭言》 등 각종 자료를 참증參證하여 연구하는 것이 가장 이상적일 수밖에 없다.

이 책은 원 대덕大德 8년(元 成宗, 1304)에 완성되었으나 신문방 자신의 저작 원본은 물론 사라지고 없다. 그러나 이 책은 원대에 이미 출간되었다. 즉 명초明初 양사기楊士奇가 직접 보았다는 것으로 보아 그 당시까지 〈원간본元刊本〉이 중국에 전해졌던 것이 아닌가 한다. (附錄 楊氏의 〈書唐才子傳後〉 문장을 볼 것. 《東里文集》 권10, 題跋)

그런데 그 후 중국에서는 이 책이 사라져 기록에 보이지 않는다. 다만 《영락대전永樂大典》 〈전운傳韻〉에 수록된 것을 청대淸代 〈사고전서四庫全書〉를 편찬하면서 《영락대전》의 기타 〈운韻〉에서 모두 모아 243명의 전기傳記와 부기副傳 44명 등 287명을 집일輯佚하여 8권으로 만든 것이 있다. 이`는 당연히 〈집일본輯佚本〉으로 원서의 면모는 아니다.

한편 〈원간본〉 10권이 일본日本으로 건너가 고스란히 남아 있었다. 일본에서는 일본대로 14세기 후반에 이를 다시 간행하였으니 〈급고서원영인내각문고장본汲古書院影印內閣文庫藏本〉 10권이 바로 이것이다. 이를 흔히 〈오산본五山本〉으로 부른다. 그리고 일본에서는 다시 정보定保 4년(1647)에 상촌이랑위문上村二郎衛門이 간행한 10권이 있어 이를 〈정보본定保本〉으로 부른다. 이 〈정보본〉은 〈원간본〉을 근거로 한 것이었으나 원문 곁에 가나假名를 넣었으며 오류가 많아 정본正本과는 거리가 있는 것으로 알려져 있다.

그 뒤 일본에서는 향화享和 2년 계해(癸亥, 1802)에 천폭산인(天瀑山人, 林衡)이라는 자가 〈오산본〉을 근거로 〈일존총서佚存叢書〉 속에 《당재자전》 10권을 넣어 출간하였는데 이를 〈일존총서〉라 부른다.(이 책은 民國 13년(1924)에 中國 商貿印書館에서 影印 출간되었다.)

이 일본의 〈일존본〉 10권이 중국에 들어오자, 중국에서는 즉시 〈사고전서〉 집일본과 대조하여 완정을 기하는 교정 작업이 이루어졌다. 우선 가경嘉慶 10년(1805) 육지영陸芝榮의 〈삼간초당본三間草堂本〉 10권이다. 이 책은 〈원간본〉에 맞추어 그대로 10권으로 하고, 육씨陸氏 자신의 《당저자전고이唐才子傳考異》 1권과 왕종염王宗炎의 서序, 왕계배汪繼培의 발跋을 실었다.(이 책은 民國 58(1969) 臺灣 廣文書局에서 上下 2책으로 영인 출간하였으나 표지에 「元 辛文房」을 「淸 辛文房」으로 잘못 표기하고 있으며, 筆記叢編이라 하였다. 陸芝榮의 이름도 밝히지 않고 있으며, 出版緣起나 설명이 없고, 게다가 왕종염의 서문과 왕계배의 발문도 생략하였다. 다만 부록으로 육지영의 《고이》는 싣고 있다. 王氏의 序文과 汪氏의 跋文은 참고란을 볼 것)

다음으로 청淸 도광道光 22년(1842) 전희조錢熙祚의 〈지해본指海本〉 10권을 들 수 있다. 이 책은 본문 중간에 협주夾註의 교기校記를 넣고 있으며 비교적 널리 보급된 책이다.(錢氏 〈지해본〉 跋文은 참고란을 볼 것)

그밖에 청淸 동치同治 연간부터 민국民國에 이르기까지 일본 〈일존총서〉 본을 복각한 책이 출현하였는데, 대체로 동치 원년(1862) 오숭요伍崇耀가 간행한 〈월아당총서본粵雅堂叢書本〉과 민국 13년(1924) 소주蘇州 문학산방文學山房에서 목활자木活字로 찍어낸 〈강씨취진판총서본江氏聚珍版叢書本〉 등이다. 특히 청 광서光緖 8년(1881) 호상황씨滬上黃氏의 목활자본은 〈일존총서〉 본을 근거로 했다고 하면서 도리어 원문을 임의로 고쳐 원본과 멀어진 경우까지 나타나게 되었다. 일본 〈일존총서〉 본은 1957년 표점을 가해 복인한 고전문학출판사본古典文學出版社本이 가장 완정한 것으로 알려져 있다.

결론적으로 《당재자전》의 판본板本 유전流傳 상황은 3가지 계통인 셈이다. 즉 원대의 신문방 자신의 원본은 사라지고, 〈원간본〉이 일본으로 건너간 다음, 일본 자체의 〈오산본〉, 〈정보본〉, 〈일존본〉으로 이어졌으며, 이 〈일존본〉이 중국에 역수입된 후 중국에서 정리한 〈삼간초당본〉, 〈지해본〉, 〈월아당총서본〉이며 이것이 지금에 이어진 첫 번째 계통이다. 다음으로 〈원간본〉 여부에 관계없이 명초 양사기가 보았다는 판본으로 지금은 사라지고 없다. 이것이 두 번째 계통이다. 그리고 중국 내에 이어온 《영락대전》을 거쳐 〈사고전서〉에 수록된 〈집일본〉 8권이 그 세 번째 계통이다.

한편 현대에 이르러 1988년 대만臺灣 문진출판사文津出版社에서 출간한 주본순周本淳의 《당재자전교정唐才子傳校正》에는 부록으로 각 서발序跋 등 관련 자료를 싣고 있어 연구에 많은 도움을 주고 있으며, 1995년 귀주인민출판사貴州人民出版社에서 이립박李立朴이 《당재자전전역唐才子傳全譯》을 출간하여 일반인의 접근을 쉽게 하였다. 그러나 아무래도 1995년 부선종傅璇琮이 주편主編이 되어 중화서국中華書局에서 출간한 《당재자전교전唐才子傳校箋》은 무려 5책의 방대한 저술로 이 방면의 대미大尾를 장식하고 있다고 할 것이다.

2. 신문방辛文房

《당재자전》의 저자 신문방은 사서史書에 기록이 남아 있지 않아 자세히 알 수 없다. 다만 〈사고전서총목제요四庫全書總目提要〉(58)와 육우인陸友仁의 《연북잡지硏北雜志》(卷下)에 단편적인 언급이 있어, 자字가 양사良史이며 서역西域 출신으로 왕집겸王執謙, 양재楊載 등과 동시대(元代 前期) 인물임을 알 수 있을 뿐이다. 그는 《당재자전》 서문에 해당하는 〈인引〉에서 자신을 "異方之士, ……弱冠斐然, 狃於見聞, 豈所能盡?"이라 하였으며 당대 시인에 관심이 있어 자료를 모아 이 책을 완성한다고 하였다. 간기刊記에 의하면 원元 성종成宗 대덕大德 갑진甲辰(1304)이다.

그 외에 그가 남긴 문장이나 시는 주본순周本淳이 집일輯佚한 《국조문류國朝文類》(권4, 권8)와 관련 사항을 《구곡외사정거선생시집句曲外史貞居先生詩集》(권4)과 《석전선생문집石田先生文集》(권2) 등에서 밝혀낸 4편밖에 없다. (이상은 참고란을 볼 것)

唐才子傳卷第一

西域　辛文房　撰

魏帝著論稱文章經國之大業不朽之盛事年壽有
時而盡未若文章之無窮詩文者也唐興尚文
衣冠兼化無慮不可勝計擅美於詩當復千家歲月
荏苒遷逝淪落亦且多矣況乃浮沈畏途復冝官
存沒相半不亦離乎崇事奕葉苦思積年心神游穹
相仍名逮於此談何容易哉夫詩所以動天地感鬼
神厚人倫移風俗也發乎其情止乎禮義非苟尚辭
而已遐尋其來國風雅頌開其端離騷招魂厭醨
蘇李之高妙足以定律建安之道壯粲爾成家爛熳
於江左濫觴於齊梁襲祖沿流炳然明白鏗鏘愧
金石炳煥卯丹青理窮必通困時為變勿訝於枳橘
也唐幾三百年鼎鐘挾雅道中間大體三變故章句
非土所安詎別於渭逕投膠自定蓋係乎得失之運
有焦心之人聲律至穿楊之妙於法而能備於言無
所假及其逸度高標餘波遺韻臨高能賦閒眼微吟
舊格近體古風樂府之類芳沃當代響起陳人淡寂
無枯悴之嫌繁藻無淫妖之忌猶金碧助彩宮商自
協端足以仰紹先塵俯謝來世清廟之瑟薰風之琴
未或簡其沈醉兩晉風流不相下於秋毫也余退想
高情身服斯道窮其梗槩行藏散見錯出使覽於逃
作峕味音客浴彼姓名未辨機軸嘗切病之頭以端
居多賊害事都指洴目簡編宅之史集或求詳累帙
因備先傳撰擬成篇班有據以悉全時之盛用成
一家之言容冠以峕定為先後遠陪公議誰得而詎
也如方外高格逃名散人上漢仙侶幽闡綺思雖多
微考實故刪總論之天下英奇所見畧似人心相去
苦亦不多至若觸事興懷頤附篇末異方之士窮冠
裴然狃於見聞豈所能盡敢倡斯盟尚賴同志相與
廣焉庶乎作九京於長夢詠一代之清風後來奮飛
可畏相激百世之下猶期賞音也傳成凡二百七十
八篇因而附錄不泯者又一百二十家釐為十卷名
以唐才子傳云有元大德甲辰春引

六帝

夫雲漢昭回仰彌高於宸極洪鐘叩發至響於咸
池以太宗天縱玄廟聰明憲德文儒睿姿繼挺俱以
萬機之暇特駐吟情奎璧騰輝袞龍浮彩寵延臣下
每錫贈酬故上有好者下必有甚焉者矣

《唐才子傳》三間草堂本 臺灣廣文書局(1972) 印本. 본 책은 이 판본을 근거로 하였다.

欽定四庫全書

唐才子傳卷一

陶翰

崔信明　章新舊唐書信明青州益都人　少英敏及長疆記美文章高孝
基語僧號信明弟佐職勤信明降節當得美官不肯從遂
建德人曰崔信明才冠一時但恨位不到耳為堯城令寶
踰城去隱太行山中貞觀中詔即其家拜興世丞遠秦
川令全文已佚今從采入原文編錄附識於此
李百藥　按新舊唐書李百藥字安平人　才行天下推服好獎掖後進

王勃　按新舊唐書勃字子安絳州龍門人　六歲善辭章未及冠授朝散郎
沛王署為府修撰王關雞會為文檄高宗聞之
怒斥出府既歷父撰福時遽交阯令勃往省觀途過南昌
時都督閻公新造滕王閣成九月九日大會賓客將令
其壻作記以誇盛事勃至入謁師知其才因請為之勃
欣然對客操觚頃刻而就文不加點滿座大驚辭別師
贈百縑即舉帆去勃屬文綺麗請者甚多金帛盈積心
織而衣筆耕而食有集三十卷及舟中纂序五卷今行

《唐才子傳》四庫全書 史部(7) 傳記類(3) 總錄之屬.《永樂大典》을 근거로 집일한 것이며 모두 8권으로 되어 있다. 내용과 체제 등이 매우 소략하며 인명과 순서 등에 차이가 있다.

唐摭言卷一

五代

王定保　撰

統序科第

周禮鄉大夫興鄉飲酒之教芳其德行察其道藝三年
舉賢者貢于王庭非夫鄉舉里選之義源于中古乎夫
于聖人給以四科齒門弟子後王因而範之漢革秦亂
讓求典禮亦辯簡達守轍必須賢俊考德行則升孝廉

唐摭言　卷一

而激浮俗挹道藝則第雋造而廣人文故鄉國貢士無
虛歲矣錄是天下計集于大司徒府所以顯五教于
萬民者也我唐沿隋法漢攷攷砣砣以羅草澤琴瑟不
段而清濁殊塗丹漆不施而豐俊異致始自武德辛巳
歲四月一日勅諸州學士及蚤有明經及秀才俊士進
士明于理體為鄉里所稱者委本縣考試州長重覆取
其合格每年十月隨物入貢斯我唐貢士之始也厥有
沿草錄之如左

貢舉釐革并行鄉飲酒

開元二十五年二月勅應諸州貢士上州歲貢三人中
州二人下州一人必有才行不限其數所宜貢之人解
送之日行鄉飲禮牲用少年以官物充

會昌五年舉格節文

公卿百寮子弟及京畿內士人寄客外州府舉士人等
修明經進士業者並隸名所在監及官學仍精加考試
所送人數其國子監明經舊格每年送三百五十人今
請送二百人依舊格送三十人其隸名明經亦請
送二百人其宗正等進士送二十人其東監同華河中
所送進士不得過三十人明經不得過五十人其鳳翔
山南西道東道荊南郯岳湖南鄭滑浙西浙東鄜坊宣
商涇邠江南江西淮南西川東川陝虢等道所送進士
不得過二十五人明經不得過二十人其河東陳許汴
徐泗易定齊德魏博澤潞幽孟靈夏淄青鄆曹兗海鎮
冀麟勝等道所送進士不得過二十人明經不得過十

《唐摭言》五代 王定保(찬) 四庫全書본. 唐代 인물 연구에 많은 자료를 제공하고 있다.

古唐詩合解卷一

吳郡王堯衢翼雲註

門人李　模宏遠
　　　桓廣心　同校

五言古

述懷

中原還逐鹿，投筆事戎軒。縱橫計不就，慷慨志猶存。

杖策謁天子，驅馬出關門。請纓繫南越，憑軾下東藩。

　　　　　　　　　　　　　　　　　　　　　魏徵

鬱紆陟高岫，出沒望平原。古木鳴寒鳥，空山啼夜猿。

既傷千里目，還驚九折魂。豈不憚艱險，深懷國士恩。

季布無二諾，侯嬴重一言。人生感意氣，功名誰復論。

薊丘覽古

　　　　　　　　　　　　　　　　　　　　　陳子昂

南登碣石館，遙望黃金臺。邱陵盡喬木，昭王安在哉。霸圖悵已矣，驅馬復歸來。

清，王雲翼《古唐詩合解》

新寧高棅廷禮編輯
新安汪宗尼校訂

正始上
太宗皇帝

幸武功慶善宮賦

壽丘唯舊跡　豐邑乃前基　粤予承累聖　懸孤亦在茲
弱齡逢運改　提劍鬱匡時　指麾八荒定　懷柔萬國夷
梯山咸入款　駕海亦來思　單于陪武帳　日逐衛文螭
端扆朝四嶽　無為任百司　霜節明秋景　輕冰結水湄
芸黃遍原隰　禾穎積京坻　共樂還譙宴　歡此大風詩

正日臨朝

條風開獻節　灰律動初陽　百蠻奉遐贐　萬國朝未央
雖無舜禹跡　幸欣天地康　車軌同八表　書文混四方
赫奕儼冠蓋　紛綸盛服章　羽旄飛馳道　鐘鼓振嚴廊
組練輝霞色　霜戟耀朝光　晨宵懷至理　終愧撫遐荒

春日玄武門宴群臣

韶光開令序　淑氣動芳年　駐輦華林側　高宴柏梁前
紫庭文樹滿　丹墀袞綬連　九夷簉瑤席　五狄列瓊筵

娛賓歌湛露　廣樂奏鈞天　盈尊浮綠醑　雅曲韻朱絃
粵余君萬國　還慚撫八埏　庶幾保貞固　虛己屬求賢

經破薛舉戰地

昔年懷壯氣　提戈初仗節　心隨朗日高　志與秋霜潔
移鋒驚電起　轉戰長河決　營碎星流陣　卷橫雲裂
一揮氛沴靜　再舉鯨鯢滅　於茲俯舊原　屬目駐華軒
沬沙無故跡　瀎痕有殘寵　浪霞穿水淨　峰抱蓮昏
世途亟流易　人事殊今昔　長想眺前蹤　撫躬聊自適

飲馬長城窟行

塞外悲風切　交河冰已結　瀚海百重波　陰山千里雪
迥戍危烽火　層巒引高節　悠悠卷旆旌　飲馬出長城
塞沙連騎跡　朔吹斷邊聲　胡塵清玉塞　羌笛韻金鉦
絕漠干戈戢　車徒振原隰　都尉反龍堆　將軍旋馬邑
揚麾氛霧靜　紀石功名立　荒裔一戎衣　雲臺凱歌入

虞世南

從軍行

高棅《唐詩品彙》

舍南舍北皆春水但見群鷗日日來

客至

佳客坐百年廛嬌腐儒餐

嫌野外無供給乘興遣來看藥欄

客掃蓬門今始為君開　花徑不曾緣

盤飧市遠無兼味樽酒家貧只舊醅　肯與鄰翁

相對飲隔籬呼取盡餘盃

嚴中丞枉駕見過　嚴武ㅣ라

《杜詩諺解》 중간본. 필자 소장.

唐詩正音輯註卷之三

襄城楊士弘 伯謙編次　新淦張震 文亮輯註

五言律詩

暉上人獨坐山亭　陳伯玉

方寂雲霞思獨玄　知人代裏疲病得葉綠
鐘梵經行廈香林入禪嚴亭交雜樹石瀨鳴泉水月心

春日登九華觀　唐詩正音三

白玉仙臺古丑別望山川亂雲日樓入烟霄鶴舞千
年樹飛百尺橋還逢赤松子天路坐相邀

故鄉杳無際日暮孤征川原迷舊國道路入邊城野荒
烟鎖深山古木平如何此時恨嗷嗷夜猿鳴

春夜別友人

銀燭吐青烟金樽對綺筵離堂思琴瑟別路繞山川明月隱
高樹長河沒曉天悠悠洛陽去此會在何年

《唐詩正音輯註》 조선시대 판본, 필자 소장.

唐人萬首絕句選卷一

鄱陽　洪邁　元本
濟南　王士禛　選本

五言一
王勃

寒夜思 三首

極
久別侵懷抱他鄉變容色月夜調鳴琴相思此何

雲開征思斷月下歸愁切鴻雁西南飛如何故人

別
朝朝碧山下夜夜滄江曲復此遙相思清尊湛芳

渌
別人
霜華淨天末霧色籠江際客子常畏人胡爲久留

滯
思歸
長江悲已滯萬里念將歸況復高風晚山山黃葉

飛
盧照鄰
○曲江花

洪邁元《唐人萬首絕句選》

李太白文集卷第一

草堂集序

宣州當塗縣令李陽冰

李白字太白隴西成紀人涼武昭王暠九世孫蟬聯
珪組世為顯著中葉非罪謫居條支易姓與名然自
窮蟬至舜七世而廬累世不大曜亦可歎焉神龍之
始逃歸于蜀復指李樹而生伯陽驚姜之夕長庚入
夢故生而名白以太白字之世稱太白之精得之矣
不讀非聖之書恥為鄭衛之作故其言多似天仙之
辭凡所著述言多諷興自三代已來風騷之後馳驅
屈宋鞭撻揚馬千載獨步唯公一人故王公趨風列
岳結軌群賢翕向如鳥歸鳳盧黃門云陳拾遺橫制
頹波天下質文翕然一變至今朝詩體尚有梁陳宮
掖之風至公大變掃地併盡今古文集遏而不行唯
公文章橫被六合可謂力敵造化歘天寶中皇祖下
詔徵就金馬降輦步迎如見綺皓以七寶林賜食御
手調羹以飯之謂曰卿是布衣名為朕知非素蓄道
義何以及此置于金鑾殿出入翰林中問以國政潛
草詔誥人無知者醜正同列害能成謗格言不入帝
用疎之公乃浪跡縱酒以自昏穢詠歌之際屢稱東
山又與賀知章崔宗之等自為八仙之遊謂公謫仙
人朝列賦謫仙之詞兄數百首多言公之不得意天
子知其不可留乃賜金歸之遊就從祖陳留採訪大

《李太白文集》

石壕吏

暮投石壕村　有吏夜捉人老翁踰牆走老婦出看

吏呼一何怒　婦啼一何苦聽婦前致詞

三男鄴城戍　一男附書至二男新戰死

存者且偷生　死者長已矣室中更無人惟有乳下孫

《杜詩詳註》明 仇兆鰲(편집)

〈李白吟行圖〉宋, 梁楷 그림.

四川 成都의 「杜甫草堂」 정문.

白居易 〈長恨歌詩意圖〉清 袁江 그림.

唐 永泰公主墓 벽화

당 현종과 양귀비의 애정 고사가 얽힌 華淸池

李太白文集卷第一

草堂集序

宣州當塗縣令李陽冰

李白字太白隴西成紀人涼武昭王暠九世孫蟬聯

珪組世為顯著中葉非罪謫居條支易姓為名然自

窮蟬至舜七世為庶累世不大曜亦可數焉神龍之

始逃歸于蜀復指李樹而生伯陽驚姜之夕長庚入

夢故生而名白以太白字之世稱太白之精得之矣

不讀非聖之書恥為鄭衛之作故其言多似天仙之

辭凡所著述言多諷興自三代已來風騷之後馳驅

屈宋鞭撻揚馬千載獨步唯公一人故王公趨風列

岳結軌羣賢翕習如鳥歸鳳盧黃門云陳拾遺橫制

《李太白文集》

〈道人圖〉

〈青蛙圖〉

차 례

卷七 (169 –194)

唐才子傳 三

卷一 (001~026)

卷三 (051 −081)

卷四 (082 ~111)

唐才子傳 들

卷八 (195 -219)

◉ 부록

4. 五代十國 興亡表
　　五代: 後梁, 後唐, 後晉, 後漢, 後周.
　　十國: 前蜀, 後蜀, 吳, 南唐, 吳越, 閩, 楚, 荊南, 南漢, 北漢.
5. 隋世系表

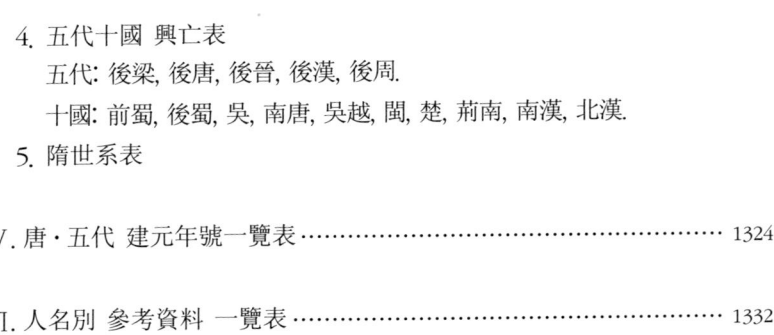

당재자전 唐才子傳

卷五(112 − 142)

〈達摩渡江圖〉

112(5-1)
노동盧仝

　노동盧仝은 범양范陽 사람으로 처음에는 소실산少室山에 은거하여 호를 '옥천자玉川子'라 하였다. 집이 지극히 가난하여 오직 책만 무더기로 쌓였을 뿐이었다. 그 뒤 그는 낙양洛陽으로 거처를 옮겼지만 다 쓰러져 가는 집에 방 몇 칸뿐이었다.

> "한 종은 긴 수염에 머리 묶을 것도 없이 빠졌고　　一奴長鬚不裹頭
> 　한 여종은 맨발에 늙어 이가 다 빠졌네."　　　　　一婢赤脚老無齒

　그러면서 종일 그는 글만 읽고 있어서 보다 못한 이웃의 스님이 그에게 식량을 보내주었다. 조정에서는 그의 청개지절淸介之節을 알고 무릇 두 번이나 예의를 갖추어 그를 불러 간의대부諫議大夫를 삼아주었지만, 그는 응하지 않았다.
　당시 한유韓愈가 하남령河南令이었으며 노동의 지조를 아껴 아주 공경하며 대우해 주었다. 그런데 노동이 한 번은 어린 악동惡童에게 위협을 받아 분한 나머지 이를 한유에게 호소하여 즉시 이 자를 잡아 처리해 달라고 하였다. 그러나 노동은 다시 그 악동이 한유에게 원한을 품을까 염려하여 없던 일로 해 달라고 다시 부탁을 하였다. 이에 한유는 그의 도량에 더욱 감복하였다.

원화元和 연간에 월식月蝕이 있었다. 노동은 이를 두고 시를 지어 당시의 역당逆黨을 절필하게 표현하였다. 한유는 그 문장의 공교함을 극찬하였고 나머지 무리들은 노동을 미워하게 되었다. 당시 왕애王涯가 실권을 잡고 있었다. 그런데 왕애는 환관들과 원한 관계에 있었다. 그런데 그들이 화禍를 일으켜 왕애를 잡으러 왔을 때, 노동은 우연히 왕애와 함께 그의 관사에 여러 객들과 함께 회식을 하고 있었다. 그래서 함께 그곳에 포위된 채 묶여 있다가 이졸吏卒이 노동을 체포하려 하자 노동은 이렇게 말하였다.

"나는 노은사盧隱士이다. 누구에게도 원한을 산 일이 없다. 내게 무슨 죄가 있단 말이냐?"

그러자 이졸은 이렇게 말하였다.

"그대가 이미 은사라고 하였다면 그런 자가 무엇하러 재상 집에 와 있느냐? 어찌 죄가 없다 하느냐?"

창망한 속에 스스로 어떻게 처리하지 못한 채 그는 결국 감로지화甘露之禍와 똑같이 걸려들고 말았다. 그 때 노동은 머리카락이 없었다. 환관들은 머리 뒤에 못을 박아 죽여버렸다. 그보다 먼저 노동은 아들을 낳자 이름을 첨정添丁이라 지었다. 사람들은 이를 두고 그 정丁이 못釘과 같아 이것이 곧 참讖이 되고 말았다고 떠들었다.

노동은 성품이 고고하고 개벽介僻하여 그 견해가 범근凡近하지 않았다. 당시唐詩의 기본 체제에 어긋남은 없었으나, 노동의 작품은 특이하여 스스로 일가를 이루고 있었다. 그의 시어詩語는 기휼奇譎을 숭상하여 일반 독자는 알기 어렵고, 오직 식자識者라야 쉽게 이해를 할 수 있다. 뒤에 이 노동의 시풍을 모방하여 따르는 자가 많아, 드디어 그러한 시격詩格의 종사宗師가 되었다.

문집 1권이 지금 전하고 있다.

◎ 고시古詩에 이렇게 말하였다.

"말린 고기 강가를 지나면서 눈물짓네　　　　　枯魚過江泣
　어찌 지금 이때 후회한들 되돌릴 수 있으리오　　何時悔復及

물속 방서 고기에게 편지 써서 보내노니　　作書與魴鯉
그대들은 서로 경계하여 출입을 조심할지어다."　相戒愼出入

　이 시의 뜻은 전지복철前之覆轍을 예방하라는 뜻이다. 노동의 지회志懷는
상설霜雪과 같았고 지조는 송백松柏과 같아 괄낭지고括囊之高의 깊은 조심성
이 있었건만 어쩌다가 그 왕애의 집에 들어가는 실수를 저질렀던가!
아! 한번 잘못된 땅에 발을 들여놓으면 그 발길 돌리기 전에 이미 앙화
에 걸려들어, 옥이건 돌이건 다 타 없어지는 것, 가히 통재痛哉스러운 일이
아니리오!

　盧仝:
　仝, 范陽人. 初, 隱少室山, 號「玉川子」. 家甚貧, 惟圖書堆積.
後卜居洛城, 破室數間而已.
　『一奴長鬚不裹頭, 一婢赤脚老無齒.』
　終日苦哦, 隣僧送米. 朝廷知其淸介之節, 凡兩備禮徵爲
諫議大夫, 不起. 時韓愈爲河南令, 愛其操, 敬待之. 嘗爲惡
少所恐, 訴於愈, 方爲申理, 仝復慮盜憎主人, 願罷之, 愈益
服其度量.
　元和閒月蝕, 仝賦詩, 意切當時逆黨, 愈極稱工, 餘人
稍恨之. 時王涯秉政, 胥怨於人. 及禍起, 仝偶與諸客會食
涯書館中, 因留宿, 吏卒掩捕, 仝曰:「我盧山人也, 於衆無怨,
何罪之有?」
　吏曰:「旣云山人, 來宰相宅, 容非罪乎?」
　倉忙不能自理, 竟同甘露之禍. 仝老無髮, 奄人於腦後加釘.
　先是, 生子名「添丁」, 人以爲讖云. 仝性高古介僻, 所見不凡近.

唐詩體無遺, 而仝之所作特異, 自成一家, 語尚奇譎, 讀者難解, 識者易知. 後來倣效比擬, 遂爲一格宗師.

有集一卷, 今傳.

◎ 古詩云: 『枯魚過河泣, 何時悔復及. 作書與魴鱮, 相戒愼出入.』

斯所以防前之覆轍也. 仝志懷霜雪, 操擬松柏, 深造括囊之高, 夫何戶庭之失! 噫! 一蹈非地, 旋踵逮殃, 玉石俱爛, 可不痛哉!

【范陽】 지금의 河北省 涿州市.

【少室山】 五獄 중 中岳인 嵩山의 세 봉우리 가운데 하나.

【一奴長鬚不裹頭】 이 詩는 원래 韓愈가 盧仝에게 준 것이다. 《韓昌黎詩繫年集釋》(卷7)에 〈寄盧仝〉으로 되어 있다. 韓愈가 唐 憲宗 元和 6年(811) 河南縣令으로 임명되었을 때 지은 것으로 이를 통해 盧仝의 행적을 밝히려고 引用한 것으로 보인다. (참고)

【愈益服其度量】 이 故事 역시 韓愈의 〈寄盧仝〉 詩에 의거한 것으로 여겨진다. (참고)

【逆黨】 이는 盧仝의 〈月蝕詩〉로 《全唐詩》(卷387)에 실려 있다. (참고)

【王涯】 本冊 卷5(129) 참조.

【甘露之禍】 唐 文宗 大和 9年(835)에 宰相 李訓·節度使 鄭注가 모의하여 宦官을 없애기 위해 李訓이 먼저 左金吾大廳에 복병을 숨겨 놓고 거짓으로 후원의 석류나무에 甘露가 맺혀 있다고 속였다. 이리하여 宦官 仇士良 등을 불러 구경하도록 한 다음 죽이려 하였다. 그러나 仇士良 등이 근처에 이르러 복병을 보고는 놀라 도망가 결국 실패로 끝났으며 그로 인해 李訓·鄭注, 그리고 宰相이었던 王涯·舒元輿 등이 모두 宦官들에게 피살되고, 10여 家가 멸족당하였고 1천여 명이 죽임을 당하였다. 이를 '甘露之變'이라 한다. 《舊唐書》 文宗紀 참조.

【添丁】 '丁'자가 '釘'과 같아 유추한 讖으로 이 이야기는 宋代에 널리 퍼졌다. 錢易의 《南部新書》(壬部), 晁公武의 《郡齋讀書志》(卷4), 劉克莊의 《後村詩話》(前集 卷1) 등에 모두 실려 있다. 그러나 盧仝이 죽은 것은 唐 憲宗 元和 8年(813) 전후로 겨우 40여 세였고 甘露之變은 그로부터 20여 년 후 (835)의 일로 사실과 맞지 않다.

【一格宗師】 盧仝의 詩는 뒤의 詩評家들에 의해 '盧仝體'라 불리기도 하였다. (참고)

【古詩】 이는 漢代 樂府詩로 제목은 〈枯魚過河泣〉이며 宋 郭茂倩의 《樂府詩集》 卷74에 실려 있다. 〈雜曲歌辭〉(14)에 해당하며 詩의 全文 그대로이다.

【覆轍】 앞서 간 수레의 엎어짐을 그대로 따르는 잘못을 범하지 말라는 뜻.

【括囊】 '입을 꼭 틀어막고 말조심을 하다'의 뜻. '쓸데없는 말을 하여 화를 자초하는 행동을 금하다'의 뜻이다. 《周易》 坤卦에 "括囊, 无咎无譽"라 하였다.

【深造】 '심원한 경지에 이르다'라는 뜻. 《孟子》 離婁(下)에 "君子深造之以道, 欲其自得之也"라 하였다.

【戶庭】 집·가문. 《周易》 繫辭(上)에 "不出戶庭, 无咎"라 하였다.

참고 및 관련 자료

1. 노동(盧仝: 775?~835, 755?~811?)

'玉川子'라 부르며 《河南通志》(卷65) 〈文苑〉에 "盧仝, 濟源人, 號玉川子, 好學博覽, 工詩"라 하였다. 그의 文集은 《新唐書》(藝文志, 4)에 《玉川子詩》 1卷, 《崇文總目》, 《郡齋讀書志》(卷4)에 역시 1卷이라 하였으나 《直齋書錄解題》(卷19)에는 《盧仝集》 3卷이라 하였다. 《全唐詩》에 詩 3卷(387~389)이 실려 있으며 《全唐詩外編》 및 《全唐詩續拾》에 詩 1首와 斷句 1句가 補入되어 있다. 《唐詩紀事》(卷35)에 관련 기록이 실려 있다.

2. 《新唐書》 卷176 참조.

3. 《唐詩紀事》 卷35

仝, 居東都, 退之爲河南令, 愛其詩, 厚禮之, 自號玉川子, 嘗爲〈月蝕詩〉, 譏切元和朋黨.

4.《全唐詩》卷387

盧仝, 范陽人, 隱少室山, 自號玉川子. 微諫議不起, 韓愈爲河南令, 愛其詩, 厚禮之. 後因宿王涯第, 罹甘露之禍, 詩三卷.

5. 韓愈〈寄盧仝〉(《韓昌黎詩繫年集釋》卷7)

『玉川先生洛城裏, 破屋數間而已矣. 一奴長鬚不裹頭, 一婢赤脚老無齒. 辛勤奉養十餘人, 上有慈妾親下妻子. 先生結髮憎俗徒, 閉門不出動一紀. 至今鄰僧乞米送, 僕忝縣尹能不耻?』

6. 韓愈〈寄盧仝〉에「昨晚長鬚來下狀, 隔墻惡難似. 每騎屋山下窺闞, 渾舍驚怕走折趾. 憑依婚媾欺官吏, 不信令行能禁止. 先生受屈未曾語, 忽來此告良有以. 嗟我身爲赤縣令, 操權不用欲何俟? 立召賊曹呼伍伯, 盡取鼠輩尸諸市. 先生又遣長鬚來. 如此處置非所喜. 況又時當長養節, 都邑未可猛政理. 先生固是余所畏, 度量不敢窺涯涘」라 하였으며, 《繫年集釋》에 程學恂의 評語를 引用하여「語染詼諧, 極寫好賢之誠耳. 若認眞看, 則惡少窺屋, 罪不至死, 枉法徇友, 豈是公道?」라 하였다.

7. 盧仝〈月蝕詩〉(《全唐詩》卷387:《唐詩紀事》卷35도 같다.)

『新天子卽位五年, 歲次庚寅, 斗柄揷子. 律調黃鐘, 森森萬木夜殭立, 寒氣屭贔頑無風. 爛銀盤從海底出, 出來照我草屋東. 天色紺滑凝不流, 冰光交貫寒曈曨. 初疑白蓮花, 浮出龍王宮. 八月十五夜, 比並不可雙. 此時怪事發, 有物吞食來. 輪如壯士斧斫壞, 桂似雪山風拉摧.』(下略)

8.〈一格宗師〉

○ 宋 嚴羽《滄浪詩話》詩體에 '盧仝體'라 하고《詩評》에 "玉川之怪. 長吉之瑰詭, 天地間自欠此體不得"이라 하였다.

○ 宋 劉克莊《後村詩話》新集 卷2

「玉川詩有古朴而奇怪者, 有質俚而高深者, 有僻澁而條暢者. 元和·大曆間詩人多出韓門, 韓於諸人多稱其名, 惟玉川常加『先生』二字」

○ 金 元好問〈論詩三十首〉13(《遺山先生文集》卷11)

『萬古文章有坦途, 縱橫誰似玉川盧? 眞書不入今人眼, 兒輩從敎鬼畫符.』

113(5-2)
마이馬異

　마이馬異는 목주睦州 사람으로 흥원興元 원년, 예부시랑禮部侍郎 포방鮑防 아래에서 진사에 2등으로 급제하였다.

　젊어서 황보식皇甫湜과는 벼루를 같이 쓴 동학으로 그의 천부적인 품성은 고랑소활高朗疏闊하고 시풍은 괴삽怪澁하였다. 비록 풍골이 능릉稜稜하였으나 깡마른 느낌을 벗어버릴 수 없었다. 노동盧소이 그의 명성을 듣고 자못 자신의 의기와 투합한다고 여겨, 결교結交를 원해 드디어 동이지론同異之論을 세워 시로써 증답하였다. 그래서 이런 시가 있다.

"어제는 노동과 같지 않았다　　　　　　　昨日全不同
　나 마이는 스스로 마이일 뿐이다　　　　異自異
　이를 일컬어 대동소이大同小異라 한다　　是謂大同而小異
　오늘 노동은 스스로 같아졌고　　　　　今日全自同
　나 마이는 마이가 아니다　　　　　　　異不異
　이는 바로 함께 가지 않았지만 서로 달라진 것도 없다."是謂同不往而異不至

이는 기묘함의 극치이다. 뒤에 그는 어떻게 생을 마쳤는지 알 수 없었다. 그의 문집이 지금도 전한다.

馬異:

異, 睦州人也. 興元元年, 禮部侍郎鮑防下進士第二人.
少與皇甫湜同硯席, 賦性高疎, 詞調怪澀. 雖風骨稜稜, 不免
枯瘠. 盧仝聞之, 頗合己志, 願與結交, 遂立同異之論.

以詩贈答, 有云: 『昨日仝不同, 異自異, 是謂大同而小異;
今日仝自同, 異不異, 是謂同不往而異不至.』

斯亦怪之甚也. 後不知所終, 集今傳世.

【睦州】 州治는 建德. 지금의 浙江省 桐廬縣·建德縣·淳安縣 지역. 그러나
計有功(宋)의《唐詩紀事》(卷40)에는 '河南人'이라 하였다.
【鮑防】 당시 科擧 업무를 관장하던 知貢擧.
【皇甫湜】 字는 持正으로 韓愈에게 고문을 배웠으며 工部郎中을 지냈다.
《新唐書》에 그 傳에 실려 있다. 그러나 馬異는 784年에, 皇甫湜은 806年에
進士에 급제하여 두 사람이 同硯이라는 것에 대해서는 의심을 나타내고
있다.
【稜稜】 위엄과 風望이 있다라는 뜻.
【同異之論】 이 詩는《全唐詩》(卷388)에 실려 있으며 제목은 〈與馬異結交詩〉
이다. 馬異가 답한 〈答盧仝結交詩〉는《全唐詩》(卷369)에 실려 있다. 이는
두 사람의 이름이 仝異(同異)한 것임을 희화한 것이다. (참고)

⟨ 참고 및 관련 자료 ⟩

1. 마이(馬異)
馬異의 文集은 歷代의 어떤 書目에도 보이지 않으며 다만《全唐詩》卷369)
에 詩 4首가 실려 있고《唐詩紀事》(卷40)에 관련 기록이 실려 있다.
2.《唐詩紀事》卷40 (〈答盧仝結交詩〉는《全唐詩》卷369에도 실려 있다.)
異, 河南人, 與盧仝結交, 答仝結交詩云: 『有鳥自南翔, 口銜一書札. 達我山
之維, 開緘金玉煥陸離』, 乃是盧仝結交詩. 此詩峭絕天邊格, 力與文星色相射.

『長河拔作數條絲, 太華磨成一拳石. 莫嗟獨笑無往還, 月中芳桂難追攀. 況值亂邦不平年, 迴陵倒谷如等閑. 與君俛首大艱阻, 喙長三尺不得語. 因君今日形章句. 羨獼猴兮着衣裳, 悲蚯蚓兮安翅羽. 上天不失察, 仰我爲遶天失所. 將吾劍兮切淤泥, 使良驥兮捕老鼠. 昨日脫身卑賤籠, 卯星借與老人峯. 抱鋤築地芸芝朮, 偃蓋參天舊有松. 我與松兮保身世, 臥居居兮起干于, 漱潺潺兮聆嘻嘻. 道在其中可終歲, 不敎辜負堯爲帝. 燒我荷衣摧我身, 回看天地如砥平. 鋼刀剬骨不辭去, 卑躬君子今明明. 俛首辭山心慘惻, 白雲雖好戀不得. 看雲且擬直須臾, 疾風又卷西飛翼. 爲報覃懷新結交, 死生富貴存後凋. 我心不畏朱公叔, 君意須防劉孝標. 以膠投漆苦不早, 就中相去萬里道. 河水悠悠山之間, 無由把袂攄懷抱. 憶仝吟文能, 治臭成蘭薰. 不知何處淸風夕, 擬使張華見陸雲.』

3.《全唐詩》卷369

馬異, 河南人. 與盧仝友善, 詩四首.

4. 盧仝〈與馬異結交詩〉(《全唐詩》卷388)

(前略)『不知藥中有毒藥, 藥殺元氣天不覺. 爾來天地不神聖, 日月之光無正定. 不知元氣元不死, 忽聞空中喚馬異. 馬異若不是祥瑞, 空中敢道不容易. 昨日仝不仝, 異自異. 是謂大仝而小異, 今日仝自仝. 異不異. 是謂仝不往兮異不至. 直當中兮動天地, 白玉璞裏斲出相思心, 黃金鑛裏鑄出相思淚. 忽聞空中崩崖倒谷聲, 絶勝明珠千萬斛. 買得西施南威一雙婢, 此婢嬌饒惱殺人. 凝脂爲膚翡翠裙, 唯解畫眉朱點脣. 自從獲得君, 敲金撼玉凌浮雲. 卻返顧, 一雙婢子何足云. 平生結交若少人, 憶君眼前如見君.』(後略)

114(5-3)
유차劉叉

유차劉叉는 하삭河朔 지역 출신으로 하나의 절사節士이다. 젊을 때 의협義俠을 숭상하여 불의를 옆에서 보고 이를 갈다가 술김에 사람을 죽여 도망다녔다. 그러다가 마침 사면을 만나 풀려나게 되었다. 그 후 그는 뜻을 바꾸어 공부에 전념, 능히 박람강기博覽强記하여 시에 뛰어났으며 그 중에 노동盧仝과 맹교孟郊의 시풍을 혹호酷好하였다. 그의 시는 조어造語가 유건幽蹇하였으며 의론은 주로 정도正道에 합당하였다. 그의 〈빙주氷柱〉·〈설거雪車〉 두 편은 풍자를 함축한 면에 있어서도 앞의 두 사람보다 낫다.

당시 번종사樊宗師란 사람도 문장은 역시 괴이하게 쓰는 것을 숭상하였다. 그런데 그가 유차를 만나자 그만 탄복하여 그에게 허리를 굽히고 말았다.

유차는 자신의 과거 기질을 믿고 스스로 제멋대로 하여 세상과 결합할 수가 없게 되었다. 그는 항상 다 떨어진 신발에 마구 기운 옷을 입은 채 담으로 둘러싸인 집에서 살고 있었다. 그 때 마침 그는 한유韓愈가 천하에 가난한 선비를 잘 접대한다는 소문을 듣고 그를 찾아가 의탁하게 되었다. 거기서도 역시 그는 제멋대로 한유의 문을 드나들면서 오만하게 굴었다. 즉 당시 한유의 비명碑銘은 천하 명문으로 이름이 나니, 그런 글을 써주고 받은 돈이 항아리에 가득하였다. 유차는 한유의 책상에 있던 이런 돈, 황금까지 마음대로 집어다 쓰는 것이었다. 그러면서도 그는 이렇게 말하는 것이었다.

"이는 무덤 속에 들어가 있는 사람에게 아첨하여 번 돈일 따름이다. 차라리 나 유차에게 주어 장수하게 하느니만 못하다."

이러한 행동이 그칠 줄을 몰랐으니 그의 광달曠達함이 이렇게 심하였던 것이다. 처음 옥천자玉川子 노동盧仝은 정도를 준수하며 고향으로 돌아가 저술 활동을 하면서 특히 《춘추春秋》의 학문에 아주 정열을 쏟고 있었다. 그러나 당시 사람 그 누구도 그의 책을 직접 구해보지 못하였다. 그런데 유차만이 이를 원하는 대로 보아 그로부터 그 오묘한 학문의 종지를 전수받을 수 있었다. 그러나 그 비전秘傳은 지금 전하지 않고 있다. 유차는 사람됨이 강직하고 솔직하여 누구 앞에서나 거리낌 없이 면전에서 그의 장단점을 쏘아대곤 하였다. 그러고는 그 자가 유차 자신에게 복종하면 다시 관계를 고쳐 마치 친척처럼 가까이 지냈다. 뒤에 그는 남과 언쟁을 벌이다가 상대를 굴복시키지 못하자 제齊·노魯 지역을 유랑, 그 뒤 어떻게 죽었는지 알려지지 않고 있다.

시 27편이 지금 전하고 있다.

劉乂:

乂, 河朔間人, 一節士也. 少尚義行俠, 傍觀切齒, 因被酒, 殺人亡命, 會赦乃出. 更改志從學, 能博覽, 工爲調詩, 酷好 盧仝·孟交之體, 造語幽塞, 議論多出於正. 〈冰柱〉·〈雪車〉二篇, 含畜風刺, 出二公之右矣. 時樊宗師文亦尚怪, 見而獨拜之. 恃故時所負, 自顧俯仰, 不能與世合, 常破履穿結, 築環堵而 居休焉, 聞韓吏部接天下貧士, 步而歸之, 出入門館無間. 時韓 碑銘獨唱, 潤筆之資盈缶, 因持案上金數斤而去, 曰:「此諛墓 中人所得耳, 不若與劉君爲壽.」

韓不能止. 其曠達至此.

初, 玉川子履道守正, 反關著述,《春秋》之學, 尤所精心, 時人不得見其書, 惟叉愜願, 曾授之以奧旨, 後無所傳. 叉剛直, 能面白人短長, 其服義則又彌縫若親屬然. 後以爭語不能下賓客, 遊齊·魯, 不知所終.

詩二十七篇, 今傳.

【河朔】河水 이북의 朔方이라는 뜻. 그러나 劉叉의 〈自問〉이라는 詩에 스스로를 '彭城子'라 하였으며 彭城은 지금의 江蘇省 徐州市이다. (참고)

【冰柱】《全唐詩》(395)에 실려 있다. '冰柱'는 '고드름'을 말한다. (참고)

【雪車】역시 《全唐詩》(395)에 실려 있다. (참고)

【樊宗師】金部郎中·太子舍人 등을 역임하였으며 그의 文章은 대단히 괴이하고 난삽하여 '澀體'라 불렀다.

【穿結】옷에 구멍이 뚫어지고 기운 것, 즉 매우 남루함을 말한다. 陶淵明의 〈五柳先生傳〉에 "環堵蕭然, 不蔽風日, 短褐穿結"이라 하였다. 그리고 《新唐書》 劉叉傳에 "然恃故所負. 不能俯仰貴人, 常穿屐破衣"라 하였다.

【韓愈】退之·昌黎先生. 諡號는 文公이다. 본책 130 참조.

【春秋】十三經의 하나. 지금 《春秋三傳》에 전하고 있다.

【齊魯】春秋時代의 齊·魯나라 지역. 지금의 山東 지역.

참고 및 관련 자료

1. 유차(劉叉)

그 이름 중 '叉'자가 잘못 전해져서 '劉乂'(李商隱의 《劉乂傳》), 또는 아예 '劉義'(宋 胡仔의 《苕溪漁隱叢話》 前集 卷55)로 실려 있기도 하다. 자는 彭城子이며 그의 文集은 《郡齋讀書志》(卷4, 中)에 《劉叉詩》 1卷, 《直齋書錄解題》(卷19)에 2卷이라 著錄되어 있다. 《全唐詩》(卷395)에 그의 詩 27首가 전하며 《全唐詩續拾》에 詩 1首와 斷句 2句가 실려 있다. 《唐詩紀事》(卷35)에 관련기록이 실려 있다.

2. 《新唐書》 卷176 참조.

3.《唐詩紀事》卷35

叉, 節士也. 少放肆爲俠行, 因酒殺人, 亡命. 會赦, 出, 更折節讀書, 能爲歌詩. 然恃故時所負, 不能俛仰貴人. 聞韓愈接天下士, 步謁之. 作〈冰柱〉·〈雪車〉二詩, 出盧·孟右. 樊宗師見, 爲獨拜. 後以爭語不能下賓客, 因持愈金數斤去, 曰: 「此諛墓中人得耳, 不若與劉君爲壽.」愈不能止. 歸齊魯, 不知所終.

4.《全唐詩》卷395

劉叉, 元和時人. 少任俠, 因酒殺人, 亡命, 會赦, 出. 更折節讀書, 能爲歌詩, 聞韓愈接天下士, 步貴之. 作〈冰柱〉·〈雪車〉二詩. 後以爭語不能下賓客, 因持愈金數斤去, 曰: 「此諛墓中人得耳, 不若與劉君爲壽.」遂行, 歸齊魯, 不知所終, 詩一卷.

5.〈自問〉(《唐詩紀事》卷35)

『自問彭城子, 何人接汝顚? 酒腸寬似海, 詩膽大於天. 斷劍徒勞匣, 枯琴無復鉉. 相逢不得合, 賴是向秋泉.』

6.〈冰柱〉(《全唐詩》卷395)

『師干久不息, 農爲兵兮民重嗟. 騷然縣宇, 土崩水潰. 畹中無熟穀, 壟上無桑麻. 王春判序. 百卉茁甲含葩, 有客避兵奔遊僻. 跛履險阨至三巴, 貂裘蒙茸已敝縷. 鬢髮蓬舥, 雀驚鼠伏. 寧遑安處, 獨臥旅舍無好夢. 更堪走風沙. 天人一夜剪瑛琭, 詰旦都成六出花. 南畝未盈尺, 纖片亂無空紛拏. 旋落旋逐朝暾化, 簷間冰柱若削出交加. 或低或昂. 小大瑩潔, 隨勢無等差. 始疑玉龍下界來人世, 齊向茅簷布爪牙. 又疑漢高, 西方未斬蛇. 人不識. 誰爲當風杖莫邪. 鏗鏜冰有韻, 的皪玉無瑕. 不爲四時雨, 徒於道路成泥柤. 不爲九江浪, 徒爲汩沒天之涯. 不爲雙井水, 滿甌泛泛烹春茶. 不爲中山漿, 淸新馥鼻盈百車. 不爲池與沼, 養魚種芰成霪霔. 不爲醴泉與甘露, 使名異瑞世俗誇. 特稟朝澈氣, 潔然自許靡間其邇遐. 森然氣結一千里, 滴瀝聲沈十萬家. 明也雖小, 暗之大不可遮. 勿被曲瓦, 直下不能抑羣邪. 奈何時逼, 不得時在我目中, 倏然漂去無餘嗇. 自是成毁任天理, 天於此物豈宜有忒賒. 反令井蛙壁蟲變容易, 背人縮首競呀呀. 我願天子回造化, 藏之韞櫝玩之生光華.』

7.〈雪車〉(《全唐詩》卷395)

『臘令凝綈三十日, 繽紛密雪一復一. 孰云潤澤在枯荄, 闤闠餓民涷欲死. 死中猶被豺狼食, 官車初還城壘未完備. 人家千里無煙火, 雞犬何太怨. 天不卹吾甿, 如何連夜瑤花亂. 皎潔旣同君子節, 沾濡多著小人面. 寒鎖侯門見客稀, 色迷塞路行商斷. 小小細細如塵間, 輕輕緩緩成樸簌. 官家不知民餒涷寒, 盡驅牛車

盈道載屑玉. 載載欲何之, 祕藏深宮以禦炎酷. 徒能自衛九重間, 豈信車轍血,
點店盡是農夫哭. 刀兵殘喪後, 滿野誰爲載白骨, 遠戍久乏糧, 太倉誰爲運紅粟.
戎夫尙逆命, 扁箱鹿角誰爲敵. 士夫困征討, 買花載酒誰爲適. 天子端然少旁求,
股肱耳目皆姦慝. 依違用事佞上方, 猶驅餓民運造化防暑阤. 吾聞躬耕南畝舜
之聖, 爲民吞蝗唐之德. 未聞壎孽苦蒼生, 相羣相黨上下爲孟賊. 廟堂食祿不自慚,
我爲斯民歎息還歎息.』

115(5-4)
이하李賀

이하李賀는 자가 장길長吉이며 정왕鄭王 이량 李亮의 후손이다. 일곱 살에 능히 문장을 지어 그 이름이 서울에 드날렸다. 한유韓愈와 황보식 皇甫湜이 그의 문장을 보고는 기이하게 생각 하며 믿으려 하지 않았다. 그러고는 이런 찬사를 보냈다.

"이가 만약 옛 사람이라면 우리들이 혹시 모른다고 하면 그만이다. 그러나 지금 사람 이니 어찌 모른다고 할 수 있겠는가?"

그리하여 두 사람은 서로 그의 집으로 찾아가 이하에게 직접 글을 지어보도록 시켰다.

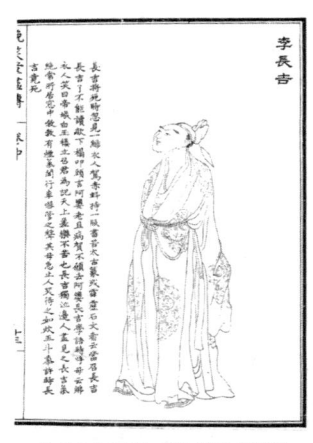

李長吉(李賀)《晚笑堂畫傳》

이하는 총각總角 머리에 연꽃무늬의 옷을 입고 나와서는 흔연히 그 요구에 응하였다. 그 태도는 방약무인旁若無人으로 붓을 들자 그 자리에서 〈고헌과 高軒過〉라는 글을 짓는 것이었다. 두 사람은 크게 놀라 함께 말을 타고 내달려 돌아와서는 몸소 그를 위해 속발束髮시켜 주었다. 이하의 아버지는 이진숙 李晉肅이었다. 이하는 그 일로 진사 시험에 응할 수가 없었다. 이에 한유는 〈휘변諱辯〉이라는 글을 지어 이하를 옹호하였다. 이하는 뒤에 태상시봉례랑 太常侍奉禮郎에 올랐다. 이하는 그 모습이 섬세하고 깡말랐으며 미간이 서로 붙은 모습에 손가락도 가늘고 길었고 글씨를 빠르게 쓰는 인물이었다.

아침에 해가 뜨면 쇠약한 말을 타고 까까머리 어린 종을 앞세운 채 자신은 오래된 금낭錦囊을 등에 메고 문을 나서는 것이었다. 그러다가 시상이 떠오르면 이를 적어 그 비단 주머니에 넣어둔다. 무릇 그의 시는 먼저 제목을 정하지 아니하였던 것이다. 저녁에 집으로 돌아오면 그의 어머니가 여종으로 하여금 그 비단 주머니를 뒤져 많은 글이 쏟아져 나오면 곧 화를 내었다.

"이 아이는 마음을 다 토해내고 나야만 그만둘 성질이로다!"

그러고는 불을 밝히고 저녁을 차려 놓아도 이하는 여종에게 그 글을 모두 꺼내 놓도록 하고는, 먹을 갈아 종이를 차곡차곡 쌓아 놓고 글을 보족補足하여 완성시키는 것이었다.

그는 술에 아주 취하거나 남의 상사喪事에 참가하는 경우가 아니라면 항상 이렇게 살았다. 그의 시는 기이한 풍격을 매우 숭상하였는데, 절구는 마치 화초와 같아 편편이 모두 문채가 뛰어났으며, 지어낸 바의 문장은 모두가 놀랄 만큼 고매하여 보통 시인의 경지를 완전히 벗어나 있었다. 그래서 당시 사람으로서는 누구도 그를 흉내 낼 수가 없었다. 이하의 악부시樂府詩는 궁중 악공에 의해 음악 가사로 널리 불리기도 하였으며 모두가 율려律呂에 맞았다.

이하는 한때 이렇게 탄식하였다.

"내 나이 이십이 되도록 뜻을 얻지 못하였으니 일생이 마치 오동잎 지듯 할까 근심스럽다."

그런데 그는 갑자기 병이 깊어 비몽사몽간에 대낮에 붉은 옷을 입은 사람이 붉은 색의 용거龍車를 타고 하늘로부터 내려와 손에 문자판을 들었는데, 마치 고대의 전문篆文 같기도 한 그런 환상을 보게 되었다. 그 속에서 그 사자는 이하에게 이렇게 말하는 것이었다.

"하느님이 방금 새로 백옥루白玉樓를 지어 즉시 그대를 불러 그 누대의 기문記文을 쓰라 하십니다."

이하는 고개를 저으며 사양하였다. 어머니가 병환이 나셔서 그럴 수 없다고 핑계를 대었지만 그 사자는 다시 이렇게 명하는 것이었다.

"하늘나라는 인간 세계에 비해 훨씬 즐거운 곳입니다. 고통스러움이란 없습니다."

잠시 후, 이하의 창문으로 연기가 모락모락 피어나면서 수레가 급히 내닫는 소리가 나더니, 이하의 숨은 끊어지고 말았다. 그가 죽은 나이는 겨우 스물일곱, 이를 두고 안타까워하지 아니하는 자가 없었다. 이번李藩이 그의 시들을 모두 모으면서 이하의 표형表兄으로 하여금 나머지 유실된 작품도 다 찾아 이를 정리하여 책으로 꾸며 달라고 부탁하였다. 그러면서 그에 필요한 경비까지 모두 마련해 주었다. 그러나 이하의 표형은 일 년이 넘도록 자취를 보이지 않는 것이었다. 그러면서 이렇게 힐난하는 것이었다.

"나는 항상 이하의 그 오만함에 질려 살았다. 그 때문에 내 그의 글을 이미 다 태워 버렸다"

그래서 이하의 글은 지금 10중 4, 5만 남았을 뿐이며 두목杜牧이 이에 서문을 써서 5권으로 만들었다. 지금 전하고 있다.

◎ 노자老子가 이렇게 말하였다.

"앞으로 나아가기가 날카로운 자는 그 물러서기도 빠르다(其進銳者, 其退速)."

과연 믿을 만한 말이로다. 이하는 그 천재성이 준발俊拔하여 약관의 나이에 최고의 명성을 날렸다. 하늘이 그의 속성을 빼앗아 버렸으니 하늘도 너무 인색한 것이 아닌가? 만약 약간만이라도 그에게 여유를 주어 그로 하여금 심성과 품덕을 수양토록 하여 그의 재주를 지켜보았더라면 그 성취가 틀림없이 옛 사람에게 뒤지지 않았을 텐데. 지금 보면 참으로 안타까운 일이로다!

李賀:

賀, 字長吉, 鄭王之孫也. 七歲能辭章, 名動京邑. 韓愈·皇甫湜覽其作, 奇之, 而未信, 曰:「若是古人, 吾曹或不知; 是今人, 豈有不識之理?」

遂相過其家, 使賦詩. 賀總角荷衣而出, 欣然承命, 旁若無人, 援筆題曰〈高軒過〉. 二公大驚, 以所乘馬命聯鑣而還, 親爲束髮. 賀父名晉肅, 不得舉進士, 公爲著〈辯諱〉一篇. 後官至太常寺奉禮郎. 賀爲人纖瘦, 通眉, 長指爪, 能疾書. 旦日出, 騎弱馬, 從平頭小奴子, 背古錦囊, 遇有所得, 書置囊裏.

凡詩不先命題. 及暮歸, 太夫人使婢探囊中, 見書多, 卽怒曰:「是兒要嘔出心乃已耳.」

上燈, 與食, 卽從婢取書, 研墨疊紙, 足成之. 非大醉弔喪, 率如此.

賀詩稍尚奇詭, 組織花草, 片片成文, 所得皆驚邁, 絶去翰墨畦逕, 時無能效者. 樂府諸詩, 雲韶眾工, 諧於律呂. 嘗歎曰:「我年二十不得意, 一生愁心謝如梧葉矣.」

忽疾篤, 恍惚晝見人緋衣駕赤虯騰下, 持一板書, 若太古雷文, 曰:「上帝新作白玉樓成, 立召君作記也.」

賀叩頭辭, 謂母老病, 其人曰:「天上比人間差樂, 不苦也.」

居頃之, 窗中勃勃煙氣, 聞車聲甚速, 遂絶. 死時才二十七, 莫不憐之.

李蕃綴集其歌詩, 因託賀表兄訪所遺失, 幷加點竄. 付以成本, 彌年絕迹, 及詰之, 曰:「每恨其傲忽, 其文已焚之矣.」

今存十之四五, 杜牧爲序者五卷, 今傳.

◎ 老子曰:「其進銳者, 其退速.」信然. 賀天才俊拔, 弱冠而有極名, 天奪之速, 豈吝也耶? 若少假行年, 涵養盛德, 觀其才, 不在古人下矣. 今茲惜哉!

【鄭王】李亮, 唐 高祖 李淵의 從父. 隋나라 때 海州刺史를 지냈으며 高祖가 唐을 세우자 武德 初에(618) 鄭王에 봉해졌다.《舊唐書》(卷60) 〈宗室傳〉 참조.

【總角】남녀가 성년식을 치르기 전까지는 머리를 두 갈래로 묶어 위쪽으로 뿔처럼 묶었던 데서 유래된 말.

【高軒過】《全唐詩》(卷393)에 실려 있으며, 이는 7세 때 작품이라 보기 어렵다 하였다.

【束髮】머리를 하나로 묶어 학문의 길에 들어섬을 말한다.《大戴禮記》 保傳篇에 "束髮而就大學, 學大藝焉, 履大節焉"이라 하였다.

【李晉肅】李賀의 아버지. 晉과 進士의 進이 음이 같아 시험을 볼 수 없었다. 이에 대하여 翰愈는 〈諱辯〉에서 "父名晉肅, 子不得與進士, 若父名仁, 子不得爲人乎?"라 하였다.

【諱辯】〈三間本〉의 辯諱는 諱辯의 잘못이다. 李賀가 아버지 이름 때문에 이를 諱하여 進士 시험을 치를 수 없게 되자 翰愈가 이를 위하여 쓴 글.

【錦囊】비단으로 만든 전대・주머니. 李賀가 詩想이 떠오를 때마다 적어 주머니에 넣었다 하여 이하를 '錦囊詩人'이라 불렀다.

【律呂】樂律을 통칭하는 말로 陽律・陰律 6씩 12律이 있었다. 그 중 陽을 律, 陰을 呂라 한다, 六律은 黃鐘・太簇・姑洗・蕤賓・夷則・無射이며, 六呂는 大呂・夾鐘・仲呂・林鐘・南呂・應鐘이다.

【篆文】篆書. 大篆과 小篆이 있다. 古代의 文字.

【李蕃】德宗 때 吏部員外郎. 憲宗 때 宰相을 지냈던 人物. 兩《唐書》에 그 傳이 있다. 실제로 李賀보다 먼저 죽었다.

【文已焚之】이 이야기는 사실과 맞지 않다. 이는 小說家들이 꾸며낸 이야기로, 唐 張固의 《幽閑鼓吹》에서 비롯된 것이다. 李蕃이 죽은 지 5년 뒤에 李賀가 죽었으며 李賀가 죽기 전 자신의 작품을 모두 沈子明에게 주었고, 沈子明은 이를 4편(223首)으로 만들어 杜牧에게 서문을 부탁하였다.

【老子】본문에 인용된 말은 老子의 말이 아니라 孟子의 말이다.《孟子》盡心 (上)에 "其進銳者, 其退速"이라 하였다.

1. 이하(李賀: 790~816)

字는 長吉이며 '錦囊詩人'이라 불렀다. 天才詩人으로 알려진 人物로 일찍 죽었다.
杜牧의 〈序文〉에 의하면 그의 詩集은 4卷으로 되어 있으며《新唐書》(藝文志,
4)에는《李賀集》5卷,《郡齋讀書志》(卷4)에는《李賀集》4卷, 外集 1卷으로
되어 총 242首가 실려 있다.《唐詩紀事》(卷43)에 관련 기록이 실려 있다.

2.《舊唐書》卷137 참조.

3.《新唐書》卷203 참조.

4.《唐詩紀事》卷43

杜牧之序其文集云:「賀字長吉, 元和中, 韓吏部亦頗道其歌詩, 雲煙綿聯, 不足
爲其態也. 水之迢迢, 不足爲其情也. 春之盎盎, 不足爲其和也. 秋之明潔, 不足
爲其格也. 風檣陣馬, 不足爲勇也. 瓦棺篆鼎. 不足爲其古也. 時花美女, 不足
爲其色也. 荒國陊殿, 梗莽丘壟, 不足爲其恨怨悲愁也. 鯨呿鼇擲, 牛鬼蛇神,
不足爲其虛荒幻誕也. 蓋騷之苗裔, 理雖不及, 辭或過之. 騷有感怨刺懟, 言及
君臣理亂, 時有以激發人意. 乃賀所爲, 無得有是, 賀能探尋前事, 所以探嘆今
古未嘗經道者. 如〈金銅仙人辭漢歌〉·〈補梁庾肩吾宮體謠〉, 求取情狀離絶, 遠去
筆墨畦逕間, 亦殊不能知之. 賀生二十七年死矣, 世皆曰:『使賀且未死, 少加
以理, 奴僕命騷可也.』」

5.《全唐詩》卷390

李賀, 字長吉. 系出鄭王後, 七歲能辭章, 韓愈·皇甫湜始聞未信. 過其家, 使賀
賦詩, 援筆輒就, 自目曰高軒過. 二人大驚, 自是有名. 賀每旦日出, 騎弱馬, 從小
奚奴, 背古錦囊. 遇所得, 書投囊中, 及暮歸, 足成之. 率爲常, 以父名晉肅, 不肯
擧進士. 詩尚奇詭, 絶去畦逕. 當時無能效者. 樂府數十篇, 雲韶諸工皆合之弦管,
仕爲協律郎, 卒年二十七. 詩四卷, 外集一卷, 今篇詩五卷.

6.〈高軒過〉(《唐詩紀事》卷43·《全唐詩》393도 詩文은 같다.)

『華裾織翠靑如蔥, 金環壓轡搖玲瓏, 馬蹄隱耳聲隆隆, 入門下馬氣如虹, 云是
東京才子, 文章鉅公, 二十八宿羅心胸, 元精耿耿貫當中, 殿前作賦聲摩空, 筆補
造化天無功, 龐眉書客感秋蓬, 誰知死草生華風, 我今垂翅附冥鴻, 他日不羞
蛇作龍.』(韓退之·皇甫湜聯騎造門, 賀總角荷衣而出, 此詩操觚立成.)

7.〈諱辯〉(韓愈)

愈與進士李賀書, 勤賀擧進士, 賀擧進士有名, 與賀爭名者毀之曰:「賀父名晉

肅賀不擧進士. 爲是, 勤之擧者爲非. 聽者不察, 和而唱之, 同然一辭. 皇甫湜曰: 『子與賀且得罪?』愈曰: 『然, 律曰二名不偏諱, 釋之者曰: 謂若言徵. 不稱在言在, 不稱徵, 是也, 律曰不諱嫌名, 釋之者, 曰謂若禹與雨, 丘與蓲之類, 是也. 今賀父名晉肅, 賀擧進士, 爲犯二名律乎? 爲犯嫌名律乎? 父名晉肅, 子不得擧進士, 若父名仁, 子不得爲人乎? 夫諱, 始於何時? 作法制, 以敎天下者, 非周公孔子歟! 周公, 作詩不諱, 孔子不偏諱二名, 春秋, 不譏不諱嫌名, 康王釗之孫, 實爲昭王, 曾參之父名晳, 曾子不諱昔, 周之時有騏期, 漢之時有杜度, 此其子, 宜如何諱? 將諱其嫌, 遂諱其姓乎? 將不諱其嫌者乎? 漢諱武帝名, 徹爲通, 不聞又諱車轍之轍, 爲某字也, 諱呂后名雉, 爲野鷄, 不聞又諱治天下之治, 爲某字也. 今上章及詔, 不聞諱, 滸勢秉饑也, 惟宦官宮妾, 乃不敢言諭及機, 以爲觸犯. 士君子立言行事, 宜何所法守也? 今考之於經, 質之於律, 稽之以國家之典. 賀擧進士爲可耶? 爲不可耶? 凡事父母, 得如曾參可以無譏矣, 作人得如周公孔子, 亦可以止矣. 今世之士, 不務行曾參周公孔子之行, 而諱親之名, 則務勝於曾參周公孔子, 亦見其惑也, 夫周公孔子曾參, 卒不可勝, 勝周公孔子曾參, 乃比於宦官宮妾, 則是宦官宮妾之孝於其親, 賢於周公孔子曾參者耶?』

116(5-5)

이섭李涉

이섭李涉은 낙양洛陽 사람으로 이발李渤의 둘째 형이며 스스로 '청계자淸溪子'라 하였다. 어린 나이에 양원梁園을 떠돌다가 여러 차례 병란兵亂을 만나 남쪽으로 피난하였는데, 산수의 아름다움에 반해 여산廬山 향로봉香爐峰 아래 바위 동굴에 은거해 버렸다. 그는 한 마리의 백록白鹿을 길렀다. 아주 잘 길들이고 좋아하여 자신이 사는 곳을 백록동白鹿洞이라 하였다. 그는 아우 이발과 최응崔膺 형제들과 초막을 이웃하여 짓고 살았다. 그 뒤 그는 종남산終南山으로 옮겨 우연히 진허절도사陳許節度使의 부름을 받고, 그를 따라 군대에 쫓아다니기도 하였으나 얼마 되지 않아 죄에 연루되어 이릉재夷陵宰로 쫓겨났다.

이렇게 10년을 협주峽州 지역을 떠돌다가 학질에 걸려 몸을 못 쓰게 되었다. 그는 자신이 이렇게 쫓겨나 머리가 다 희었으니 다시 어찌할꼬 라고 안타까워하였다. 그 뒤 그는 사면을 얻어 다시 돌아왔으며 그 때 그는 이런 시를 지었다.

"연잎으로 도롱이 해 입으니 인간 세상 아니로다   荷蓑不時人間事
어서 창강으로 돌아가 낚싯배나 마련해야지."   歸去滄江有釣舟

이에 그는 배를 타고 다시금 옛날의 오吳·초楚 지역을 유람하였으니, 천태산天台山의 석교石橋에 올라 시원한 바다까지 바라보았다. 그러고는 뱃길의 편리함을 따라 자리를 돛으로 걸어 소수瀟水·상강湘江·악양岳陽을 돌아다녔다. 그 길에 우연히 장호張祜를 만나 옛날의 우정을 되살리며 악양에서 한동안 머물렀다. 그 뒤 그는 다시 낙양 교외로 돌아와 초당을 짓고 숭산嵩山의 소실산少室山에 은거하였다. 그는 스스로 밭 갈고 아내는 길쌈하며 아들은 고기잡고 나무하는 생활로 억지로 생계를 꾸려갔다. 그러면서 퇴락한 가난 속에 술로 세월을 보내면서 남들과의 교류도 드물었다. 그러다가 대화大和 연간에 누차 재상의 추천을 받아 태학박사太學博士가 되었으나, 이를 그만두고 삶을 마쳤다. 그의 아내도 역시 승려가 되고 말았다.

이섭은 시에 뛰어났으며 그 사의詞意가 탁뢰卓牢하여 세속과는 무리를 이루지 못하였다. 그의 장편 서사시敍事詩는 마치 행운류수行雲流水와 같아 어디에 견제됨이 없었으며, 그 재명才名이 한 때 흠모와 감동을 받았다. 처음 일찍이 그가 구강九江의 환구晥口를 지나다가 밤에 강도를 만난 일이 있었다. 이섭이 놀라 엎드리자 그 강도가 물었다.

"무엇하는 자냐?"

이에 이섭이 이렇게 자신을 설명하였다.

"이씨 성의 산 사람山人이요!"

이를 들은 강도 우두머리가 이렇게 제의하였다.

"그렇다면 아무 것도 빼앗을 것이 없다. 그대 글의 명성을 들은 지 오래니 원컨대 시 한 수 지어 주면 족하겠다."

이섭은 흔연히 일어나 이렇게 썼다.

"저녁비 쓸쓸히 내리는 강가 마을	暮雨蕭蕭江上村
푸른 숲속 강도님께서 밤에 나의 이름 아신다니	綠林豪客夜知聞
다음부터는 내 이름 감출 필요 없도다	他時不用藏名姓
세상에 지금 같아선 천하의 반이 그대 같은 강도일 테니."	世上如今半是君

강도는 크게 기뻐하며 소를 잡고 술을 마련하여 대접하고 후한 노자까지 주면서 재배하고 이섭을 보내 주었다.

◎ 무릇 도척盜跖이나 장교莊蹻같은 무리들도 오히려 그의 재주를 아꼈
는데, 지극한 보물에 길을 가로막고 있어도 군자들이 알아주지 않으니
안타깝도다!

시집 1권이 지금 전하고 있다.

李涉:

涉, 洛陽人, 渤之仲兄也, 自號「淸溪子」. 早歲客梁園, 數逢
亂兵, 避地南來, 樂佳山水, 卜隱匡廬香爐峰下石洞間. 嘗養
一白鹿, 甚馴狎, 因名所居「白鹿洞」. 與弟渤·崔膺昆季茅舍相接.
後徙居終南, 偶從陳許辟命從事行軍, 未幾, 以罪謫夷陵宰.

十年蹭蹬峽中, 病瘲成痼, 自傷羈逐, 頭顱又復如許. 後遇
赦得還, 賦詩云:『荷蓑不是人間事, 歸去滄江有釣舟.』

遂放船重來訪吳·楚舊遊, 登天台石橋, 望海. 得風水之便,
掛席浮瀟·湘·岳陽. 逢張祜話故, 因盤桓. 歸洛下, 營草堂, 隱
少室. 身自耕耘, 妾能織紝, 稚子供漁樵, 拓落生計, 伶俜酒鄉,
罕交人事.

太和中, 宰相累薦, 徵起爲太學博士, 致仕卒. 妻亦入道. 涉工
爲詩, 詞意卓犖, 不群世俗. 長篇敍事, 如行雲流水, 無可牽制,
才名一時欽動.

初, 嘗過九江皖口, 遇夜客, 方踉伏, 問:「何人?」

曰:「李山人」

豪首曰:「若是, 勿用剽奪. 久聞詩名, 願題一篇足矣」

涉欣然書曰:『暮雨瀟瀟江上邨, 綠林豪客夜知聞. 他時不用
藏名姓, 世上如今半是君.』

盜大喜, 因以牛酒厚遺, 再拜送之.

◎ 夫以跖·蹻之輩, 猶曰憐才, 而至寶橫道, 君子不顧, 忍哉! 詩集一卷, 今傳.

【李渤】 字는 濬之이며 號는 白鹿先生이다. 李涉의 아우이며 兄과 함께 廬山의 白鹿洞에 隱居하였다가 뒤에 벼슬길에 올라 考功員外郎·刺史·給事中· 觀察使 등을 역임하였다. 兩《唐書》에 傳이 실려 있다.

【清溪】 宋 樂史의 《太平寰宇記》(卷147)에 "峽州遠安縣有清溪, 在縣南六十五里" 라 하였다.

【梁園】 梁苑, 유명한 苑囿. 지금의 河南省 開封市에 있으며 西漢時代 梁孝王 劉武가 축조하였다. 西漢 때의 명사 司馬相如·枚乘·鄒陽 등이 上客으로 대접받기도 하였으며 '免園'이라 칭하기도 하였다. 뒤에는 전의되어 '文壇' 이라는 뜻으로도 쓰였다.

【崔膺】 '崔應'으로도 쓰며 李涉과 절친하였던 인물. 李涉의 〈醉中贈崔膺〉 詩가 있다.

【陳許】 節度使가 있던 곳으로 지금의 河南省 許昌市. 당시의 節度使는 劉昌裔.

【夷陵】 峽州刺史의 治所로 지금의 湖北省 宜昌市

【頭顱】 머리·머리카락. 그의 〈岳陽別張祜〉 詩에 "十年蹭蹬爲逐臣, 鬢毛白盡 巴江春"이라 한 것을 말한 것으로 보인다.

【荷蕢不時人間事】 이 詩는 《全唐詩》(卷477)에 실려 있으며 제목은 〈碬石遇赦〉 이다. (참고)

【天台山】 지금의 浙江省 天台縣에 있는 山. 그 山의 石橋는 石梁이라고도 부르며 폭포가 있어 명승지로 알려져 있다. 晉 孫綽의 〈遊天台山賦〉의 李善 注에 "天台山石橋, 路經不盈尺, 長數十步, 步至滑, 下臨絶冥之洞"이라 하였다.

【張祜】 本冊 卷6(165)참조. 〈三間本〉에는 祜가 祐로 잘못 판각되었다.

【少室山】 五嶽 중 中岳. 嵩山의 봉우리.

【妻】 李涉의 아내 역시 승가에 몸을 맡겼다. 그의 詩〈送妻入道〉에 "縱使空門再相見, 還如秋月水中看"이라 하였다. (참고)

【九江】 江州. 지금의 江西省 九江市.

【皖口】 皖은 安徽省의 略稱. 皖口는 皖水가 長江으로 유입되는 곳으로 지금의 安徽省 安慶市 서쪽.

【暮雨蕭蕭江上村】 이 詩는 《全唐詩》(卷477)에 실려 있으며 제목은〈井欄砂宿過夜客〉이다. (참고)

【盜跖】 春秋 말기의 盜跖. 《莊子》의 盜跖篇 참조.

【莊蹻】 戰國時代 楚나라 출신의 盜跖. 蹻는 '갹'으로도 읽는다. 《荀子》議兵篇에 "莊蹻起, 楚分而爲三四"라 하였다.

참고 및 관련 자료

1. 이섭(李涉)

淸溪子. 그의 文集은 《新唐書》(藝文志, 4), 《郡齋讀書志》(卷4, 中), 《直齋書錄解題》(卷19), 《宋史》(藝文志) 등에 모두 《詩集》1卷이 著錄되어 있으며 《全唐詩》에는 詩 1卷(477)이 편집되어 있으나 타인의 詩가 섞여 있다. 한편 《全唐詩外編》 및 《全唐詩續拾》에 詩 4首와 斷句 2句가 실려 있고 《唐詩紀事》 (卷46)에 관련 기록이 실려 있다.

2. 《唐詩紀事》 卷46

涉, 渤之兄, 纖人也, 早從陳許辟, 憲宗時, 爲太子通事舍人, 投匭言吐突承璀寃狀. 孔戣知匭事, 表其姦, 逐爲峽州司倉參軍. 始戣見其副章, 詰責不受, 涉乃行賂, 詣光順門通之, 故戣極言涉姦險欺天, 請加顯戮, 大和中, 爲太學博士, 自號淸谿子.

3. 《全唐詩》 卷477

李涉, 洛陽人, 初與弟渤同隱廬山, 後應陳許辟, 憲宗時, 爲太子通事舍人. 尋謫峽州司倉參軍, 太和中, 爲太學博士, 復流康州, 自號淸谿子, 集二卷. 今編詩一卷.

4. 〈硤石遇赦〉(《全唐詩》 卷477)

『天網初開釋楚囚, 殘骸已廢自知休. 荷蓑不是人間事, 歸去滄江有釣舟 』

5. 〈井欄砂宿遇夜客〉(《全唐詩》 卷477)

(涉嘗過九江, 至皖口, 遇盜, 問何人, 從者曰: 「李博士也」 其豪首曰: 「若是李涉博士, 不用剽奪, 久聞詩名. 願題一篇足矣.」涉遂贈詩云云.)

『暮雨蕭蕭江上村, 綠林豪客夜知聞. 他時不用逃名姓, 世上如今半是君.』

6.〈送妻入道〉(《全唐詩》卷477)

『人無回意似波瀾, 琴有離聲爲一彈. 縱使空門再相見, 還如秋月水中看.』

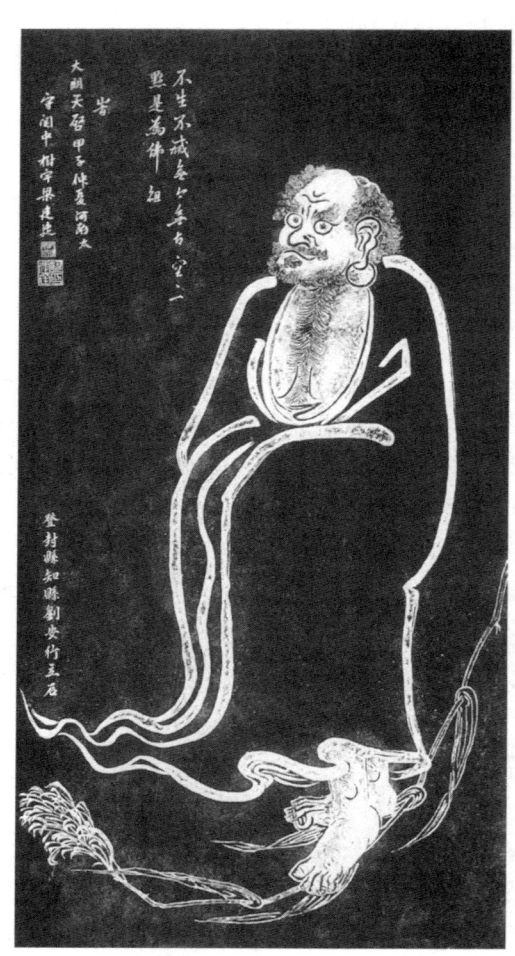

碑刻畫〈達摩渡江圖〉少林寺 碑

117(5-6)
주주朱晝

　　주주朱晝는 광릉廣陵 사람이다. 정원貞元 연간에 그는 맹교孟郊의 명성을 흠모하여 시의 격체와 법식을 대단히 닮아가다가 일찍이 불원천리不遠千里하고 그를 찾아갔다. 그는 힘들고 고통스러움을 마다하지 아니하였으며 그 체풍體風은 기삽奇澁함을 중시하였다. 이섭李涉과는 친한 친구 사이로 서로 수창酬唱한 시가 있다. 주주는 〈고경古鏡〉 시에서 이렇게 읊고 있다.

"나에게 옛날 청동 거울이 있네	我有古時鏡
무너진 옛 무덤에서 이를 얻었지	初自壞陵得
교룡 무늬가 진흙 속에 꿈틀거리고	蛟龍猶泥蟠
이매가 달을 머금고 있다네	魍魅幸月蝕
한참 문질렀더니 마름 풀 무늬까지 나타났고	磨久見菱藕
푸르기는 쪽물보다 더하네	靑於藍水色
그대에게 드리노니 마음까지 비춰보아	贈君將照心
절대로 그 마음에 사물의 유혹됨이 없기를."	無使心受惑

　　그의 시는 이러한 경책警策의 내용이 조금 많은 편이다.
지금도 세상에 전하고 있다.

朱畫:

畫, 廣陵人. 貞元間, 慕孟郊之名, 爲詩格範相似, 曾不遠千里而訪之. 不厭勤苦, 體尚奇澁. 與李涉友善, 相酬唱.

畫〈古鏡〉詩云: 『我有古時鏡, 初自壞陵得. 蛟龍猶泥蟠, 魑魅幸月蝕. 磨久見菱棱, 青於藍水色. 贈君將照心, 無使心受惑.』

凡如此警策稍多. 今傳於世.

【廣陵】揚州郡을 玄宗때 廣陵郡으로 고쳤다. 지금의 江蘇省 揚州市.
【孟郊】本卷 134 참조.
【古鏡】이 詩는《全唐詩》(卷491)에 실려 있으며 제목은 〈贈友人古鏡〉이다. 李涉은 朱畫의 친구이다. (참고)

참고 및 관련 자료

1. 주주(朱畫)
그의 文集은 著錄이 보이지 않으며 다만《全唐詩》(卷491)에 詩 3首가 전한다.《唐詩紀事》(卷41)에 관련 기록이 있다.
2.《唐詩紀事》卷41
畫, 元和間進士.
3.《全唐詩》卷491
朱畫, 元和間進士. 詩三首.
4. 〈贈友人古鏡〉
《全唐詩》卷491,《唐詩紀事》卷41에 실려 있으며 본문의 詩가 全文 그대로이다.

118(5-7)

가도賈嶋

가도賈嶋는 자가 낭선閬仙이며 범양范陽 사람이다. 처음 그는 여러 차례 과거에 응시하였으나 실패하여 그로 인해 돈이 모두 떨어져 그만 스님이 되어 법명을 무본無本이라 하였다. 그는 동도東都 낙양洛陽을 거쳐 다시 장안長安에 이르러서 청룡사靑龍寺에 머물렀다. 당시에는 스님은 오후에 절 밖을 나오는 것이 금지되어 있었다. 그 때문에 그는 오히려 절에 묻혀 시로써 스스로를 달래야 하였다. 원화元和 연간에 원진元稹·백거이白居易가 시풍을 변화시켜 가볍고 천박함이 유행하자 가도는 홀로 남이 알아주지 않는 쪽으로 들어가 당시의 부렴浮艶함을 고쳐 보려고 하였다.

그가 시에 파묻혀 있을 때는 눈앞에 왕공이나 귀인이 있어드 알아 차리지 못하였고, 그 마음은 천인千仞 절벽을 오르내리고 그 생각은 무궁한 경지에 몰입하였다. 그는 자칭 '갈석산인碣石山人'이라 하면서 일찍이 이렇게 탄식하였다.

"내가 평소 마음에 둔 사람이란 오직 종남산終南山의 자각봉紫閣峰·백각봉

〈賈島(浪仙)〉《三才圖會》

白閣峰에 살고 있는 몇몇 은자들뿐이다."

이에 가도는 숭산嵩山 언덕에 초려를 짓고 은거하려 하였지만 기회를 얻지 듯한 채 장 안에 머물고 있었다.

그는 비록 좌선하고 잠자고 식사 도중일지 라도 시를 놓지 않았다. 일찍이 그는 나귀를

타고 수레 덮개까지 걷어버린 채 장안 거리를 보란 듯이 지나고 있었다. 마침 추풍이 몰아치고 낙엽이 거리를 쓸고 있었다. 이에 가도는 이렇게 읊었다.

"낙엽이 장안 거리에 가득하도다."　　　　　　　　　落葉滿長安

그러고는 그 대구對句를 아무리 생각해도 떠오르지 않는 것이었다. 그러다가 갑자기 이렇게 떠올렸다.

"가을 바람이 위수 물을 불어제치네!"　　　　　　　秋風吹渭水

그는 미친 듯이 기뻐하였다. 그러다가 그만 경조윤京兆尹 유서초劉栖楚에게 당돌하다는 죄로 걸려들어 하룻밤 구류되었다가 이튿날 아침에 풀려났다.
　뒤에 그는 다시 한가한 틈을 타서 절뚝거리는 나귀를 타고 이응李凝의 유거幽居를 방문하다가 문득 시상이 떠올랐다.

"새는 연못가 나무에 깃들어 자고 있는데　　　　鳥宿池中樹
　스님이 달빛 아래 사립문을 밀고 드네."　　　　僧推月下門

그러다가 그 구절 중에 '스님이 사립문을 두드리네僧敲'로 할까 하면서 이를 결정하지 못한 채, 이리 읊고 저리 따져 보며 손을 들어 밀고 두드리는 흉내를 하는 것이었다. 이를 본 사람들도 역시 이상하게 여겼다. 당시 한퇴지韓退之가 경조윤京兆尹이었다. 그런데 마침 수행원을 이끌고 거리를 나섰다가, 가도와 세 번을 부딪쳤건만 알아보지 못하는 것이었다. 좌우 신하들이 가도의 말 앞을 둘러싸서 막았다. 가도는 그서야 사태를 알고 사실대로 한유에게 설명하면서 자신은 '퇴推'자를 쓸까 '고敲'자를 쓸까 결정하지 못한 채 정신이 세상 밖을 떠돌아 한유의 일행을 피하는 것을 몰랐다고 하였다. 한유는 이 말에 한참을 머물다가 이렇게 결정해 주었다.
　"고敲자가 더 훌륭하다."

그러고는 고삐를 잡고 함께 돌아가면서 시에 대해 논하며 포의지교布衣之交를 맺고 문장 짓는 법을 일러주었다.

가도는 다시 스님 생활을 버리고 진사에 올랐다. 한유는 이에 이러한 시를 주었다.

"맹교가 죽어 북망산에 묻히고   孟郊死葬北邙山
 세월은 풍운 속에 깨달음도 한가하네   日月風雲頓覺閑
 하늘은 문장이 단절될까 두려워   天恐文章渾斷絶
 다시금 가도를 내어 인간 세상에 살게 하였네." 再生賈島在人間

이로부터 그의 이름이 날리게 되었다. 당시 가도는 막 진사에 급제하여 법건사法乾寺에서 스님 무가無可에게 의탁하여 살면서, 요합姚合·왕건王建·장적張籍·옹도雍陶 등과 어울려 거문고와 술로 즐겼다. 어느 날 선종宣宗이 미복微服을 입고 법건사에 이르렀다가 종루鐘樓 위에서 시 읊는 소리를 듣게 되었다. 임금이 종루에 올라보았더니 가도가 책상을 펴놓고 시집을 보고 있는 중이었다. 가도는 이를 알아채지 못하고 얼굴을 바꾸면서 팔을 걷어붙이고 노려보았다. 그리고 임금이 집어들고 보던 시집을 빼앗으며 이렇게 꾸짖었다.

"보아하니 그대는 훌륭하고 좋은 옷 입은 것으로 만족하면 됐지, 이런 시집은 보아 무엇 하려는 거요?"

이에 임금은 그 종루를 내려오고 말았다. 한참 후에 가도는 그가 황제였다는 것을 알고 크게 두려워한 나머지 대궐에 엎드려 죄를 빌었다. 임금은 이를 아주 놀랍게 여겼다. 그 후 다른 날, 황제는 지령을 내려 가도는 하나의 청관淸官과 함께 유배를 가게 되었으나, 다시 수주遂州의 장강주부長江主簿를 거쳐 보주사창普州司倉에 오르게 되었다.

가도는 죽음에 임박하였을 때 집에는 돈이라고는 일전 한 푼이 없었고, 오직 병든 나귀와 낡은 거문고 하나뿐이었다. 당시 그 누군들 그 재주를 아까워하고 그의 박명함을 안타까이 여기지 아니한 자가 있었겠는가?

가도는 그 모습이 청랑하고 생각도 전아하며 현담을 즐겨하고 불교에 귀의하였다. 그가 사귀던 친구들은 하나같이 진세塵世 밖의 인물들이었다. 그의 삶은 쓸쓸하고 생계는 기구하였다. 이에 스스로 이런 시를 지어 읊었다.

> "두 구절 짓는데 삼 년이 걸리고　　　　　二句三年得
> 한 구절 읊는데 두 눈물 흘렸소　　　　　一吟雙淚流
> 친구도 이를 알아주지 않은 듯하니　　　　知音如不賞
> 옛 고향으로 돌아가 가을 산에 쉬리라."　　歸臥故山秋

　매번 연말 제석除夕이면 그는 반드시 그 해 일 년 동안 지었던 시들을 모두 책상 위에 올려놓고 이를 향으로 태워 재배하고는 술에 잔뜩 취해 이렇게 기도하였다.
　"이것이 바로 제가 일 년 동안 고심하였던 것이로다."
　그러고는 통음痛飮하며 길게 노래를 부르고서야 끝냈다.
　지금 시집 10권과《시격詩格》1권이 세상에 전한다.

　賈嶋:
　嶋, 字閬仙, 范陽人也. 初, 連敗文場, 囊篋空甚, 遂爲浮屠, 名無本. 來東都, 旋往京, 居靑龍寺. 時禁僧午後不得出, 爲詩自傷. 元和中, 元·白變尙輕淺, 嶋獨接格入僻, 以矯浮豔. 當冥搜之際, 前有王公貴人皆不覺, 游心萬仞, 慮入無窮. 自稱「碣石山人」.
　嘗歎曰:「知余素心者, 惟終南紫閣·白閣諸峰隱者耳」
　嵩邱有草廬, 欲歸未得, 逗留長安. 雖行坐寢食, 苦吟不輟. 嘗跨蹇驢張蓋, 橫截天衢.
　時秋風正屬, 黃葉可掃, 遂吟曰:『落葉滿長安.』

方思屬聯, 杳不可得, 忽以『秋風吹渭水』爲對, 喜不自勝. 因唐突大京兆劉栖楚, 被繫一夕, 旦釋之.

後復乘閒策蹇訪李凝幽居, 得句云:『鳥宿池中樹, 僧推月下門.』

又欲作「僧敲」, 煉之未定, 吟哦, 引手作推敲之勢, 傍觀亦訝. 時韓退之尹京兆, 車騎方出, 不覺衝至第三節, 左右擁到馬前, 嶋具實對, 未定「推」·「敲」, 神遊象外, 不知廻避. 韓駐久之, 曰:「敲字佳」遂竝轡歸. 其論詩道, 結爲布衣交, 遂授以文法. 去浮屠, 擧進士.

愈贈詩云:『孟郊死葬北邙山, 日月風雲頓覺閒. 天恐文章渾斷絕, 再生賈嶋在人間.』

自此名著. 時新及第, 寓居法乾無可精舍, 姚合·王建·張籍·雍陶, 皆琴樽之好. 一日, 宣宗微行至寺, 聞鐘樓上有吟聲, 遂登, 於嶋案上取卷覽之, 嶋不識, 因作色, 攘臂睨而奪取之曰:「郎君鮮醲自足, 何會此耶?」帝下樓去. 旣而覺之, 大恐, 伏闕待罪, 上訝之. 他日, 有中旨令與一清官謫去者, 乃授遂州長江主簿, 後稍遷晉州司倉. 臨死之日, 家無一錢, 惟病驢·古琴而已. 當時誰不愛其才而惜其命薄! 嶋貌清意雅, 談玄抱佛, 所交悉塵外之人. 況味蕭條, 生計岨峿.

自題曰:『二句三年得, 一吟雙淚流. 知音如不賞, 歸臥故山秋.』

每至除夕, 必取一歲所作置几上, 焚香再拜, 酹酒祝曰:「此吾終年苦心也.」

痛飲長謠而罷.

今集十卷, 幷《詩格》一卷, 傳於世.

【浮屠】梵語를 音譯한 것으로 佛陀·浮屠로 썼다. 여기에서는 僧侶를 가리
킨다. 《唐詩紀事》卷4에 의하면 그가 出家할 때의 詩가 있다. (참고)

【劉栖楚】敬宗 연간에 京兆尹을 지냈던 人物. 兩《唐書》에 傳이 있다.

【李凝】다른 本에는 李余로 실려 있다.

【推敲】이 詩는 《長江集》(卷4)에 처음으로 실렸으며 제목은 〈題李凝幽居〉이다.
《唐詩紀事》(卷40)에는 〈題李欵幽居〉로 되어 있다. 原詩는 참고란을 볼 것.
한편 이 '推敲'에 대한 故事는 宋 胡仔의 《笤溪漁隱叢話前集》(卷19)에 〈劉公
嘉話錄〉(원제목은 〈劉賓客嘉話錄〉으로 唐 韋絢이 지었다)을 引用한 것이 최초
이며 뒤에 宋 計有功의 《唐詩紀事》(卷40)에 詩가 실리게 되었다. (참고)

【孟郊死葬北邙山】이 詩는 《韓昌黎集》에는 보이지 않으며 韋莊의 《極玄集》
(卷中)에 실려 있다. 제목은 〈贈賈島〉이다. 그러나 뒷사람들은 이것을 전혀
근거 없는 僞作이라 하였다. 宋 魏懷忠은 蘇軾을 말을 引用하여 "世俗無知
者所托"이라 하였다.

【無可】본책 卷6(150) 참조.

【姚合】본책 卷7(157) 참조.

【張籍】본책 138 참조.

【雍陶】본책 卷7(173) 참조.

【上訝之】이 故事는 《監戒錄》(卷8), 《北夢瑣言》(卷8), 《詩話總龜》(卷11, 《唐宋
遺史》를 引用하였다), 《唐摭言》(卷11) 등에 모두 기록되어 있다. (참고)

【遂州】지금의 四川省 蓬溪縣.

【普州】지금의 四川省 安岳縣.

【二句三年得】이 詩는 《全唐詩》(卷574)에 실려 있으며 제목은 〈題詩後〉이다.
詩 全文이다.

참고 및 관련 자료

1. 가도(賈嶋)

'嶋'는 '島'와 같다. 字는 閬仙. 그러나 唐 蘇絳의 〈唐故司倉參軍賈公墓志銘〉·
《新唐書》(卷176)에는 字를 '浪仙'이라 하였고 《唐摭言》(卷11)과 《直齋書錄
解題》(卷19)에는 '閬仙'이라 하였다. 그 외에 법명은 無本(无本)이며 碣石山人
이라고도 불린다. 〈尋隱者不遇〉라는 詩가 널리 알려져 있다. 그의 文集은

《新唐書》(藝文志, 4)에 "賈島《長江集》十卷, 又《小集》三卷"이라 하였으며 《崇文總目》에도 같다. 그러나 《郡齋讀書志》(卷4, 中), 《直齋書錄解題》(卷19)에는 10卷만 著錄되어 있고 《小集》에 대한 언급은 없다. 본문에 辛文房은 《詩格》1卷을 들고 있으나 《宋史》(藝文志)에만 《詩格密旨》1卷이 기록되어 있으며 지금은 전하지 않는다. 그의 詩는 《全唐詩》에 4卷(571~574), 총 403首가 실려 있으나 그 중 29首는 확실하지 않은 것이 있다. 《全唐詩外編》 및 《全唐詩續拾》에 詩 2首와 斷句 14句가 補入되어 있으며 《唐詩紀事》(卷40)에 관련 기록이 실려 있다.

2. 《新唐書》 卷176 참조.

3. 《唐詩紀事》 卷40

賈島, 字浪仙, 范陽人. 初爲浮屠, 名無本. 能詩, 獨變格入僻, 以矯豔於元·白. 來洛陽, 韓愈教爲文. 去浮屠, 擧進士, 終普州司戶. 島久不第, 吟〈病蟬〉之句, 以刺公卿. 或奏島與平曾等爲十惡, 逐之. 詩曰: 『病蟬飛不得, 向我掌中行. 折翼猶能薄, 酸吟尙極淸. 露華凝在腹, 塵點惧侵睛. 黃雀幷烏鳥, 俱懷害爾情.』

4. 《全唐詩》 卷571

賈島, 字浪仙, 范陽人. 初爲浮屠, 名無本. 來東都時, 洛陽令禁僧午後不得出, 島爲詩自傷, 韓愈憐之. 因教其爲文, 遂去浮屠. 擧進士, 詩思入僻, 當其苦吟, 雖逢公卿貴人, 不之覺也. 累擧不中第, 文宗時, 坐飛謗, 貶長江主簿. 會昌初, 以普州司倉參軍遷司戶, 未受命卒. 有《長江集》十卷, 《小集》三卷, 今編詩四卷.

5. 〈題李疑幽居〉(《唐詩紀事》 卷40)

『閑居少鄰並, 草徑入荒村. 鳥宿池中樹, 僧敲月下門. 過橋分野色, 移石動雲根. 暫去還來此, 幽期不負言.』

6. 《唐摭言》 卷11

賈閬仙, 名島. 元和中元·白尙輕淺, 島獨變格入僻, 以矯浮艷, 雖行坐寢食, 吟咏不輟, 常跨驢張蓋橫截天衢, 時秋風正厲, 黃葉可掃, 島忽吟曰: 『落葉滿長安, 志重其衝口』, 直致求之一聯, 杳不可得, 不知身之所從也. 因之, 唐突大京兆. 劉栖楚被繫一夕, 而釋之. 又嘗遇武宗皇帝於定水精舍, 島尤肆侮上, 訝之, 他日, 有中旨, 令與一官謫去, 乃授長江縣尉. 稍遷普州司倉而卒.

119(5-8)
장남걸莊南傑

  장남걸莊南傑은 가도賈嶋와 동시대 인물로 일찍이 그를 좇아 학문을
닦았다. 그는 악부시樂府詩의 잡가雜歌에 뛰어났으며 시의 체제는 장길長吉
이하李賀와 비슷하였다. 그 시의 기세는 비록 장주壯遒하나 언어가 지나치게
전착鐫鑿하다. 이는 아마 천자天資가 본래 뒤떨어져서 억눌림을 면할 수
없기 때문이었을 것이다. 그리하여 자연스러움을 표출하지는 못하였으니
역시 호기상벽好奇尙僻한 하나의 선비일 따름이다.
  문집 2권이 지금 전하고 있다.

  莊南傑:
  南傑, 與賈嶋同時, 曾從受學. 工樂府雜歌, 詩體似長吉,
氣雖壯遒, 語過鐫鑿, 蓋其天資本劣, 未免按抑, 不出自然,
亦一好奇尙僻之士耳.
  集二卷, 今行.

【賈嶋】앞장 참조. '嶋'는 '島'와 같은 글자.
【李賀】長吉. 錦囊詩人. 본책 115참조.

1. 장남걸(莊南傑)

莊南杰로도 쓰며 《直齋書錄解題》(卷19)의 《莊南杰集》 1卷 注에 "唐進士莊南杰撰, 與賈島同時"라 하였다. 그의 文集은 《直齋書錄解題》의 《莊南杰集》 1권 외에 《宋史》(藝文志, 7)에 《雜歌行》 1권이 저록되어 있다. 그리고 《全唐詩》(卷470)에 詩 5首가 실려 있고 《全唐詩外編》 및 《全唐詩續拾》에 詩 1首와 斷句 1句가 전한다. 한편 李嘉言의 《全唐詩辨證》에서는 《全唐詩》(卷785)의 無名氏 詩 가운데 〈春二首〉부터 〈傷哉行〉 17首를 莊南杰의 詩로 보았으나 확증은 없다.

2. 《全唐詩》 卷470

莊南杰, 進士, 與賈島同時. 雜歌行一卷, 今存詩五首.

120(5-9)
장벽張碧

附: 장영張瀛

　장벽張碧은 자가 태벽太碧이며 정원貞元 연간에 여러 차례 진사에 응시하였으나 낙방하였다. 그 때 그는 문득 삼신산三神山이 반걸음 앞에 있고 운한雲漢이 지척에 있음을 깨닫고 자연으로 돌아갈 꿈을 꾸었다. 처음 그는 한림翰林 이백李白의 높은 행동을 선모하였다. 이백의 일배일영一杯一詠을 통해 반드시 낡은 풍토를 체현體現할 수 있으리라 여겼으며, 그 때문에 자신의 이름과 자도 모두 이백과 흡사하게 고쳤으니 이는 옛날 사마장경司馬長卿이 인상여藺相如를 사모하여 이름을 사마상여司馬相如라 한 것과 같다.

　장벽은 천부적인 재질이 탁월하였고 기운氣韻도 범상치 않았다. 그는 산수山水에 흥을 붙여 한가로움을 즐기며 시 짓고 술 마셨다. 그의 시어詩語는 주로 전원생활을 읊은 것이 많으며, 모두가 묘사하기 어려운 풍경을 표현한 것들이다.

　그의 《가행집歌行集》 2권이 세상에 전한다.

　장영張瀛은 그의 아들이다.

　　　　張碧: 附, 張瀛

　　　碧, 字太碧. 貞元間, 擧進士, 累不第, 便覺三山跬步, 雲漢

咫尺. 初, 慕李翰林之高躅, 一杯一詠, 必見淸風, 故其名字
皆亦逼似, 如司馬長卿希藺相如爲人也. 天才卓絶, 氣韻不凡.
委興山水, 投閒吟酌, 言多野意, 俱狀難摹之景焉.

有《歌行集》二卷, 傳世. 子瀛.

【三神山】神話傳說 속의 神仙들이 산다는 세 개의 산. 흔히 蓬萊山·方丈山·
瀛州山(瀛鶯山).《史記》封禪書를 볼 것.
【李白】字가 太白이므로 張碧도 그의 字처럼 이름 속에 太를 넣어 부른 것
이다.
【司馬相如】漢代의 최고 賦作家. 한편 藺相如는 戰國時代 趙나라의 大夫로
廉頗와의 刎頸之交, 그리고 和氏璧과 관련한 '完璧歸趙'의 故事를 남긴 人物
이다.《史記》司馬相如列傳에 "司馬相如者, 蜀郡成都人也. 字長卿. 少時好
讀書, 學擊劍, 故其親名之曰犬子. 相如旣學, 慕藺相如之爲人, 更名相如"라
하였다. 卓文君과의 愛情故事로도 유명하다.
【張瀛】張碧의 아들. 本卷 268 참조.

참고 및 관련 자료

1. 장벽(張碧)
字는 太碧. 그의 文集은《新唐書》(藝文志, 4)에《歌行集》2卷,《直齋書錄
解題》(卷19)에《歌詩集》1卷, 그리고《宋史》(藝文志, 7)에《張碧詩》1卷 및
《歌行》1卷이 著錄되어 있다. 그리고《全唐詩》(卷469)에 詩 19首가 실려 있으며
《全唐詩外編》에 詩 1首가 補入되어 있다.《唐詩紀事》(卷45)에 관련 기록이
실려 있다.

2.《唐詩紀事》卷45
碧, 字太碧, 貞元中人. 自序其詩云:「碧嘗讀李長吉集, 謂春拆紅翠, 霹開蟄戶,
其奇峭者不可攻也. 及覽李太白詞, 天與俱高, 靑且無際, 鵬觸巨海, 瀾濤怒飜,
則觀長吉之篇, 若陟嵩之巓視諸阜者耶. 余嘗銳志狂勇心魄, 恨不得攤文陣以
交鋒, 覩拔戟挾輈而比矣.」

3.《全唐詩》卷469
張碧, 字太碧, 貞元時人. 孟郊讀其集詩云：「天寶太白沒, 六義已消歇, 先生今復生. 斯文信難缺, 下筆證興亡. 陳辭備風骨, 高秋數奏琴. 澄潭一輪月, 推之者至矣.」詩十六首.

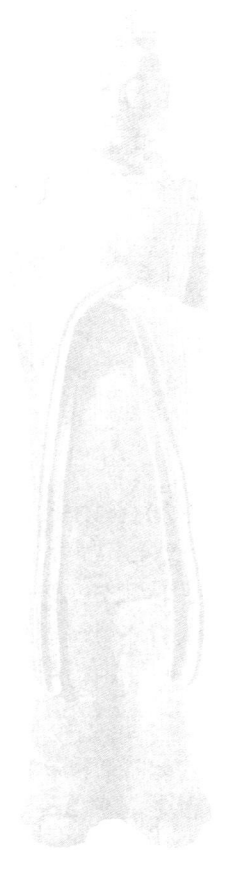

121(5-10)

주방朱放

주방朱放은 자가 장통長通이며 남양南陽 사람이다. 일찍이 그는 한수漢水에 살았다. 그러나 계속되는 기근을 만나 남쪽으로 옮겨와서는 섬계剡溪·경호鏡湖 지역에 은거해 버렸다. 그는 청자지념靑紫之念을 물리치고 오두막을 지어 구름과 함께 고기잡고 나무하며 살았다. 그는 한때 흰색 접리接籬를 쓰고 사슴 가죽옷에 대나무 껍질 신을 신은 채 술집을 떠돌기도 하였다. 당시 강절江浙 지역엔 명사들이 많았고 풍류가 아름다웠다. 그런데 그들은 모두 주방의 고의高義를 좋아하였으니, 이를테면 황보염皇甫冉·황보증皇甫曾 형제·교연皎然·영철상인靈徹上人 등으로 모두가 은자들이며 좋은 친구들이었다.

대력大曆 연간에 사조왕嗣曹王 이고李皋가 강서절도사江西節度使로 오자 주방을 불러 절도사의 참모를 삼았다.

그러자 주방은 〈별동지別同志〉를 써서 자신의 심정을 밝혔다.

"잔잔한 물소리 찬 냇물 가에서 　　　　潺湲寒溪上

여기서부터 우리는 헤어져야 하네 　　自此成離別

고개 돌려 돌아가는 그대 모습 보니 　回首望歸人

배 떠날 임새 저녁 눈 만나겠네 　　　移舟逢暮雪

자주 다니던 길 풀과 나무도 눈에 익고 頻行識草樹

점차 늙어가니 흰머리 안타깝네 　　　漸老傷年髮

| 오직 흰 구름 좋아하던 마음 | 唯有白雲心 |
| 저 동산의 달을 향해 달려가네." | 爲向東山月 |

　얼마 지나지 않아 그는 벼슬길에 싫증을 느껴 그만 조각배를 타고 돌아가겠다고 물러서 버렸다. 정원貞元 2년, 임금이 조서를 내려 도회기재과 韜晦奇才科를 실시하게 되자 임금이 초빙의 예를 다해 그를 불러 좌습유 左拾遺를 제수하려 하였지만, 그는 나가지 아니하고 표를 올려 사양하였다. 그는 이처럼 득실에 대해 잊고 살며 생을 마쳤다. 주방은 시에 뛰어나 그 풍도가 청월淸越하였으며, 신정神情이 소산蕭散하여 보통 사람들과는 비교할 수가 없었다.
　문집 2권이 있어 지금도 세상에 유행하고 있다.

朱放:
　放, 字長通, 南陽人也. 初, 居臨漢水, 遭歲饉, 南來卜隱剡溪‧鏡湖間, 排靑紫之念, 結廬雲臥, 釣水樵山. 嘗著白㲲羅, 鹿裘筇屨, 盤桓酒家, 時江‧浙名士如林, 風流儒雅, 俱從高義. 如皇甫兄弟, 皎‧徹上人, 皆山人良友也. 大歷中, 嗣曹王皐鎭江西, 辟爲節度參謀, 有〈別同志〉曰: 『漻溵寒溪上, 自此成離別. 廻首望歸人, 移舟逢暮雪. 頻行識草樹, 漸老傷年髮. 唯有白雲心, 爲向東山月.』
　未幾, 不樂鞅掌, 扁舟告還.
　貞元二年, 詔擧韜晦奇才, 詔下聘禮, 拜左拾遺, 不就, 表謝之. 忘懷得失, 以此自終. 放工詩, 風度淸越, 神情蕭散, 非尋常之比.
　集二卷, 今行於世.

【南陽】朱放의 籍貫을 南陽이라고 한 것은 襄陽의 誤記로 보인다. (참고)

【剡溪】曹娥江의 상류로 지금의 浙江省 嵊縣. 경승지로 알려져 있다.

【鏡湖】東漢 때 會稽太守 馬臻이 만든 호수. 풍경이 아름다웠다.

【青紫】漢나라 제도에 丞相·太尉는 金印에 紫綬의 끈을 달았고, 御史·大夫는 金印에 青綬를 달아 존귀함을 나타내었다. 이에 고관의 벼슬을 〈青紫〉라 불렀다.

【羉䍦】《四庫全書》에는 '接䍦'로 되어 있다. 고대의 두건.《世說新語》任誕 篇에 晉나라 山簡이 襄陽에 벼슬할 때 늘 밖에 나가 술을 마시고 취하여 白接䍦를 거꾸로 쓰고 돌아왔다는 故事가 있었다.

【鹿裘】'사슴 가죽으로 만든 누추한 외투.'《晏子春秋》(外篇)에 "晏子相景公, 布衣鹿以裘朝, 公曰: '夫子之家若此其貧也, 是奚衣之惡也?'"라 하였다.

【筍履】대나무 껍질로 만든 신발을 말한다.

【嗣曹王】李皋. 唐 太宗의 아들인 曹王 李明의 玄孫. 玄宗 天寶 11年(752) 嗣曹王에 봉해졌으며 각 곳의 節度使직을 맡았다. 兩《唐書》에 傳이 있다.

【別同志】이 詩는 《全唐詩》(卷315)에 실려 있으며, 原題는 〈剡溪行却寄新別者〉 이다. 詩 全文이다.

【東山】晉나라의 謝安이 젊었을 때 隱居하였던 산으로, 뒤에 隱居의 뜻으로 널리 쓰였다.

【鞅掌】疊韻連綿語. '公事에 바쁜 모습.'《詩經》小雅 北山에 "或王事鞅掌"이라 하였다.

【韜晦奇才】唐나라 科擧 중의 하나.

【蕭散】雙聲連綿語. '막힘이 없다'·'훌훌 털어 버리고 미련을 두지 않다'의 뜻.

> 참고 및 관련 자료

1. 주방(朱放)

朱倣으로도 쓰며 字는 長通이다. 그의 관적에 대하여 唐 姚合의 《極玄集》 (卷下)·唐 獨孤及의 〈唐故揚州慶雲寺律師一公塔銘序〉·《新唐書》(藝文志) 등에는 모두가 襄州人, 혹은 襄陽人이라 하였다. 그의 文集은 《新唐書》 (藝文志, 4)·《郡齋讀書志》(卷4, 中)에 《朱放詩》 1卷이 著錄되어 있고 《直齋 書錄解題》에는 《朱放集》 1卷이라 되어 있다. 다만 《宋史》에는 《朱放詩》

2卷으로 되어 있다. 한편《全唐詩》(卷315)에 그의 詩가 1卷으로 편집되어 총 25首가 실려 있으나 그 중 2首는 章八元·顧況의 詩로 보인다.《全唐詩外編》에 詩 1首가 補入되어 있고《唐詩紀事》(卷26)에 관련 기록이 실려 있다.

2.《唐詩紀事》卷26

放, 字長通, 襄州人. 隱居剡溪. 嗣曹王皋鎭江西, 辟節度參謀, 貞元中, 召爲左拾遺, 不就.

3.《全唐詩》卷315

朱放, 字長通, 襄州人. 隱於越之剡溪, 嗣曹王皋鎭江西, 辟節度參謀. 貞元初, 召爲拾遺, 不就. 詩一卷.

122(5-11)
양사악羊士諤

양사악羊士諤은 정원貞元 원년에 예부시랑禮部侍郎 포방鮑防 밑에서 진사에 급제하였다. 순종順宗 때에 여러 관직을 거쳐 선흡순관宣歙巡官에 올랐다. 그 때 왕숙문王叔文은 그를 매우 싫어하여 그를 정주汀州의 영화위寧化尉로 폄직시키고 말았다. 원화元和 초에 재상 이길보李吉甫가 양사악의 훌륭함을 알고 다시 그를 불러 감찰어사監察御史로 발탁하였으며, 그는 제고制誥를 관장하게 되었다.

그러나 그 뒤 두군竇群·여온呂溫 등과 재상 이길보를 무고한 사건에 연루되어 자주어사資州御史로 강등되고 말았다.

양사악은 시에 뛰어났고, 특히 《양선梁選》, 즉 《문선文選》의 해석에 깊은 조예가 있었으며 그로 인해 그의 작품은 전고典故를 중시하고 있다.

어린 시절 그는 여궤산女几山에 놀이 갔다가 그 풍경의 아름다움에 빠져 그 곳에 터를 잡고 살겠다는 뜻을 가졌지만, 공명에 얽매어 끝내 그 초지初志를 실현해 보지는 못하였다.

시집이 있어 세상에 전한다.

羊士諤:

士諤, 貞元元年, 禮府侍郎鮑防下進士. 順宗時, 累至宣歙

巡官. 王叔文所惡, 貶汀州寧化尉. 元和初, 宰相李吉甫知獎,
擢爲監察御史, 掌制誥. 後以與竇群·呂溫等誣論宰執, 出爲
資州刺史.

  士諤工詩, 造妙《梁選》, 作皆典重, 早歲嘗遊女几山, 有卜
築之志. 勳名相迫, 不遂初心.

  有詩集, 行於世.

【宣歙】宣歙觀察使가 있던 곳. 지금의 安徽省 宣城縣.
【王叔文】德宗 때 太子의 侍讀으로 太子(李通)와 시무를 논하였다. 太子가
  王位에 올라 順宗이 되자 翰林學士를 거쳐 宰相에 올랐으며 이때 韓泰·
  柳宗元·柳禹錫 등과 개혁정책을 폈다. 그러나 뒤에 宦宮이 宣宗을 퇴위
  시키고 憲宗을 옹립하자 그는 渝州刺史로 쫓겨났다가 이듬해 피살되었다.
  兩《唐書》에 傳이 있다.
【汀州】지금의 福建城 寧化縣.
【梁選】《文選》을 가리킨다. 梁나라 昭明太子(蕭統)가 선집하여 '梁選'이라
  부른 것이다.
【女几山】지금의 河南城 洛寧縣에 있는 산.

┌─────────────────┐
│ 참고 및 관련 자료 │
└─────────────────┘

1. 양사악(羊士諤)
그의 詩集은 《郡齋讀書志》(卷4, 上)·《直齋書錄解題》(卷19)에 모두 1卷이
著錄되어 있다. 《全唐詩》(卷332)에 詩 1卷이 편집되어 있으며 《全唐詩
續拾》에 제목 하나가 실려 있다. 《唐詩紀事》(卷43)에 관련 기록이 실려 있다.
2. 《唐詩紀事》卷43
《順宗實錄》云:「元年六月, 貶宣歙巡官羊士諤爲汀州寧化縣尉. 士諤性傾險,
時以公事至京, 遇叔文用事, 朋黨相煽, 頗不能平, 公言其非. 叔文聞之怒, 欲下
詔斬之, 執誼不可; 則令杖殺之, 又不可, 逐貶焉」由是叔文始大惡執誼. 士諤

受知李吉甫, 又最善呂溫. 薦爲御史, 終資州刺史.

3.《全唐詩》卷332

羊士諤, 泰山人. 登貞元元年進士第, 累至宣歙巡官. 元和初, 拜監察御史. 坐誣李吉甫, 出爲資州刺史. 詩一卷.

4.〈過三鄉望女几山早歲有卜築之志〉(《全唐詩》卷332)

『女几山頭春雪消, 路傍仙杏發柔條. 心期欲去知何日, 惆悵回車上野橋.』

123(5-12)
요계姚係

附: 요륜姚倫

요계姚係는 하중河中 사람으로 정원貞元 원년에 진사에 급제하였다. 위응물韋應物과는 동시대 사람으로 시로써 이름이 났으며 특히 고체시 古體詩에 특기가 있었다. 거문고를 잘 탔고 명산을 유람하기를 좋아하여 사령운謝靈運·곽문郭文의 흔적을 답습하고 싶어하였다. 그는 종신토록 봉록奉祿에 대해서는 언급하지 않았으며 봉록 역시 그에게는 미치지 않았다. 그는 임서곡은林棲谷隱의 선비들과 왕래하면서 수작酬酢하였고, 흥취가 초연하였다.

그의 아우 요륜姚倫도 역시 시가 청려淸麗하며, 형제 두 사람의 문집이 모두 전한다.

姚係: 附, 姚倫

係, 河中人. 貞元元年進士. 與韋應物同時. 有詩名, 工古調, 善彈琴, 好遊名山, 希踪謝·郭, 終身不言祿, 祿亦不及之也. 與林棲谷隱之士往還酬酢, 興趣超然.

弟倫, 詩亦淸麗, 有集竝傳.

【河中】지금의 山西省 永濟縣 서쪽.

【謝靈運】南朝 때의 山水詩로 이름난 文豪. 前出.

【郭文】《晉書》隱逸傳에 실려 있는 人物로 山水를 좋아하여 餘杭의 산 속에 숨어 지냈던 사람.

【終身不言祿】介子推의 故事를 引用한 말.《左傳》僖公 24年에 "介子推不言祿, 祿亦不及"이라 하였다.

【姚倫】姚係의 아우. 그러나《新唐書》宰相世系表에 의하면 姚係의 堂弟이며 揚州大都督府倉曹參軍을 지냈다.《中興間氣集》卷下에 姚倫의 詩를 평하여 "姚子詩, 雖未弘深, 去凡已遠, 屬辭比事, 不失文流. 如'亂聲千葉下, 寒影一巢孤', 篇什之秀也"라 하였다.

참고 및 관련 자료

1. 요계(姚係)

《新唐書》宰相世系表(4, 下)에 의하면 姚係는 盛唐 때의 宰相이었던 姚崇의 曾孫이다. 唐宋時代 각 書目에는 그의 文集이 보이지 않으며《全唐詩》(卷253)에 詩 10首와 姚倫의 詩 2首가 실려 있다.《唐詩紀事》(卷27)에 관련 기록이 실려 있다.

〈姚崇(元之)〉《三才圖會》

2.《唐詩紀事》卷27

韋蘇州〈送係還河中〉詩云:『上國旅遊罷, 故園生事微. 風塵滿路起, 行人何處歸? 留意芳樹斂, 惜別暮春暉. 幾日投關郡, 河山對掩扉.』

3.《全唐詩》卷253

姚係, 宰相崇之曾孫, 爲門下典儀. 韋應物集有送姚係還河中詩, 或云河中人. 詩十首.

124(5-13)
국신릉麴信陵

국신릉麴信陵은 정원貞元 원년, 정전제鄭全濟와 동방同榜으로 급제하여 서주舒州 망강현령望江縣令으로 생을 마쳤다.

시에 뛰어났으며 문집 1권이 지금 전하고 있다.

麴信陵:

信陵, 貞元元年, 鄭全濟榜及第, 仕僞舒州望江縣令. 卒.
工詩, 有集一卷, 今傳.

【鄭全濟】貞元 원년(785) 賢良方正直言極諫科에 등제한 人物.
【舒州望江】지금의 安徽省 望江縣.

참고 및 관련 자료

1. 국신릉(麴信陵)
事跡은 자세하지 않으나 《新唐書》(藝文志, 4)에 《麴信陵詩》1卷, 《郡齋讀書志》(卷4, 上), 《直齋書錄解題》(卷19)에는 모두 《麴信陵集》1卷이 著錄되어 있다. 그리고 宋 洪邁의 《容齋五筆》(卷7) 『書麴信陵事』에 자신이 어렸을 때

《麴信陵遺集》을 보았는데 詩가 33首, 〈祈雨文〉 3편이 있었다 하였다. 《宋史》(藝文志, 7)에도 《麴信陵詩》 1卷이 著錄되어 있다. 《全唐詩》(卷319)에 詩 6首, 殘句 2句가 실려 있으며 《唐詩紀事》(卷35)에 관련 기록이 실려 있다.

2. 《唐詩紀事》 卷35

信陵, 貞元元年進士, 爲舒州望江令, 卒, 有〈吳門送客〉詩云: 『亂山吳苑外, 臨水讓王祠. 素是傷情處, 春非送客時. 不須愁落日, 且願駐靑絲. 千里會應到, 一樽誰共持?』

3. 《全唐詩》 卷319

麴信陵, 貞元元年進士第, 爲舒州望江令, 有惠政. 詩一卷, 今存六首.

125(5-14)
장등張登

　　장등張登은 처음에는 은거하였던 인물로 그 성품이 강직 고결하여 작은 두건에 짧은 저고리를 입고 명공名公들과 친구로 사귀며 살았다. 그러다가 뒤에 부름을 받아 위부참모衛府參謀를 거쳐 정위평廷尉平에 올랐으며 한참 후 감찰어사監察御史에 배임拜任되었다. 그리고 다시 정원貞元 연간에는 하남사조연河南士曹掾을 거쳐 전중시어사殿中侍御史·장주자사漳州刺史 등을 역임하였으며 그 뒤 노년을 이유로 물러났다.

　　그는 일찍이 늦은 봄에 가벼운 수레를 타고 남훈문南薰門을 나서서 해가 져서야 의춘문宜春門을 들어섰다. 그러자 문지기 관리가 검문을 하면서 패牌를 들고 거기에다가 관직을 써서 밝히라고 요구하였다.

　　장등은 이에 취한 얼굴로 이렇게 시를 썼다.

"한가하게 영소에 놀다가 봄 보내고 오는 길에	閑游靈沼送春回
문지기는 어찌 그리 괴롭게 캐묻는고	關吏何須苦見猜
여든 살 늙은이가 무슨 관직 있겠소만	八十老翁無品秩
그래도 일찍이 세 번이나 봉지에서 일하였었소."	三曾身到鳳池來

　　그의 순간적인 재치가 이러하였다. 몇 년 후, 그는 공적인 일에 연루되어 탄핵을 당하자 관리들이 이것저것 자꾸 못살게 굴게 되었다. 그는 이를 참아내지 못하고 화병을 얻어 죽고 말았다.

그의 문집 6권이 있으며 권덕여權德興가 서문을 썼다고 한다.

張登:

登, 初隱居, 性剛潔, 幅巾短褐, 交友名公. 後就辟, 歷衛府參謀, 遷廷尉平, 久之, 拜監御史.

貞元中, 改河南士曹掾, 遷殿中侍御史·漳州刺史, 退居告老. 嘗晚春乘輕車出南薰門, 抵暮, 詣宣春門入.

關吏捧牌請書官位, 登醉題曰: 『閑遊靈沼送春回, 關吏何須苦見猜. 八十老翁無品秩, 三曾身到鳳池來.』

其狷迂如此. 數年, 坐公累被劾, 吏議掊撝, 不堪, 感疾而卒.

有集六卷, 權德興爲序云.

【廷尉平】大理評事의 別稱.

【漳州】지금의 福建省 漳州市.

【南薰門】北宋 때의 서울 開封 新城의 남쪽 三門 중 中門.

【宜春門】開封의 東門.

【靈沼】宮苑의 못.

【鳳池】鳳凰池. 唐宋時代 中書省의 別稱.

【其狷迂如此】이상의 故事는 北宋 仁宗 때의 宰相 張士孫의 이야기가 잘못 삽입된 것이다. 《詩話總龜》(前集 卷17) 〈紀實門〉에 引用된 《古今詩話》에 실려 있으며 張士孫의 字는 順之이다. 宋 太祖 淳化 연간에 進士에 급제하여 仁宗 때 中書省門下平章事를 역임하였으며 86세에 卒하였다. 諡號는 文懿. 《宋史》(311)에 傳이 있다.

【權德興】본책 140 참조.

1. 장등(張登)

唐 權德輿의 〈唐故漳州刺史張君集序〉에 "淸河張登, 剛潔介特. ……歷衛佐·
廷尉平·監察御史"라 하였으며, 아울러 文集에 대해서는 "所著詩賦之外, 書啓
序述銘記碑誄, 合爲一百二十篇"이라 하였다. 《新唐書》(藝文志, 4)에 《張登集》
六卷, 《郡齋讀書志》(卷4, 中)에 "今存者六十餘首"라 하였다. 《全唐詩》
(卷313)에 詩 7首와 殘句 4句, 《全唐詩外編》에 詩 4수가 補入되어 있으나
그 중 〈醉題〉1首는 宋나라 張士孫의 詩가 잘못 삽입된 것이다. 《唐詩紀事》
(卷40)에 관련 기록이 실려 있다.

2. 《唐詩紀事》卷40

劉夢得有〈揚州春夜與李端公益張侍御登段侍御平仲同會水館對酒聯句〉詩.
登始以巾褐就辟, 歷衛佐廷評. 貞元中爲河南士曹, 遷殿院, 爲漳州刺史. 坐公
累受劾, 感疾卒.

3. 《全唐詩》卷313

張登, 南陽人, 江南士滿歲, 計相表爲殿中侍御史. 董賦江南, 俄拜漳州刺史,
集六卷, 今存詩七首.

126(5-15)
영호초令狐楚

영호초令狐楚는 자는 각사殼士이며 돈황燉煌 사람이다. 다섯 살에 능히 문장을 지었으며 정원貞元 7년, 윤추尹樞와 동방同榜으로 진사에 급제하였다. 당시 이설李說·엄수嚴綬·정담鄭儋이 계속해서 태원太原의 절도사로 왔다가 모두가 영호초의 재주를 높이 보고 그를 끌어들여 자신들의 막부幕府를 돕도록 하여 그는 장서기掌書記에서 판관判官까지 이르렀다.

덕종德宗은 문학을 좋아하였다. 그런데 매번 태원에서 올라오는 주소奏疏를 보고 그것이 영호초가 쓴 것임을 알아내고는 자주 그를 칭찬하였다. 헌종憲宗 때에는 그는 지제고知制誥에 발탁되었으며, 황보박皇甫鎛이 그를 추천하여 한림박사翰林學士가 되었다가, 중서사인中書舍人을 거쳐 중서시랑 동평장사中書侍郎同平章事에까지 올랐다.

영호초는 시에 뛰어나서 당시의 백거이白居易·원진元稹·유우석劉禹錫 등과 창화唱和한 시가 매우 많다.

그의 《칠렴집漆匳集》 130권이 세상에 전하며 그는 스스로를 '백운유자白雲孺子'라 칭하였다.

令狐楚:

楚, 字殼士, 燉煌人也. 五歲能文章. 貞元七年, 尹樞榜進士及第. 時李說·嚴綬·鄭儋繼領太原, 高其才行, 引在幕府, 由掌書記至判官. 德宗喜文, 每省太原奏疏, 必能辨楚所爲, 數稱美之. 憲宗時, 累擢知制誥. 皇甫鎛薦爲翰林學士, 遷中書舍人, 拜中書侍郞同平章事. 楚工詩, 當時與白居易·元稹·劉禹錫唱和甚多.

有《漆匲集》一百三十卷, 行於世. 自稱曰「白雲孺子」

【燉煌】敦煌. 지금의 甘肅省 敦煌.
【尹楅】《唐摭言》(卷8)에 의하면 그의 나이 70여 세인 貞元 7年(791)에 壯元을 하였다 한다.
【李說】唐 淮南王 李神通의 後裔로 河東節度使를 지냈으며 兩《唐書》에 傳이 있다.
【嚴綬】節度使 등을 거쳐 宰相에까지 오른 人物로 兩《唐書》에 傳이 있다.
【鄭儋】李說을 대신하여 河東節度使에 올랐다. 《舊唐書》에 傳이 있다.
【太原】河東節度使의 治所가 있던 곳. 지금의 山西成 太原市.
【皇甫鎛】令狐楚와 同年 進士로 御史中丞·戶部侍郞 등을 역임하였으며 穆宗 때 崖州로 쫓겨나 죽었다. 兩《唐書》에 傳이 있다.

참고 및 관련 자료

1. 영호초(令狐楚)
唐나라 때의 유명한 政治家이며 詩人이다. 字는 殼士이며 號는 白雲孺子이다. 그의 文集《漆匲集》130卷은 《新唐書》(藝文志, 4)에 著錄이 있으나 그 뒤로는 보이지 않는다. 《全唐詩》(卷334)에 詩 1卷이 편집되어 있고 《全唐詩續拾》에 詩 2首, 제목 2개가 전하며 《唐詩紀事》(卷42)에 관련 기록이 실려 있다. 그 외에 唐·宋·元을 거쳐오면서 그의 文集 이름이 《元和辨謗錄》10卷, 《梁苑文類》3卷, 《表奏集》10卷, 《歌詩》1卷, 《御覽詩》1卷이 著錄되어 있으며 《全唐文》에 그의 文集 5卷, 142篇의 文章이 실려 있다.

2. 《舊唐書》卷172 참조.

3. 《新唐書》卷166 참조.

4. 《唐詩紀事》卷42

○ 楚, 字殼士, 德棻之裔. 與李逢吉善. 元和末爲相, 敬宗逐李紳, 楚自宣武節度徙天平, 入爲左僕射. 開成間卒.

○ 貞元七年, 杜黃裳知擧, 微服訪名士於尹樞, 樞言子弟有崔元略, 孤進有林藻·令狐楚. 其年樞冠榜試珠還合浦賦. 藻賦成, 夢人謂曰:「何不敍珠來去之意?」既寤, 改之. 黃裳謂藻曰:「敍珠來去, 如有神助」是年楚第五, 藻第十一.

5. 《全唐詩》卷334

令狐楚, 字殼士, 宜州華原人. 貞元七年及第, 由太原掌書記至判官, 德宗好文, 每省太原奏, 必能辨楚所爲, 數稱之. 召授右拾遺. 憲宗時, 累擢職方員外郞·知制誥, 皇甫鎛薦爲翰林學士. 進中書舍人, 出爲華州刺史, 鎛既相, 復薦楚爲中書侍郞同平章事. 穆宗卽位, 進門下侍郞, 尋出爲宣歙觀察使, 貶衡州刺史. 再徙太子賓客, 分司東都. 長慶二年, 擢陝虢觀察使, 敬宗立, 拜楚爲河南尹, 遷宣武節度使. 入爲戶部尚書, 俄拜東都留守, 徙天平節度使, 召爲吏部尚書, 檢校尚書右僕射, 進拜左僕射, 彭陽郡公. 開成元年, 上疏辭位, 拜山南西道節度使, 卒, 贈司空, 謚曰文. 集一百三十卷, 歌詩一卷, 今編詩一卷.

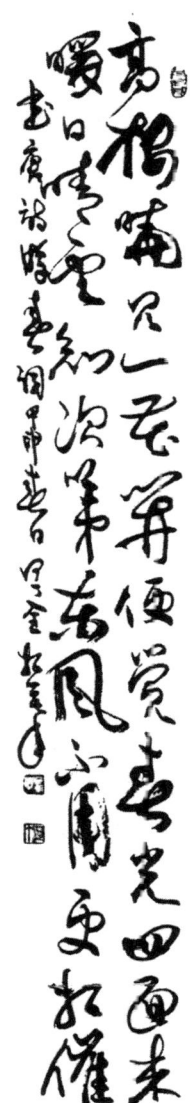

令狐楚〈遊春詞〉
河丁 全相摹(현대)

127(5-16)
양거원楊巨源

양거원楊巨源은 자가 경산景山이며 포중蒲中 사람이다. 정원貞元 5년, 그는 유태진劉太眞 아래에서 2등으로 급제하였다. 처음 그는 장홍정張弘靖의 막부에서 종사從事가 되었다가 우부원외랑虞部員外郎을 거쳐 태상박사太常博士·국자좨주國子祭酒에 올랐다. 대화大和 연간에는 하중소윤河中少尹이 되었다가 조정에 들어가 예부랑중禮部郎中을 배수받았다. 양거원은 재웅학부才雄學富하며 성률聲律에 관심이 깊었다. 무궁無窮의 근원을 자세히 체득하여 유영愈永의 맛을 천천히 즐기는 인물이었다. 그의 장편 시는 조각과 탁마가 아름다우며 절구絶句 시는 맑고 차다. 이는 아마 이쪽에서는 얻고 저쪽에서는 잃은 것이 아닌가 한다.

시집 1권이 있어 세상에 전한다.

楊巨源:

巨源, 字景山, 蒲中人. 貞元五年, 劉太眞下第二人及第. 初爲張弘靖從事, 拜虞部員外郎, 後遷太常博士·國子祭酒.

太和中, 爲河中少尹, 入拜禮部郎中. 巨源才雄學富, 用意聲律, 細把得無窮之源, 緩有愈雋永之味. 長篇刻琢, 絶句清泠, 蓋得於此而失於彼者矣. 有詩一卷, 行於世.

【蒲中】 河中府에 속하며 지금의 山西省 永濟縣.

【劉太眞】 起居郞을 시작으로 工部·刑部·禮部 등의 侍郞을 지냈으며 兩 《唐書》에 傳이 있다.

【張弘靖】 宰相 張延賞의 아들로 戶部侍郞·刑部尙書 등을 지냈으며 兩 《唐書》에 傳이 있다.

【愈永】 더욱더 玄遠한 세계로 몰입함을 뜻한다.

참고 및 관련 자료

1. 양거원(楊巨源)

字는 景山으로 唐代의 政治家이며 文人이다. 그의 文集은 《新唐書》(藝文志, 4), 《郡齋讀書志》(卷4, 上), 《直齋書錄解題》(卷19)에 모두 詩 1卷이 著錄되어 있으며 《全唐詩》에 詩 1卷(333)이 편집되어 있고 《全唐詩續拾》에 詩 3首, 斷句 5句, 詩題 1개 등이 補入되어 있다. 《唐詩紀事》(卷35)에 관련 기록이 실려 있다.

2. 《唐詩紀事》 卷35

巨源, 字景山, 大中時, 爲河中少尹.

3. 《全唐詩》 卷333

楊巨源, 字景山, 河中人. 貞元五年擢進士第, 爲張弘靖從事, 由祕書郞擢太常博士·禮部員外郞, 出爲鳳翔少尹. 復召除國子司業. 年七十致仕歸, 時宰白以爲河中少尹, 食其祿終身, 集五卷, 今編詩一卷.

128(5-17)
마봉馬逢

마봉馬逢은 관중關中 사람으로 정원貞元 5년, 노욱盧頊과 동방同榜으로 진사에 급제하여 변방의 막부에서 일하였다. 그는 일찍이 군대를 따라 변방 요새를 드나들며 시명詩名을 얻었으니 편편이 모두 경책警策의 내용들이다.

문집이 지금도 전하고 있다.

馬逢:

逢, 關中人. 貞元五年, 盧頊榜進士, 佐鎭戎幕府. 嘗從軍出塞, 得詩名, 篇篇警策. 有集今傳.

【關中】 지금의 陝西省을 가리킨다.
【盧頊】 貞元 5年에 壯元한 人物.
【警策】 警句를 가리킨다. 晉 陸機의 〈文賦〉에 "立片言而居要, 乃一篇之警策"이라 하였다.

참고 및 관련 자료

1. 마봉(馬逢)

생애나 事跡이 자세하지 않으며 唐宋 이래 그 文集에 대한 著錄이 없다.《全唐詩》(772)에 詩 5首가 전하며, 그 중〈宮詞〉2首는 顧況의 詩라고도 한다.《全唐詩續拾》에 斷句 1句가 補入되어 있다.

2.《全唐詩》(卷772)에는 생애에 대한 설명 없이 '詩五首'로 되어 있다.

129(5-18)
왕애王涯

　　왕애王涯는 자가 광진廣津이며 정원貞元 8년에 가릉賈稜과 동방同榜으로 급제하였다. 그는 박학공문博學工文하고, 특히 생각이 전아典雅하였으며 양숙梁肅이 그의 재주를 기이하게 여겨 육지陸贄에게 추천하였다. 그는 다시 박학굉사과博學宏辭科에도 합격하여 헌종憲宗 때에는 지제고知制誥·한림학사翰林學士를 거쳐 순식간에 중서시랑평장사中書侍郎平章事를 배수받았다. 그러다가 장경長慶 연간에는 검남절도사劍南節度使를 거쳐 어사대부御史大夫로 불려왔다가 다시 호부상서戶部尙書·감염철사監鹽鐵使를 거쳐 복야僕射에 오르게 되었다. 그러나 그는 소금의 양을 재면서 가혹하게 굴어 백성의 원성을 사게 되었고 급기야 감로지화甘露之禍 때에 그만 주살되고 말았다. 그러자 모든 사람들이 그를 나무라며 욕하여 기와 조각을 그의 시신에 던졌는데 잠깐 사이에 무덤을 이룰 정도였다.

　　왕애는 성품이 인색하여 기첩妓妾도 두지 않고, 집에 모은 재물이 수만 금이나 되었다. 그런데도 베옷과 거친 식사를 하는 것이었다. 그는 특히 옛날 이름난 서화書畫 수집을 아주 좋아하여 집안 좌우에 가득 쌓아 두었다. 얻기 어려운 작품은 반드시 온갖 계략을 꾸며 소장자로부터 빼앗다시피 차지해 버렸다. 그 집안이 망하자 오가던 사람들이 그의 소장품을 담은 상자를 부수어 모두 찢어 버렸으니 염합奩盒·금옥金玉·상아·비단들이었다. 그 밖의 서화는 길가에 내다 버려 수레와 말들이 마구 밟고 지나게 하여 모두 찢어지고 더럽혀졌다. 매우 안타까운 일이다. 왕애는 시에 뛰어나 그 풍운이 주연遒然하였으며 의표를 뛰어넘는 내용들이었다.

문집 10권이 있어 지금 전하고 있다.

◎ 비否·태泰·구姤·복復괘가 서로 돌고 영허盈虛가 소식消息하는 것은, 자연스러운 이치의 상정常情이다. 무릇 사물이 극성을 이루고 나면 점차 쇠퇴로 접어드는 것이며, 흩어짐이란 쌓아둔 꼭대기에서 비롯되는 것이다. 그러니 어찌 능히 끝까지 가득 채워 놓고 엎질러지지 아니하는 것이 있을 수 있겠는가? 하물며 그림과 글씨란 만물 변화의 기본을 보여주는 것으로, 귀신들조차 심히 꺼리는 대상이다. 과거 이런 것에 탐닉하여 빠져들었다가 왕왕 자신을 망친 자가 있었으니, 오히려 남으로부터 빼앗지 않았음에도 그런 화를 입었던 것이다. 그런데 왕애는 남을 못살게 굴면서 모아들여 자신의 지위를 높이기에 애썼고, 어리고 약한 자를 능멸하여 진기한 보물을 쌓았다. 자신의 이익만 알았지 남의 손해는 잊었던 것이다. 이렇게 그 그림, 글씨, 재물의 혼백을 다 빼앗으니 그 귀신의 혼백이 그 집을 지켜보다가 하루아침에 빈털터리로 만든 것이다. 진실로 가히 길게 탄식할 일이로다. 맹자孟子는 "죽으리라. 분성괄盆成括이여!"라 하고 그 전傳에 "옳지 않은 방법으로 들어온 재물은 역시 옳지 않게 나간다"라 하였으니 역시 옳은 말이 아니겠는가! 바라건대 뒷사람들은 마땅히 조그만 경계로 삼을지니라.

王涯:

涯, 字廣津. 貞元八年, 賈稜榜及第. 博學工文, 尤多雅思. 梁肅異其才, 薦於陸贄. 又擧宏辭. 憲宗時, 知制誥·翰林學士, 俄拜中書侍郎平章事. 長慶中, 節度劍南, 召爲御史大夫, 遷戶部尙書, 監鹽鐵使, 進僕射. 涯榷鹽苛急, 百姓怨之. 及甘露禍起就誅, 悉詬罵, 投以瓦礫, 須臾成堆. 性嗇, 不蓄妓妾,家財累鉅萬, 嘗布衣蔬食. 酷好前古名書名畫, 充積左右. 有不可得, 必百計傾陷以取之. 及家破, 往來人得卷軸, 皆別取盦軸金玉牙錦, 餘棄道途, 車馬踐踏, 悉損汚矣, 惜哉!

善爲詩, 風韻遒然, 殊超意表.

集十卷, 今傳.

◎ 否泰遞復, 盈虛消息, 迺理之常. 夫物盛者, 衰之漸也; 散者, 積之極也. 有能終滿而不覆者乎? 況圖書入變化之際, 神物所深忌者焉. 前修耽玩成癖, 往往殺身, 猶非剽剝而至也. 王涯培克聚斂, 以邀穹爵; 逼孤凌弱, 以積珍奇. 知己之利, 忘人之害. 至於天奪其魄, 鬼瞰其家, 一旦飄零, 殊可長歎! 孟子曰:「盆成括, 死矣!」《傳》曰:「貨悖而入者, 亦悖而出」不亦宜哉! 用備列之, 庶來者之少戒云.

【賈稜】貞元 8年에 壯元及第한 人物.

【梁肅】太子校書郎·監察御使·右補闕 등을 역임하였으며 典故에 뛰어났다.《新唐書》에 傳이 있다.

【陸贄】陸宣公. 德宗 때의 翰林學士. 朱泚의 亂 때 이를 평정하는 데 공을 세워 '內相'이라 불렸으며 宰相에 올랐다. 諡號는 宣. 兩《唐書》에 傳이 있다.

〈陸贄(敬輿)〉《三才圖會》

【甘露之禍】본책 112 盧仝傳 참조.

【否】《周易》의 第12卦. 閉塞不通의 뜻을 가지고 있다.

【泰】《周易》의 第11卦. 上下交通의 뜻을 가지고 있다.

【姤】《周易》의 第44卦. '유약한 것이 강건한 것을 만나다'라는 뜻을 가지고 있다.

【復】《周易》의 第24卦. '형통과 강건함이 반복된다'는 뜻을 가지고 있다.

【盈虛消息】'만물이 차고 기울고 사라지고 생겨나는 순환'을 뜻한다.《周易》

(第55卦) 豐卦에 "天地盈虛, 與時消息"이라 하였다.

【變化】《周易》의 乾卦에 "乾道變化, 各正性命"이라 하였다.

【盆成括】戰國時代에 재능을 믿고 날뛰던 人物로 《孟子》盡心(下)에 "盆成括
仕於齊, 孟子曰: '死矣, 盆成括.'盆成括見殺, 門人問曰: '夫子何以知其將見殺?'
曰: '其爲人也小有才, 未聞君子之大道也, 則足以殺其軀而已矣.'"라 하였다.
《晏子春秋》에도 그의 일화가 실려 있다.

【傳】朱熹《大學章句》傳之十 참조.

참고 및 관련 자료

1. 왕애(王涯)

字는 廣津이며 太原 사람이다. 그의 文集은 《新唐書》(藝文志, 2)에 《唐循資格》
5卷, 그리고 같은 藝文志(3)에 《太玄經注》6卷, 〈月令圖〉 1軸이 著錄되어
있으며 《直齋書錄解題》(卷19)에 《王涯集》1卷, 《宋史》(藝文志, 7)에 《翰林
歌詞》1卷이라 하였다. 한편 《全唐詩》(卷346)에 그의 詩 1卷이 편집되어 있고
《全唐詩續拾》에 詩 1首가 補入되어 있다. 그 외에 《唐詩紀事》(卷42)에 관련
기록이 실려 있다.

2. 《舊唐書》卷169 참조.

3. 《新唐書》卷179 참조.

4. 《唐詩紀事》卷42

涯, 字廣津, 博學, 工屬文, 梁肅·陸贄異其才. 元和中爲相, 又相穆宗. 至文宗時,
李訓敗, 遂及禍.

5. 《全唐詩》卷346

王涯, 字廣津, 太原人. 博學, 工屬文. 貞元中, 擢進士. 又擧宏辭, 調藍田尉. 以左
拾遺爲翰林學士, 進起居舍人. 憲宗元和初, 貶虢州司馬. 徙袁州刺史, 以兵部
員外郎召知制誥, 再爲翰林學士. 累遷工部侍郎, 涯文有雅思. 永貞·元和間,
訓誥溫麗, 多所棄定, 拜中書侍郎·同中書門下平章事. 尋罷, 再遷吏部侍郎,
穆宗立, 出爲劍南·東川節度使. 長慶三年, 入爲御史大夫. 遷戶部尙書·鹽鐵
轉運使, 敬宗寶曆時, 復出領山南西道節度使. 文宗嗣位, 召拜太常卿, 以吏部
尙書總鹽鐵. 歲中, 進尙書右僕射·代郡公, 久之, 以本官同中書門下平章事.
俄檢敎司空·兼門下侍郎, 李訓敗, 乃及禍. 集十卷, 今編詩一卷.

130(5-19)
한유韓愈

한유韓愈의 자는 퇴지退之이며 남양南陽 사람이다. 어려서 고아가 되어 형수 밑에서 공부하였다. 날마다 수천 자씩 외어 제자백가諸子百家의 학설에 통달하였다.

정원貞元 8년, 과거에 급제하였으나 무릇 세 번씩이나 광범문光範門에 상서를 올려 비로소 벼슬자리를 받게 되었다. 동진董晉은 표를 올려 그를 선무절도사추관宣武節度使推官으로 추천하였다. 변주汴州에 군란軍亂이 일어 나자 한유는 장건봉張建封에게 의탁하여 그 막부의 추관이 되었다.

한유는 감찰어사監察御史로 옮겨가서는 궁시宮市의 폐단을 상소하였다. 그러자 덕종德宗이 노하여 그를 양산령陽山令으로 폄직시키고 말았다. 그러나 한유는 그 곳에서 선정을 베풀어 다시 강릉법조참군江陵法曹參軍 으로 승진되었다. 원화元和 연간에 그는 국자박사國子博士·하남령河南令이 되었다.

<韓愈>(768~824)

한유의 재고才高는 세상이 용납하지 못 할 정도 였다. 그 때문에 그는 자주 폄직되자 이에 <진학해 進學解>를 써서 스스로를 깨우쳤다. 그는 정치에서도 그 재주를 기이하게 발휘하여 고공랑중考功郎中을 거쳐 지제고知制誥, 그리고 중서사인中書舍人에 올랐다. 재상 배도裴度가 회서淮西 지역을 선위宣尉할 때, 그는 한유를 행군사마行軍司馬로 삼아줄 것을 상주하였으며,

그 회서 지역의 난을 평정하고 나서 한유는 형부시랑刑部侍郎에 오르게 되었다. 헌종憲宗이 마침 사신을 보내어 불골佛骨을 궁중으로 들여오려 하자 한유는 표를 올려 이를 극력 반대하였다. 그러자 헌종이 노하여 한유를 죽여 없애려 하였다. 이 때 배도·최군崔群이 힘써 구제해 준 덕분에 겨우 조주자사潮州刺史로 폄직되는 것으로 모면하였다. 그 곳에 간 후 한유는 표를 올려 자신의 애절함을 진정, 결국 원주자사袁州刺史로 옮겨 갔으며, 뒤에 궁중으로 불려 국자좨주國子祭酒를 거쳐 병부시랑兵部侍郎·경조윤겸 어사대부京兆尹兼御史大夫를 맡게 되었다. 장경長慶 4년에 죽었다.

◎ 선생은 영명함과 위대함의 사이에 태어난 분으로, 그 재명才名이 세상의 으뜸이다. 그는 도덕의 전통을 잇고 열성列聖의 심사를 밝혔다. 미친 세상을 홀로 구제하여 그 문장이 찬란하였으며 제齊·양梁 시대의 기렴綺艶함은 털끝만한 것일지라도 이를 모두 없애 버렸다. 그의 문장은 관면패옥지기冠冕珮玉之氣와 궁상금석지음宮商金石之音이 있어 일대一代의 문종文宗이 되어 퇴락한 기강을 다시 떨쳤으니, 그 어찌 쉬운 말로 표현할 수 있겠는가! 진실로 그를 두고 족히 찬술

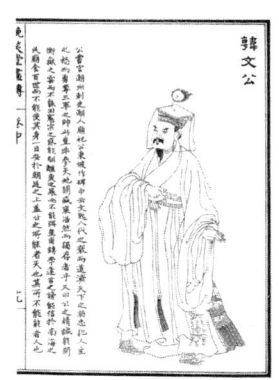

韓文公(韓愈)《晩笑堂畫傳》

할 말이 없다 할 것이다. 그의 시가는 수백 편으로 기세가 엄청나 마치 우레가 번개를 내몰고 천지의 끝을 떠받들고 있는 것 같다. 그의 글은 날카롭고 학문은 드넓어 일찍이 이미 그 값을 인정받아왔다.

당시 공조참군功曹參軍이었던 장서張曙 역시 시에 뛰어난 인물로 한유와 함께 어사御史 벼슬을 지냈으며, 함께 유배도 다녀 서로 창답唱答한 글이 문집에 보인다.

한유의 시詩·부賦·잡문雜文 등 40권이 세상에 전한다.

韓愈:

愈, 字退之, 南陽人. 早孤依嫂讀書, 日記數千言, 通百家. 貞元八年, 擢第. 凡三詣光範上書, 始得調. 董晉表署宣武節度推官. 汴軍亂, 去依張建封, 辟府推官. 遷監察御史, 上疏論宮市, 德宗怒, 貶陽山令. 有善政, 改江陵法曹參軍. 元和中, 爲國子博士·河南令. 愈才高難容, 累下遷, 乃作〈進學解〉以自諭. 執政奇其才, 轉考功, 知制誥, 進中書舍人. 裴度宣尉淮西, 奏爲行軍司馬. 賊平, 遷刑部侍郎. 憲宗遣使迎佛骨入禁中, 因上表極諫. 帝大怒, 欲殺裴度·催羣力救, 乃貶潮州刺史. 任後上表, 陳情哀切, 詔量移袁州刺史. 召拜國子祭酒, 轉兵部侍郎·京兆尹兼御史大夫. 長慶四年卒.

◎ 公英偉間生, 才名冠世. 繼道德之統, 明列聖之心, 獨濟狂瀾, 詞彩燦爛, 齊·梁綺豔毫髮都捐. 有冠冕珮玉之氣, 宮商金石之音, 爲一代文宗, 使頹綱復振, 豈易言也哉! 固無辭足以贊述云. 至若歌詩累百篇, 而驅駕氣勢, 若掀雷走電, 撑決於天地之垠, 詞鋒學浪, 先有定價也. 時功曹張署亦工詩, 與公同爲御史, 又同遷謫, 唱答見於集中. 有詩賦雜文等四十卷, 行於世.

【光範門】 당시 長安에 있던 문. 淸 徐松의 《唐兩京城坊考》(卷12)에 "光範門西與日營門直, 東卽觀象門. 昌黎〈上宰相書〉復光範門下者, 蓋由此門入中書省"이라 하였다.
【董晉】 門下侍郎·宣武軍節度使 등을 지낸 인물로 兩《唐書》에 傳이 있다.
【汴軍】 德宗 貞元 12年(796) 陸長源이 宣武軍(汴州에 주둔한 軍隊를 宣武軍이라

불렀다)節度使 董晉의 行軍司馬가 되었을 때, 그 부하가 횡포를 부리자 기를 처리하는 과정에서 불만이 생겨 일어난 事件이다.《舊唐書》陸長源傳 참조.

【張建封】당시 徐泗濠節度使를 지낸 人物. 069 참조.

【宮市】宮中의 宦官들이 市中에 나가 物件을 싸게 掠奪하여 다시 비싸게 팔아 이익을 챙기는 행위를 말한다.

【陽山】지금의 廣東省 陽山縣.

【江陵】唐 肅宗 上元 元年(760)에 荊州를 江陵府로 승격시켰다. 治所는 지금의 湖北省 江陵縣.

【河南】唐나라 때 河南道에 소속된 河南府의 河南縣. 지금의 河南省 洛陽市.

【進學解】韓愈의 文章으로 學問의 기본 道理를 說破한 것. (참고)

【裴度】憲宗 때 宰相을 역임하였으며 晉 國公에 봉해졌다. 兩《唐書》에 傳이 있다.

【淮西】肅宗 때 設置한 方鎭으로 治所는 지금의 河南省 汝南縣이었다.

【佛骨】韓愈의 〈論佛骨表〉에 잘 나타나 있다. (참고)

【崔羣】憲宗 때의 宰相. 兩《唐書》에 傳이 있다.

【潮州】嶺南道에 속하며 治所는 지금의 廣東省 潮陽縣. 蘇軾의 〈潮州韓文公廟碑〉참조.

【袁州】지금의 江西省 宜春縣.

【一代文宗】宋 蘇軾의 〈潮州韓文公廟碑〉에 "匹夫而爲百世師, 一言而爲天下法, ……文起八大之衰, 而道濟天下溺"이라 하였다.

【張署】韓愈와 함께 監察御使를 지냈으며 거의 비슷한 地域으로 유배길을 다녔다.

참고 및 관련 자료

1. 한유(韓愈: 768~824)

자는 退之, 혹은 昌黎이며 詩號는 文公이다. 唐代 古文運動의 領袖로 더욱 널리 알려져 있으며 그의 文集은 門人 李漢이 편집하였다. 그의 序文에 "幷目錄合位四十一卷"이라 하였다.《新唐書》(藝文志, 4),《郡齋讀書志》(卷4, 上)에는 모두《韓愈集》40卷이 著錄되어 있으며《全唐詩》에는 그의 詩 10卷(336~345)이 編輯되어 있고《全唐詩外篇》및《全唐詩續拾》에 詩 12首가 補入되어 있다. 그의 文章은 주로《全唐文》(22卷)에 실려 있으며《唐詩紀事》

(卷34)에 관련 記錄이 실려 있다.

2.《舊唐書》卷160 참조.

3.《新唐書》卷176 참조.

4.《唐詩紀事》卷34 참조.

○ 謹按: 公生於代宗大曆三年戊申.

○ 德宗貞元八年壬申, 是歲公登第, 年二十五. (中略)

○ 三年, 罷京兆尹, 爲兵部侍郞, 尋拜吏部侍郞.

○ 四年甲辰, 有〈南溪始泛〉詩, 是歲公以病罷吏侍, 故有『餘年諒無幾, 休日愴已晩』;『自是病使然, 非由取高騫』. 又有『足弱不能步, 自宜收朝蹟』之句. 十二月二日, 卒於靖安里, 年五十七.

5.《全唐詩》卷336

韓愈, 字退之, 南陽人. 少孤, 刻苦爲學, 盡通六經百家, 貞元八年, 擢進士第. 才高, 又好直言, 累被黜貶. 初爲監察御使, 上疏極論時事, 貶陽山令. 元和中, 再爲博士, 改比部郞中·史館修撰. 轉考功·知制誥, 進中書舍人. 又改庶子, 裴度討淮西, 請爲行軍司馬, 以功遷刑部侍郞, 諫迎佛骨. 謫刺史潮州, 移袁州. 穆宗卽位, 召拜國子祭酒·兵部侍郞, 使王廷湊. 歸, 轉吏部. 爲時宰所搆, 罷爲兵部侍郞. 尋復吏部, 卒. 贈禮部尙書, 諡曰文. 愈自比孟軻, 闢佛老異端, 篤舊卹孤, 好誘進後學. 以之成名者甚衆, 文自魏晉來, 拘偶對, 體一衰. 至愈, 一返之古, 而爲詩豪放. 不避巇險, 格之變亦自愈始焉. 集四十卷, 內詩十卷, 外集遺文十卷, 內詩十八篇, 今合編爲十卷.

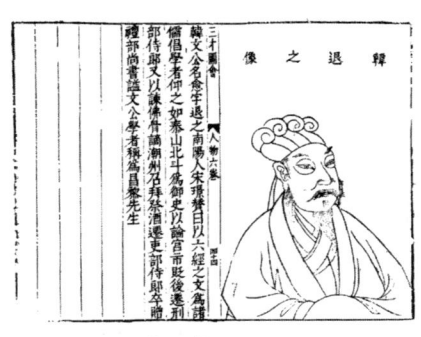

〈韓愈(退之)〉《三才圖會》

131(5-20)

유종원柳宗元

유종원柳宗元은 자가 자후子厚이며 하동河東 사람이다. 정원貞元 9년, 원론苑論과 동방同榜으로 진사에 급제하였고 다시 박학굉사과博學宏辭科에 합격하여 교서랑校書郎을 제수받았다. 그는 다시 남전현위藍田縣尉를 조임調任받고 여러 차례 감찰어사리행監察御史裏行에 올랐다. 유종원은 왕숙문王叔文·위집의韋執誼와 아주 가까웠다. 그 두
사람은 유종원을 끌어들여 함께 힘을 써서 유종원을 예부원외랑禮部員外郎에 발탁시켜 크게 임용되도록 하였다. 그러다가 마침 왕숙문이 세를 잃자 유종원은 소주자사邵州刺史로 폄직되고 말았다. 임지로 가는 길에 다시 조서가 내려 영주사마永州司馬로 더 낮추어지고 말았다. 유종원은 조정의 인사들에게 두루 편지를 보내어 자신의 사정을 말하였지만, 많은 사람들이 그의 재주를 시기하여 결국 누구하나 마음을 써 주는 자가 없었다.

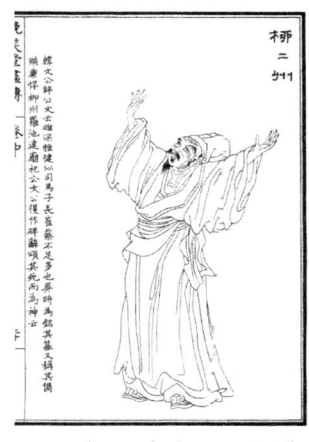

柳柳州(柳宗元)《晚笑堂畫傳》

원화元和 10년, 그는 다시 유주자사柳州刺史로 옮겨가게 되었다. 그런데 당시 유우석劉禹錫이 함께 유배를 가게 되었으니, 유우석은 더 먼 파주播州로 밀려난 것이다. 이에 유종원은 파주는 사람 살 곳이 못되며 더 나아가 유우석의 어머니가 늙었음을 들어 자신의 임지인 유주를 유우석이 맡고

자신이 대신 파주로 가겠다고 상주하였다. 마침 조정의 대신들 중에 역시 유우석을 위해 청원한 자가 있어 유우석은 연주連州로 임지가 바뀌게 되었다.

유종원은 유주에 근무하면서 훌륭한 정치를 많이 베풀었다. 그리하여 유종원이 죽고 나자 그 곳 백성들이 그를 추모하여 사당을 세우고 제사를 지내며 그 혈식血食이 지금도 이어지고 있다. 유종원은 하늘로부터 받은 재능이 절륜하고 문장이 탁위卓偉하여 당시 동년배들이 모두 그를 추앙하였다. 그는 시에 뛰어나 그 어의가 심절深切하여 "간고簡古한 속에서 섬농纖穠함을 뽑아내고 담박淡泊한 속에 지극한 맛을 기탁하여 나머지 다른 사람들이 미칠 수 없는 경지에 이르렀다."

그런가 하면 사공도司空圖는 그를 평하여 이렇게 말하였다.

"매실은 신맛에 그치고 소금은 짠맛만 내면 된다. 음식에서는 이런 맛이 없어서는 안 되지만 그 둘의 훌륭함이란 신맛, 짠맛의 그밖에 있는 것이다."

또 이렇게 말하였다.

"가히 그의 문장은 일창삼탄一唱三歎이라 할 수 있다."

유자후의 시는 도연명陶淵明보다는 아래에 있고, 위응물韋應物보다는 위에 있다. 한퇴지韓退之의 호방기험豪放奇驗한 맛은 유종원보다 앞서지만 온려 정심溫厲靖深한 맛은 오히려 유종원에 미치지 못한다.

지금 그의 시·부·잡문 등 30권이 세상에 전하고 있다.

柳宗元:

宗元, 字子厚, 河東人. 貞元九年, 苑論榜第進士, 又試博學宏辭, 授校書郎. 調藍田縣尉, 累遷監察御史裏行. 與王叔文·韋執誼善, 二人引之謀事, 擢禮部員外郎, 欲大用. 値叔文敗, 貶邵州刺史, 半道, 有詔貶永州司馬. 遍貽朝士書言情, 衆忌其才, 無爲用心者. 元和十年, 徒柳州刺史. 時劉禹錫同謫, 得播州. 宗元以播非人所居, 且禹錫母老, 具奏以柳州讓禹錫而自往播; 會大臣亦有爲請者, 遂改連州. 宗元在柳, 多惠政, 及卒, 百姓追慕, 立祠享祠, 血食至今. 公天才絶倫, 文章卓偉, 一時輩行, 咸推仰之.

工詩, 語意深切,「發纖穠於簡古, 寄至味於淡泊, 非餘子所及也」司空圖論之曰:「梅止於酸, 鹽止於鹹, 飮食不可無, 而其美常在酸鹹之外」

〈柳宗元(子厚)〉《三才圖會》

可以一唱而三歎也. 子厚詩在陶淵明下, 韋應物上, 退之豪放奇險則過之, 而溫屬靖深不及也.

今詩賦雜文等三十卷, 傳於世.

【苑論】人名. 貞元 9年에 壯元한 人物.
【藍田】關內道의 京兆府에 속하며, 지금의 陝西省 藍田縣.
【王叔文】본책 122 참조.
【韋執誼】德宗 때 吏部郎中, 順宗 때 尙書左丞 등을 지낸 人物. 兩《唐書》에 傳이 있다.
【邵州】지금의 河南省 邵陽縣.
【永州】지금의 湖南省 零陵縣.
【柳州】지금의 廣西 柳州市.
【劉禹錫】본책 133 참조.
【播州】지금의 貴州省 遵義市.
【連州】지금의 廣東省 連縣.
【血食】祭祀 飮食. 여기에서는 祭祀를 계속 지내는 것을 말한다.
【司空圖】本卷 卷8(217) 참조.
【유종원에 미치지 못함】이는 蘇軾의 〈評韓柳詩〉의 "柳子厚詩在陶淵明下, 韋蘇州上, 退之豪放奇險則過之, 而溫麗靖深不及也"라 한 말을 借用한 것이다.

1. 유종원(柳宗元)

字는 子厚이며 唐宋八大家의 하나로 古文家로 널리 알려져 있다. 그의 文集은 《新唐書》(藝文志, 4), 《宋史》(藝文志, 7)에 모두 30卷으로 되어 있다. 그러나 《直齋書錄解題》(卷16)에는 《柳柳州集》 45卷, 外集 2卷으로 되어 있다. 현재의 《柳宗元集》 역시 45卷으로 되어 있다. 한편 그의 詩는 《全唐詩》에 4卷(350~353)으로 編輯되어 있고 《全唐詩續拾》에 詩 3首가 補入되어 있으며 《唐詩紀事》(卷43)에 관련 기록이 실려 있다.

2. 《舊唐書》 卷160 참조.

3. 《新唐書》 卷168 참조.

4. 《唐詩紀事》 卷43

○ 子厚〈與楊誨之書〉云:「吾年十七, 求進士, 四年乃得擧. 二十四, 求博學宏詞科, 二年乃得仕. 及爲藍田尉, 走謁大官堂下, 與卒伍無別. 益學老子和光同塵, 雖自以爲得, 然以得號爲輕薄人矣. 及爲御史郎官, 自以登朝廷, 利害益大, 雖戒礪益切, 然卒不免爲連累廢逐.」(子厚陷王叔文之黨遷謫, 卒死於柳州, 柳人立廟羅池.)

○ 〈雪詩〉云:『千山鳥飛絶, 萬徑人蹤滅. 孤舟簑笠翁, 獨釣寒江雪.』(視鄭谷亂飄僧舍之句不侔矣, 東坡居士云.)

5. 《全唐詩》 卷350

柳宗元, 字子厚, 河東人, 登進士第. 應擧宏辭, 授校書郎, 調藍田尉. 貞元十九年, 爲監察御史裏行, 王叔文·韋執誼用事, 尤奇待宗元. 擢尙書禮部員外郎, 會叔文敗, 貶永州司馬. 宗元少精警絶倫, 爲文章雄深雅健. 踔厲風發, 爲當時流輩所推仰. 旣罹竄逐, 涉履蠻瘴. 居閒益自刻苦, 其堙厄感鬱, 一寓諸文, 讀者爲之悲惻. 元和十年, 移柳州刺史, 江嶺間爲進士者, 走數千里, 從宗元遊. 經指授者, 爲文辭皆有法, 世號柳柳州, 元和十四年卒. 年四十七, 集四十五卷, 內詩二卷, 今編爲四卷.

132(5-21)

진우陳羽

진우陳羽는 강동江東 사람으로 정원貞元 8년, 예부시랑禮部侍郎 육지陸贄의 문하에서 2등으로 등과하였다. 그는 한유韓愈·왕애王涯 등과 함께 용호방龍虎榜에 오를 정도였으며 뒤에 동궁위좌東宮衛佐를 역임하였다.

진우는 시에 뛰어나 영일상인靈一上人과 교우하며 창답한 시가 있다. 특히 그의 시는 묘사하기 어려운 풍경을 눈앞에 확연하게 보여주듯 하며, 부진지의不盡之意를 함축시켜 언어 밖의 사물까지 밝혀내고 있다. 이를테면 그의 〈자견自遣〉 시는 이렇다.

> "어린 아들은 능히 대나무 새순으로 삿갓을 만들고　稚子新能編筍笠
> 산골 아내 낡은 옷을 뜯어 일할 옷을 깁네　山妻舊解補荷衣
> 가을 산언덕 끝에 잔나비 소리 해맑고　秋山隔岸清猨叫
> 호숫가 문 앞에 백조 날아오르도다."　湖水當門白鳥飛

이런 경치가 없는 곳은 없건만 그 앞 뒤 사람 누가 능히 표현해 낸 자가 있겠는가? 이 스물여덟 자는 한 폭의 그림으로 순식간에 읊어낼 수 있다고 말할 수는 없으리라. 그의 시는 경구警句가 심히 많다.

문집이 지금도 세상에 전하고 있다.

陳羽:

羽, 江東人, 貞元八年, 禮部侍郎陸贄下第二人登科, 與韓愈·
王涯等共爲龍虎榜. 後仕歷東宮衛佐. 羽工吟, 與靈一上人交遊
唱答. 寫難狀之景, 了了目前; 含不盡之意, 皎皎言外.

如〈自遣〉詩云:『稚子新能編筍笠, 山妻舊解補荷衣. 秋山
隔岸清猿叫, 湖水當門白鳥飛.』

此景何處無之, 前後誰能道者? 二十八字, 一片畫圖, 非造
次之謂也.

警句甚多, 有集, 傳於世.

【江東】지금의 江蘇省 太湖 一帶.
【陸贄】德宗 때의 '內相'이라 불릴 정도로 政治를 잘 베풀었으며 宰相이
  되었고, 죽은 후의 諡號는 '宣'이다. 그 때문에 '陸宣公'이라 불렀다. 兩《唐書》
  에 傳이 있다.
【龍虎榜】매우 뛰어난 人材를 뽑았을 경우를 지칭하는 말.《新唐書》歐陽詹
  傳에 "擧進士, 與韓愈·李觀·李絳·崔群·王涯·馮宿·庾承宣聯題, 皆天下選,
  時稱龍虎榜"이라 하였다.
【靈一】본책 卷3(640) 참조.
【難狀之境】宋 歐陽修의《六一詩話》에 梅聖兪의 말을 引用하여 "狀難寫之境,
  如在目前; 含不盡之意, 見於言外"의 표현을 借用한 것이다.
【自遣】이는《全唐詩》(卷348)에 실려 있는 것으로 注에 "見〈錦繡萬花谷〉"이라
  하였다. 이 詩는 全文 그대로이다. 題目은 없으며 〈句〉로 처리되어 있다.

참고 및 관련 자료

1. 진우(陳羽)
그의 文集은《直齋書錄解題》(卷19)에《陳羽集》1卷,《宋史》(藝文志, 7)에

《陳羽詩》1卷이라 하였으며《全唐詩》(卷348)에 詩 1卷이 編輯되어 있으나 그 속에는 賈島·郞士元의 詩도 실려 있다.《全唐詩續拾》에 詩 3首가 補入되어 있으며《唐詩紀事》(卷35)에 관련 기록이 실려 있다.

2.《唐詩紀事》卷35

韓退之有〈落葉送羽〉云:『誰云少年別, 流淚各霑衣.』羽與退之同年登第.

3.《全唐詩》卷348

陳羽, 江東人, 登貞元進士第, 歷官樂宮尉佐, 詩一卷.

133(5-22)
유우석劉禹錫

    유우석劉禹錫은 자가 몽득夢得이며 중산中山 사람이다. 정원貞元 9년에 진사에 올랐고 다시 박학굉사과博學宏詞科에도 합격하였으며 문장에 뛰어났다. 당시 왕숙문王叔文이 임금으로부터 총애를 받고 있었으며 유우석은 그와 친한 관계였다. 왕숙문은 유우석을 재상감이라고 칭찬하였다. 그리하여 조정에 큰 의론이 있게 되면 흔히 유우석 및 유종원柳宗元을 궁궐까지 끌어들여 의견을 들을 정도였다. 유우석은 탁지度支와 염철鹽鐵의 일을 맡았으며, 자신의 위세를 믿고 많은 사람에게 상처를 주었다. 이에 어사御史 두군竇群이 참다못해 유우석을 이렇게 비평하였다.

    "사악함을 옆에 끼고 조정을 어지럽히는 인물이다(挾邪亂政)."

    그리하여 그 날로 파직시키고 말았다.

    헌종憲宗이 즉위하자 왕숙문의 세력은 깨어졌다. 이에 유우석은 낭주사마朗州司馬로 쫓겨났다. 그런데 마침 그 곳은 야랑현夜郎縣과 가까워 무귀巫鬼를 믿는 풍속이 있었다. 매번 제사 때마다 그들은 〈죽지竹枝〉를 부르고 북치며 피리 불고 서로 떼 지어 그 소리가 자못 창녕倡儜하였다.

    유우석은 이에 굴원屈原이 원수沅水·상수湘水 사이에 〈구가九歌〉를 지어 초楚나라 사람들로 하여금 신을 영송迎送하였다는 이야기를 해주며, 그들 음악에 맞추어 〈죽지사竹枝詞〉 10편을 지어 그 곳 무릉武陵 사람들로 하여금 모두 그것을 부르게 하였다.

    처음 왕숙문이 쫓겨날 때 사면이 내렸지만 유우석은 그 때 혜택을 받지 못하였다. 이에 재상이 유우석의 재주를 아까워하면서 그의 곤고함을 불쌍히 여겨, 이를 씻어주고 등용시켜 주려 하였다. 이에 결국 유우석은 조서에 의해 원주자사遠州刺史가 되었으나 간관諫官들이 다시 들고일어나 그것조차 성사되지 못하였다. 당시 유우석은 오랫동안 실망에 빠져 그 울분을 억제할 수가 없었다. 이에 자신의 심회를 풍자로써 많은 글을 썼다. 그러자 권신들이 이를 읽고는 불쾌히 여겨 더욱 그를 옭죄게 되었다. 오랜 시간이 흐르고 결국 임금의 부름으로 그를 남성랑南省郎에 임명

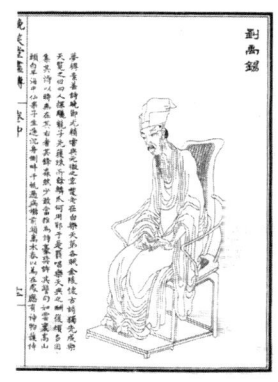

劉禹錫《晚笑堂畫傳》

시키려 하였을 때, 그는 〈현도관간화군자玄都觀看花君子〉라는 시를 지었다. 그런데 그 시 속에 조롱과 분함을 표출시켜 길을 막고 있던 자들을 불쾌하게 하였다. 그 때문에 그는 다시 파주播州로 쫓겨났다. 당시 중승中丞 배도裴度가 이를 불쌍히 여겨 이렇게 옹호해 주었다.

"파주는 원숭이들이나 사는 곳이며, 유우석은 게다가 어머니가 여든이 넘은 노령입니다. 이렇게 노모와 아들을 죽음으로 결별시킨다는 것은 폐하의 효치孝治를 상하게 할까 두렵습니다. 그러니 약간 내지內地로 옮겨 주시기를 청합니다."

이에 그의 임지는 연주連州로 바뀌었고 다시 기주夔州로 옮기게 되었다. 뒤에 그는 화주자사和州刺史를 거쳐 주객랑중主客郎中에까지 오르게 되었다. 그는 서울로 돌아온 후 현도관玄都觀에서 시를 읊으며 이렇게 말하였다.

"처음 유배를 갔다가 10년 만에 돌아와 수레에서 내려 보니 도사道士가 심었던 복숭아나무가, 마치 운하雲霞처럼 무성하였다. 다시 14년이 지나고 돌아와 보니, 그 나무는 흔적도 없고 오직 토규연맥兎葵燕麥이 봄바람에 흔들리고 있을 뿐이었다."

이에 권신들이 이 말을 듣고 더욱더 그의 행동을 못마땅히 여겼다. 배도가 그를 추천하여 한림학사翰林學士가 되었고, 잠시 후 다시 동도東都에 분사分司가 생기자 그는 태자빈객太子賓客에 오르게 되었다. 그리고 회창會昌 연간에 그는 검교예부상서檢校禮部尙書에 올랐다가 생을 마쳤다.

유우석은 자신의 재능을 믿고 방자하게 굴었으며 심사도 평온을 얻을

수가 없었다. 게다가 나이가 들수록 편안한 자리를 얻었지만 갈수록 남과 사귐이 줄어들어, 결국 글로써 자신의 위안거리를 삼았다. 시에 뛰어나 그 내용이 정절精絶하였고 백거이白居易와 수창酬唱한 것이 자못 많다. 백거이는 그를 높여 '시호詩豪'라 부르면서 이렇게 말하였다.

"유우석의 시는 신이 보호하고 지지해준 면이 있다."

문집 40권이 지금 전하고 있다.

劉禹錫:

禹錫, 字夢得, 中山人. 貞元九年進士, 又中博學宏詞科. 工文章. 時王叔文得幸, 禹錫與之交, 嘗稱其有宰相器. 朝廷大議, 多引禹錫及柳宗元與議禁中. 判度支·鹽鐵案, 憑藉其勢, 多中傷人.

御史竇群劾云:「狹邪亂政」, 卽日罷.

憲宗立, 叔文敗, 斥朗州司馬. 州接夜郎, 俗信巫鬼, 每祀, 歌〈竹枝〉, 鼓吹俄延, 其聲傖儜. 禹錫謂屈原居沅·湘間作〈九歌〉, 使楚人以迎送神, 乃倚聲作〈竹枝辭〉十篇, 武陵人悉歌之. 始坐叔文貶者, 雖赦不原. 宰相哀其才且困, 將澡濯用之, 乃詔悉補遠州刺史, 諫官奏罷之. 時久落魄, 鬱鬱不自抑, 其吐辭多諷託遠意, 感權臣, 而憾不釋. 久之, 召還, 欲任南省郎, 而作〈玄都觀看花君子〉詩, 語譏忿, 當路不喜, 又謫守播州.

中丞裴度言:「播猿狖所宅, 且其母年八十餘, 與子死決, 恐傷陛下孝治, 請稍內遷.」

乃易連州, 又徙夔州. 後由和州刺史, 入爲主客郎中. 至京後, 遊玄都詠詩, 且言:「始謫十年還輦下, 道士種桃, 其盛若霞; 又十四年而來, 無復一存, 唯免葵燕麥動搖春風耳.」

權近聞者, 益薄其行. 裴度薦爲翰林學士, 俄分司東都, 遷太子賓客. 會昌時, 加檢校禮部尙書, 卒. 公恃才而放, 心不能平, 行年益晏, 偓寒寡合, 乃以文章自適. 善詩, 精絶, 與白居易酬唱頗多.

嘗推爲「詩豪」, 曰:「劉君詩, 在處有神物護持」

有集四十卷, 今傳.

【中山】옛 中山國이 있던 곳으로 지금의 河北省 定縣.

【王叔文】前出.

【竇群】本卷 卷四(107) 참조.

【朗州】지금의 湖南省 常德市.

【夜郎】縣이름. 지금의 湖南省 新晃 侗族自治縣 경내.

【偦儜】連線語. '言語가 시끄럽고 알아들을 수가 없다'라는 뜻.

【九歌】楚辭의 篇名. 戰國時代의 屈原이 湘沅 지역의 神話와 民間樂曲을 근거로 지은 것.

【竹枝辭】劉禹錫의 作品이다. 모두 9篇으로 이루어졌으며, 이는 武陵에서 지은 것이 아니라 建平(지금의 四川省 奉節縣)에서 쓴 것이다.

【玄都觀看花君子】《劉禹錫集》(卷24) 〈元和十年, 自朗州承召至京, 戲贈看花諸君子〉 詩에 "紫陌紅塵拂面來, 無人不道看花回, 玄都觀裏桃千樹, 盡是劉郎去後栽"라 하였다.

【裴度】本卷 130 및 〈韓愈傳〉 注 참조.

【連州】지금의 廣東省 連縣.

【夔州】지금의 四川省 奉節縣. 당시에는 建平이라 불렀다.

【免葵】〈爾雅〉 釋草에 "頗似葵而小, 葉狀藜有毛, 汋啖之, 滑"이라 하였다. 풀이름으로 '너도바람꽃'이라 한다.

【燕麥】귀리. 바람에 흔들림을 뜻한다.

〈裴度(中立)〉《三才圖會》

1. 유우석(劉禹錫: 772~842)

字는 夢得이다. 자신의 〈子劉子自傳〉에 "其先漢景帝賈夫人子勝, 奉中山王, 諡曰靖, 子孫因奉爲中山人也"라 하였다. 그의 文集은《新唐書》(藝文志, 4)에 《劉禹錫集》40卷으로 著錄되어 있고《郡齋讀書志》(卷4, 上),《直齋書錄解題》(卷6)과《宋史》(藝文志, 7)에는 모두《正集》30卷,《外集》10卷으로 실려 있으며, 달리 劉禹錫과 다른 사람의《唱和集》이 있다. 그의 詩는《全唐詩》에 12卷(354~365)이 編輯되어 있으며《全唐詩外編》및《全唐詩續拾》에 詩 6首, 斷句 6句가 실려 있다.《唐詩紀事》(卷39)에 관련 기록이 실려 있다.

2.《舊唐書》卷160 참조.

3.《新唐書》卷168 참조.

4.《唐詩紀事》卷39

禹錫, 字夢得. 附叔文, 擢度支員外郎. 人不敢斥其名, 號二王劉柳. 憲宗立, 禹錫 貶連州. 未至, 斥朗州司馬, 作〈竹枝詞〉. 武元衡初不爲宗元所喜, 自中丞下除 右庶子. 及是執政, 禹錫久落魄, 乃作〈問大鈞〉·〈謫九年〉等賦, 又敍張九齡事 爲詩, 欲感諷權要, 久之, 召還, 宰相欲任南省郎, 乃作〈玄都觀看花君子〉詩, 當路不喜, 出爲播州, 易連州, 徙夔州. 由和州刺史入爲主客郎中, 復作〈遊玄 都觀〉詩, 有『兎葵燕麥』之語, 聞者益薄其行. 俄分司東都, 裴度薦爲集賢學士. 度罷, 出刺蘇州, 徙汝·同二州. 會昌時, 檢校禮部尙書, 卒.

5.《全唐詩》卷354

劉禹錫, 字夢得, 彭城人. 貞元九年, 擢進士第, 登博學宏詞科, 從事淮南幕府, 入爲監察御史, 王叔文用事, 引入禁中, 與之圖議. 言無不從, 轉屯田員外郎, 判度支鹽鐵案, 叔文敗. 坐貶連州刺史, 在道貶朗州司馬. 落魄不自聊, 吐詞多諷 託幽遠, 蠻俗好巫, 嘗依騷人之旨. 倚其聲作〈竹枝詞〉十餘篇. 武陵谿洞間悉 歌之, 居十年, 召還. 將置之郎署, 以作〈玄都觀看花〉詩涉譏忿, 執政不悅, 復出 刺播州, 裴度以母老爲言. 改連州, 徙夔·和二州, 久之. 徵入爲主客郎中, 又以作 〈重游玄都觀〉詩. 出分司東都, 度仍薦爲禮部郎中, 集賢直學士. 度罷, 出刺蘇州. 徙汝·同二州, 遷太子賓客分司, 禹錫素善詩, 晚節尤精, 不幸坐廢. 偃蹇寡所合, 乃以文章自適. 與白居易酬復頗多, 居易嘗敍其詩曰: 「彭城劉夢得, 詩豪者」也. 其鋒森然, 少敢當者, 又言其詩在處應有神物護持, 其爲名流推重如此. 會昌時, 加檢校禮部尙書, 卒年七十二. 贈戶部尙書, 詩集十八卷, 今篇爲十二卷.

134(5-23)
맹교孟郊

附: 육장원陸長源

맹교孟郊는 자가 동야東野이며 낙양洛陽 사람이다. 처음 그는 숭산嵩山의 소실산少室山에 은거하여 처사處士라 불렸다. 성품이 곧아 남과 화합하지 못하였지만 한유韓愈가 한 번 보고는 망형지교忘形之交를 맺어 시즈詩酒를 창화唱和할 정도였다. 그는 정원貞元 12년, 이정李程과 동방同榜으로 진사에 급제하였으며 그 때 나이가 이미 50이었다. 이에 그는 율양위溧陽尉를 조임調任받았다. 그 현縣은 투금뢰投金瀨·평릉성平陵城 등 뛰어난 경승지가 있어 숲이 우거져 아름답고 그 아래에는 물까지 가두어져 있었다.

맹교는 이에 그 곳을 찾아 물가에 놀면서 술을 마련케 하여 거문고를 타며 종일토록 배회하고 시를 지어 그만 현의 업무가 황폐해지고 말았다.

참다못한 현령이 이를 부府에 보고하자 부에서는 할 수 없이 다른 위尉를 임시로 보내어 대리로 삼고, 맹교의 봉록을 반으로 깎아 버렸다. 이에 맹교는 관직을 사임하고 집에 들어앉아 소일하였다. 마침 당시 이고李翶가 낙양洛陽의 분사分司를 맡고 있었다. 그러고는 맹교와 친교를 맺어 날마다 담소하며 술 마시고 놀았다. 그리하여 그를 흥원절도사興元節度使 정여경鄭餘慶에게 추천하여 드디어 그의 참모가 되었으며 대리평사大理評事의 직을 훈련받다가 죽고 말았다.

이에 정여경은 수만 금의 돈을 주어 장례를 치르게 하였고 그 처자가 몇 년을 풍족히 쓸

〈孟郊(東野)〉《三才圖會》

만큼 도와주었다. 장적張籍은 맹교가 죽은 후 '정요선생貞曜先生'이라 시호하였으며 그 제자들이 먼 곳으로부터 와서 문상하였다. 맹교는 삶을 영위하는 면에서는 아주 모자랐다. 가난이 뼛속까지 파고들어 낡은 갖옷조차 더덕더덕 기운 것이었다. 그러면서도 그 어느 때라도 남을 부러워하여 가련한 기색을 지은 적이 없었다.

그럼에도 의를 좋아하는 자들은 그에게 더욱 많은 도움을 주었다. 맹교는 시에 뛰어나 큰 이치를 표현하려 애썼다. 그래서 이부吏部 한유韓愈는 그를 극찬하였던 것이다. 그의 시는 불우함을 슬퍼하고 해마다 가난 속에 묻혀 고통을 이겨내고자 함이 기삽奇澁하여 읽는 이로 하여금 불쌍함을 느끼게 한다. 이를테면

"수레를 빌려 이삿짐을 실었네   借車載家具
 이삿짐 수레에 반도 안 차네."   家具少於車

라든가, 또 〈사탄謝炭〉 시에

"아지랑이 불어오고 햇볕조차 어설프네   吹霞弄日光不定
 따뜻한 불 쬐어야 굽은 몸 곧게 펴겠네."   暖得曲身成直身

라 하였고 또,

"근심스런 사람 앞에 밤 촛불만 보이고   愁人獨有夜燭見
 한 장 고향 편지 눈물이 그 종이 뚫네!"   一紙鄕書淚滴穿

라 하였으며, 〈하제下第〉 시에는

"버리려다 그냥 두고 다시 버리려다 그냥 두네.   棄置復棄置
 미련이란 마치 칼날처럼 무서운 것."   情呂刀劍傷

이라 하였다. 이런 것들은 모두 애원청절哀怨淸切하여 어두움 속에 무엇을 찾는 것 같은 느낌을 주고 있다. 그가 처음 등제하였을 때는 이렇게 읊었다.

"지난 날 악착같이 산 것 차탄할 일 아닐세　　　昔日齷齪不足嗟
　오늘 아침 신나는 일 그 은혜 끝이 없다　　　今朝曠蕩恩無涯
　봄바람도 신이 나고 말발굽도 빠르도다　　　春風得意馬蹄疾
　하루 만에 장안 온갖 꽃 다 보았네!"　　　　一日看盡長安花

그러나 당시 말 많은 자들은 이 시를 보고 역시 그 기도가 군색하고 촉급하여 표류하며 낮은 관직밖에 못할 자라 하였는데 그 시참詩讖이 과연 믿을 만하다.
"하늘이 이미 그렇게 정해 놓았으니 이를 어쩌란 말인가?"
이관李觀은 그의 시를 두고 이렇게 평하였다.
"너무 높이 있어 옛날에도 그만한 자가 없었으며 평담한 낮은 이사二謝를 내려다볼 정도이다."
당시 육장원陸長源도 역시 시에 뛰어나 서로 왕래하였고, 작품도 자못 많으며, 역시 가작佳作이 많다.
맹교는《함지집咸池集》10권이 있어 세상에 통행되고 있다.

孟郊: 附, 陸長源
郊, 字東野, 洛陽人. 初, 隱嵩山, 稱處士. 性介少諧合, 韓愈一見爲忘形交, 與唱和於詩酒間. 貞元十二年, 李程榜進士, 時年五十矣. 調溧陽尉, 縣有投金瀨·平陵城, 林薄翳翳, 下有積水.
郊間往坐水傍, 命酒揮琴, 徘徊賦詩終日, 而曹務多廢.

縣令白府, 以假尉代之, 分其半俸. 辭官家居. 李翱分司洛中, 日與談讌, 薦於興元節度使鄭餘慶, 遂奏爲參謀, 試大理評事, 卒.

餘慶給錢數萬營葬, 仍瞻其妻子者累年; 張籍諡爲「貞曜先生」, 門人遠赴心喪. 郊拙於生事, 一貧徹骨, 裘褐懸結. 未嘗俛眉爲可憐之色, 然好義者更遺之.

工詩, 大有理致, 韓吏部極稱之. 多傷不遇, 年邁家空, 思苦奇澁, 讀之每令人不懽, 如:『借車載家具, 家具少於車.』

如〈謝炭〉云:『吹霞弄日光不定, 煖得曲身成直身.』

如:『愁人獨有夜燭見, 一紙鄉書淚滴穿.』

如〈下第〉云:『棄置復棄置, 情如刀劒傷』之類, 皆哀怨清切, 窮入冥搜. 其初登第, 吟曰:『昔日齷齪不足嗟, 今朝曠蕩恩無涯. 春風得意馬蹄疾, 一日看盡長安花!』

當時議者亦見其氣度窘促, 卒漂淪薄宦, 詩讖信有之矣.「天實爲之, 謂之何哉?」

李觀論其詩曰:「高處在古無上, 平處下顧二謝」云.

時陸長源工詩, 相與來往, 篇什稍多, 亦佳作也.

有《咸池集》十卷, 行於世.

【洛陽】孟郊의 籍貫에 대해서는 異論이 많다. (참고)

【嵩山】五嶽 중의 中嶽으로 少室山은 그 세 봉우리 가운데 하나이다.

【忘形之交】서로 '너, 나'하는 친한 관계.

【溧陽】지금의 江蘇省 溧陽縣.

【平陵城】唐 陸龜蒙의 《書李賀小傳後》에 "溧陽昔爲平陵. 縣南五里有投金瀨; 瀨南八里許, 道東有故平陵城. 周千餘步, 基址坡陁, 裁高三四尺而草木勢甚盛,

率多大櫟, 合數夫抱. 叢篠蒙翳, 如塢如洞. 地洼下, 積水沮洳, 深處可活魚鱉輩.
大抵幽邃岑寂, 氣候古澹可嘉. 除里民樵罩外, 无入者"라 하였다.

【李翺】字는 習之. 韓愈에게 古文을 배워 韓門大弟子가 되었다. 國子博士·
朗州刺史·山南東道節度使 등을 역임하였다. 兩《唐書》에 傳이 있다.

【分司】唐나라 때 洛陽을 東都로 삼고 그 곳에도 中央官員을 두어 이를
分司라 하였다.

【鄭餘慶】德宗 때의 宰相. 그 뒤 河南尹·興元節度使·國子祭酒·兵部尙書 등을
역임하였다. 兩《唐書》에 傳이 있다.

【借車載家具】이 詩는 《全唐詩》(卷380)에 실려 있으며 제목은 〈借車〉이다.
(참고)

【吹霞弄日光不定】역시 《全唐詩》(卷380)에 〈答友人贈炭〉의 구절. (참고)

【愁人獨有夜燭見】《孟東野詩集》(卷9)에 실려 있으며 제목은 〈聞夜啼贈劉
正元〉이다.

【棄置復棄置】《全唐詩》(卷374)에 실려 있으며 제목은 〈落第〉이다. (참고)

【昔日齷齪不足嗟】《全唐詩》(卷374)에 실려 있으며 제목은 〈登科後〉이다. (참고)

【天實爲之】《詩經》邶風, 北門의 구절. "天實爲之, 謂之何哉!"라 하였다.

【李觀】校書郎을 지냈으며 古文에 뛰어났으나 29세로 생을 마쳤다. 《新唐書》
에 傳이 있다.

【二謝】南朝 때의 詩人 謝靈運과 謝朓.

【陸長源】建州·信州·汝州 등의 刺史를 지냈던 人物. 軍亂으로 죽었다. 兩
《唐書》에 傳이 있다.

참고 및 관련 자료

1. 맹교(孟郊: 751~814)

字는 東野이며 적관은 洛陽이다. 그러나 《新唐書》 등에는 '湖州武康人'이라
하였고 《唐詩紀事》에는 '湖州人'이라 하였다. 그의 文集은 宋 宋敏求의 〈孟東
野詩集後序〉에 "蜀人塞濬用退之贈郊句纂《咸池集》二卷, 百八十篇"이라 하였다.
《新唐書》(藝文志, 4)에 《孟郊詩集》10卷이 저록되어 있다. 《全唐詩》에는
그의 詩가 10卷(372~381)으로 편집되어 있으며 《全唐詩外編》에 詩 1首가
補入되어 있다. 《唐詩紀事》(卷35)에 관련 기록이 실려 있다.

2.《舊唐書》卷160 참조.

3.《新唐書》卷176 참조.

4.《唐詩紀事》卷35

○ 郊, 字東野, 湖州人. 年五十, 擢調溧陽尉. 鄭餘慶爲東都留守, 表爲水陸運判官. 鎮興元, 表爲參謀, 卒.

○ 韋莊奏請追贈十餘人, 其一孟郊, 字東野, 尙古風詩, 與李觀·韓退之爲友. 貞元十二年及第, 佐徐州張建封幕. 卒, 私諡曰貞耀先生.

○〈遊子吟〉云:『慈母手中線, 遊子身上衣. 臨行密密縫, 意恐遲遲歸. 誰將寸草心, 報得三春暉.』

5.《全唐詩》卷372

孟郊, 字東野, 湖州武康人. 少隱嵩山, 性介, 少諧合. 韓愈一見爲忘形交, 年五十, 得進士第, 調溧陽尉. 縣有投金瀬·平陵城. 林薄蒙翳, 下有積水. 郊間往坐水旁, 裵回賦詩, 曹務多廢. 令白府以假尉代之, 分其半奉, 鄭餘慶爲東都留守. 署水陸轉運判官, 餘慶鎮興元. 奏爲參謀, 卒. 張籍私諡曰貞曜先生, 郊爲詩有理致, 最爲愈所稱, 然思苦奇澀. 李觀亦論其詩曰:「高處在古無上, 平處下顧二謝」云. 集十卷, 今編詩十卷.

6.〈借車〉(《全唐詩》卷380)

『借車載家具, 家具少於車. 借者莫彈指, 貧窮何足嗟. 百年徒役走, 萬事盡隨花.』

7.〈答友人贈炭〉(《全唐詩》卷380)

『青山白屋有仁人, 贈炭價重雙烏銀. 驅卻坐上千重寒, 燒出爐中一片春. 吹霞弄日光不定, 暖得曲身成直身.』

8.〈落第〉(《全唐詩》卷374)

『曉月難爲光, 愁人難爲腸. 誰言春物榮, 獨見葉上霜. 鵰鶚失勢病, 鷦鷯假翼翔. 棄置復棄置, 情如刀劍傷.』

9.〈登科後〉(《全唐詩》卷374)

『昔日齷齪不足誇, 今朝放蕩思無涯. 春風得意馬蹄疾, 一日看盡長安花.』

135(5-24)
대숙륜戴叔倫

　　대숙륜戴叔倫은 자가 유공幼公이며 윤주潤州 금단金壇 사람이다. 그는 소영사蕭穎士를 스승으로 모셔 그 문하에서 공부하였다. 그는 품성이 온아하여 행동에 풍도가 있었으며 언어가 청아하여 어질고 불초한 자를 가리지 아니하고 진심으로 상대하였다. 시에도 뛰어났다. 그는 정원貞元 16년, 진권陳權과 동방同榜으로 진사에 급제하여 조용사租庸使의 막하에서 수년간 일하면서 저녁이면 돌아와 게으름피운 것이 없나 반성하였다.

　　마침 이부상서吏部尙書 유공劉公이 사부원외랑祠部員外郞 장계張繼에게 편지를 보내어 널리 인재를 뽑아 추천토록 하면서 날마다 빈객을 맞고 있었다. 이에 대숙륜의 이름도 그에게 올려지자 유공은 한 번 보고 마음에 들어, 드디어 대숙륜을 추천, 결국 그는 무주자사撫州刺史에 오르게 되었다.

　　그러자 대숙륜이 마치 공수龔遂나 황패黃霸같은 선정을 베풀어 그 곳 백성들은 그의 다스림에 만족하였다. 그리하여 그가 다스리는 곳은 감옥이 텅 비게 되었고, 죄인을 국문鞫問하던 장소엔 풀이 무성할 정도였다. 이에 황제는 조서를 내려 그의 훌륭함을 포상하고, 초군남譙郡男에 봉해 주었으며 금자金紫를 더해 주었다.

　　뒤에 그는 용관경략사容管經略使가 되어 그 명성이 더욱 떨쳤고, 그 때의 치적도 역시 깨끗하여 가는 곳마다 인서仁恕를 베풀어 최고라고 칭찬하지 아니하는 곳이 없었다. 이에 덕종德宗은 〈중화절시中和節詩〉를 지어 사자로 하여금 그에게 전해 주며 은총을 밝혀 세상이 영광으로 여겼다. 그는 조정으로 돌아와서는 임금께 표를 올려 도사道士가 되겠다고 청하였으나 얼마 지나지 않아 죽고 말았다.

대숙륜은 처음 회주淮州·변주汴州에 있을 때 도적의 난으로 그 주위가 어육魚肉처럼 되자, 친족을 이끌고 파양鄱陽으로 피난하여 어렵게 살게 되었다. 그러면서도 그는 지락청허志樂淸虛하여 문을 닫고 마당을 쓸어 놓고는 처사 장중보張衆甫·주방朱放 등과 어울려 마치 동한東漢 때의 범식范式과 장소張劭와 같은 우정을 기약하며 세월을 허송하지 아니하였다. 그의 시흥은 유원하며 한 편씩 이루어낼 때마다 사람을 경탄시켰다.

그의《술고述稿》10권이 지금도 세상에 전한다.

戴叔倫:

叔倫, 字幼公, 潤州, 金壇人. 師事蕭穎士爲門生. 賦性溫雅, 善擧止, 能淸談, 無賢不肖, 相接盡心. 工詩. 貞元十六年, 陳權榜進士. 賞在租庸幕下數年, 夕惕匪怠. 吏部尚書劉公與祠部員外郎張繼書, 博訪選材, 日揖賓客, 叔倫投刺, 一見稱心. 遂就薦. 累遷撫州刺史. 政擬龔·黃, 民樂其治, 圜扉寂然, 鞠爲茂草. 詔書褒美, 封譙縣男, 加金紫. 後遷容管經畧使, 威名益振, 治亦淸明, 仁恕多方, 所至稱最. 德宗賦〈中和節〉詩, 遣使者寵賜, 世以爲榮. 還, 上表請爲道士. 未幾, 卒. 叔倫初以淮·汴寇亂, 魚肉江上, 攜親族避地來鄱陽, 肄業動苦, 志樂淸虛, 閉門卻掃, 與處士張衆甫·朱放素厚, 范·張之期, 曾不虛月.

詩興悠遠, 每作驚人. 有《述藁》十卷, 今傳於世.

【金壇】지금의 江蘇省 金壇縣.

【蕭穎士】集賢校理·揚州功曹參軍 등을 역임하였으며 詩人으로도 널리 알려

졌다. 兩《唐書》에 傳이 있다.

【陳權】貞元 16年에 壯元한 人物.

【夕惕匪怠】'전혀 게으름이 없다'라는 뜻.《周易》乾卦에 "夕惕若, 厲, 无咎"라 하였다.

【龔遂】漢나라 때의 循吏로 알려진 官吏.《漢書》(卷89) 참조.

【黃霸】역시 龔遂와 병칭되며, 漢나라 때의 循吏이다.《漢書》(卷89) 참조.

【圜扉】감옥을 뜻한다.

【譙郡男】譙郡은 地名으로 지금의 安徽省 亳縣, 男은 公侯伯子男의 작위를 말한다.《禮記》王制에 "王者之制祿爵; 公·侯·伯·子·男, 凡五等"이라 하였다.

【金紫】金魚袋와 紫衣를 뜻한다.

【中和節詩】中和節은 德宗 貞元 5年(789)에 조서를 내려 正月晦日의 명절을 없애고 대신 2월 초하루를 中和節로 하며, 上巳節(3월 3일)·重(9월 9일)과 함께 三令節로 삼았었다.《舊唐書》德宗紀 참조. 한편 唐 李肇의《國史補》(下)에 "貞元五年, 初置中和節, 御制詩, 朝臣奉和, 詔寫本賜戴叔倫於容州, 天下榮之"라 하였다.

【未幾, 卒】五代 王定保의《唐摭言》(卷8)의 기록에 근거한 것이다. (참고) 그러나 權德輿의 〈墓志銘〉·《新唐書》傳에는 道士가 되겠다고 청한 기록이 전혀 없다.

【張衆甫】卷3(070) 참조.

【朱放】本卷 121 참조.

【范張之期】東漢 때 范式과 張劭의 우정을 가리킨다. 두 사람은 같은 고향 으로 "後二年當還, 將過拜尊親"이라 약속하고 기간이 닿자 다시 고향에서 만났다. 뒤에 范式의 꿈에 張劭가 죽은 것을 보고 즉시 달려가 장례를 치르고 떠났다 한다.《後漢書》獨行傳 및《搜神記》참조.

참고 및 관련 자료

1. 대숙륜(戴叔倫: 732~789)

字는 幼公으로《新唐書》에는 '一字次公'이라고도 하였다. 그의 文集은《新唐書》(藝文志, 4)에《述稿》10卷으로 되어 있으며,《郡齋讀書志》에도 같은 기록이 있으나 별도로《詩》1卷,《書狀》1卷이 著錄되어 있다. 한편《全唐詩》에는 그의 詩 300首가 2권(273·274)으로 편집되어 있으나 그 중에는 唐代부터 明代의 다른 詩人의 作品이 잘못 들어가 있는 것이 수 10首이다. 그 외에 《全唐詩續拾》에 詩 1首, 斷句 2句, 제목 4개가 補入되어 있으며 《唐詩紀事》 (卷29)에 관련 기록이 실려 있다.

2.《新唐書》卷143 참조.

3.《唐詩紀事》卷29

戴叔倫, 字幼公, 潤州人. 師事蕭穎士, 爲門人冠. 劉晏管鹽鐵, 表主管湖南. 至雲安, 楊惠琳反, 馳客劫之曰:「歸我金幣, 可緩死.」叔倫曰:「身可殺, 射不可得.」乃捨之. 累遷至容管經略. 德宗嘗賦中和節詩, 遣使者寵賜. 代還, 卒.

4.《全唐詩》卷373

戴叔倫, 字幼公, 潤州金壇人. 劉晏管鹽鐵, 表主運湖南, 嗣曹王皋領湖南·江西. 表佐幕府, 皋討李希烈, 留叔倫領府事, 試守撫州刺史. 俄卽眞, 遷容管經略使, 綏徠蠻落, 威名流聞. 德宗嘗賦中和節詩, 遣使者寵賜, 世以爲榮, 集十卷, 今編詩二卷.

5.《唐摭言》卷8(入道)

戴叔倫, 貞元中, 罷容管都督, 上表請度爲道士.

136(5-25)
장중소張仲素

장중소張仲素는 자가 회지繪之이며 정원貞元 14년, 이수李隨와 동방으로 이고李翶·여온呂溫 등과 같은 해에 급제하였다. 그러나 그는 조정 내에 도와주는 자가 없어 벼슬을 조임調任받지 못한 채 오랫동안 빛을 발하지 못하였다. 그는 다시 박학굉사과博學宏辭科에 급제하고서야 비로소 무강군 막부武康軍幕府의 종사從事가 되었다.

정원 20년, 그는 사훈원외랑司勛員外郎을 거쳐 한림학사翰林學士를 제수 받았다. 당시 헌종憲宗이 노륜盧綸의 시문 유고를 수집하는 일을 장중스에게 명하여 모아 편집하도록 하였다. 뒤에 장중소는 중서사인中書舍人을 배수 받았다. 장중소는 문장을 잘 지었으며 그 법도가 엄확嚴確하였다 위魏 문제文帝가 일찍이 이렇게 말하였다.

"문장이란 뜻이 위주이며 기氣로써 이를 돕고 사詞로써 이를 보위해야 한다."

이 원리를 체득한 사람이 바로 장중소이다. 그는 매번 그 사詞가 아직 이르기 전에 반드시 먼저 의意를 갖추었다.

그는 시에 뛰어났으며 경구警句가 많다. 특히 악부시樂府詩에 정통하여 왕왕 궁상宮商의 음악과 조화를 이루었으며, 옛 사람도 미처 생각해내지 못하였던 작품들이다.

문집 1권 및 《부추賦樞》 3권이 지금 전하고 있다.

張仲素:

仲素, 字繪之. 貞元十四年, 李隨榜進士, 與李翶·呂溫同年, 以中朝無援, 不調, 潛曜久之. 復中博學宏辭, 始任武康軍從事. 貞元二十年, 遷司勳員外郎, 除翰林學士. 時憲宗求盧綸詩文遺草, 勅仲素編集進之. 後拜中書舍人. 仲素能屬文, 法度嚴確, 魏文帝有云:「文以意爲主, 以氣爲輔, 以詞爲衛」此言得之矣.

其每詞未達而意先備也. 善詩, 多警句. 尤精樂府, 往往和在宮商, 古人有未能慮者.

集一卷, 及《賦樞》三卷, 今傳.

【李隨】貞元 14年에 壯元한 人物.
【李翶】字는 '習之'로 韓愈에게 古文을 배웠으며 그의 수제자이다. 兩《唐書》에 傳이 있다.
【呂溫】본책 137 참조.
【武康軍】武寧軍. 唐 順宗 때 徐州節度의 軍隊를 武寧軍으로 개칭하였다.
【盧綸】本冊 卷4(082) 참조.
【文以意爲主, 以氣爲輔, 以詞爲衛】이는 曹丕(魏 文帝)의 《典論》 論文에 "文以氣爲主"라는 말이 杜牧의 《答莊充書》에 "凡爲文以意爲主, 以氣爲輔, 以辭彩章句爲之兵衛"라 발전하였고, 다시 北宋 陳師道의 《後山詩話》에 "魏文帝曰: '文以意爲主, 以氣爲輔, 以詞爲衛.'"라 한 것이 다시 南宋 魏慶之의 《詩人王屑》(卷6)에 그대로 이어졌으며 본문에 이를 연용한 것으로 보인다.

참고 및 관련 자료

1. 장중소(張仲素)
   字는 繪之로 그의 文集은 《新唐書》(藝文志, 4)에 《賦樞》 3卷, 그리고 《宋史》

(藝文志, 7)에《張仲素詩》1卷이 著錄되어 있다.《全唐詩》(卷367)에 詩 1卷이
著錄되어 있으며《全唐詩續拾》에 殘句 2句가 실려 있다.《唐詩紀事》(卷42)에
관련 기록이 실려 있다.

2.《唐詩紀事》卷42

○ 仲素, 字繪之, 建封之子. 憲宗以仲素·段文昌爲翰林學士, 韋貫之曰:「學士
所以備顧問, 不宜專取辭藝」罷之. 後終中書舍人.

○ 右王涯·令狐楚·張仲素五言七言絶句共作一集, 號《三舍人集》, 今盡錄於此.

3.《全唐詩》卷367

張仲素, 字繪之, 河間人. 憲宗時爲翰林學士, 後終中書舍人, 詩一卷.

137(5-26)
여온呂溫

　　여온呂溫은 자가 화숙和叔이며 하중河中 사람이다. 처음 그는 육질陸質로 부터는 《춘추春秋》를 배웠고 양숙梁肅으로부터는 문장 짓는 법을 배웠다. 그 후 그는 정원貞元 14년, 이수李隨와 동방으로 급제하였으며 다시 박학 굉사과博學宏辭科에 합격하였다. 그는 왕숙문王叔文과 아주 친하였으며 즉시 좌습유左拾遺를 거쳐 시어사侍御史를 제수받았다. 그러다가 그는 토번 吐蕃에 사신으로 가서 그 곳에 얽매어 일 년이 넘도록 돌아올 수가 없었다. 여온은 그러한 절역絶域에 묶인 자신을 항상 슬프게 여겼다.

　　원화元和 원년, 그는 마침내 되돌아와서 호부원외랑戶部員外郎에 올랐다. 그는 두군竇群·양사악羊士諤과 서로 친하게 지냈다. 두군이 중승中丞이 되자 그는 여온을 어사御史로 추천하였다. 그러나 당시 재상이었던 이길보 李吉甫가 이를 시간 끌면서 임금께 보고하지 않는 것이었다. 그러다가 마침 이길보가 병이 나서 밤에 몰래 술사術士를 불러 자신의 운명을 점친 사실을 알고 두군 등과 함께 이 일을 임금에게 알렸다. 이 일은 〈두군전竇群傳〉을 보라. 이 일로 임금은 화를 내며 여온을 균주자사均州刺史로 폄직시켰다가 다시 도주자사道州刺史로 보내버렸다. 뒤에 그는 결국 풀려나 형주자사衡州 刺史로 옮겨갔다가 그 곳에서 죽었다. 여온은 문장이 정밀하고 섬부瞻富하여 일시에 같은 무리들의 존중을 받았다. 그러나 그는 성격이 음험하고 조급 하며 남을 속이는 등 괴팍하게 굴면서 이익에 탐닉하였다.

　　지금 문집 10권이 있어 세상에 전한다.

呂溫:

溫, 字和叔, 河中人. 初, 從陸質治《春秋》·梁肅爲文章. 貞元
十四年, 李隨榜及第. 中宏辭. 如王淑文厚善, 驟遷左拾遺,
除侍御史. 使吐蕃, 留不得遣彌年. 溫在絶域, 常自悲愴, 元和
元年, 還. 進戶部員外郎. 與竇群·羊士諤相愛. 羣爲中丞, 薦溫
爲御史, 宰相李吉甫持久不報, 會吉甫病, 夜召術士, 羣等因
奏之, 事見《羣傳》. 上怒, 貶均州, 再貶道州刺史. 詔徙衡州,
卒官所. 溫藻翰精贍, 一時流輩咸推尚. 性險躁譎怪而好利.

今有集十卷, 行於世.

【陸質】원래 陸贄로 실려 있으나 〈三間本〉에 따라 고쳤다. 陸質은 吳郡 사람
이며 本名은 陸淳이었으나 憲宗의 이름을 避諱하였다. 經學에 밝아 《集注
春秋》12卷 등을 남겼으며 兩《唐書》에 傳이 있다.
【梁肅】太子校書郎·翰林學士 등을 지냈으며, 古文에 밝았다. 《新唐書》에
傳이 있다.
【王叔文】德宗 때 太子(뒤에 順宗)와 시정을 의논하고 太子가 즉위하자 개혁
정책을 폈던 人物이다. 兩《唐書》에 傳이 있다. 본책 122 참조.
【吐蕃】투루판. 古代 藏族의 한 지파가 세웠던 나라인 土伯特. 지금의 투루판
지역이다.
【均州】지금의 湖北省 均縣.
【道州】지금의 湖南省 道縣.
【衡州】州治는 衡陽으로 지금의 湖南省 衡陽市.

참고 및 관련 자료

1. 여온(呂溫)
字는 和叔이다. 그러나 劉禹錫의 〈唐故衡州刺史呂君集記〉에 "和叔名溫, 別字
化光"이라 하였고,《新唐書》呂渭傳에 "呂溫, 字和叔, 一字化光"이라 하였다.

《新唐書》(藝文志)에 《呂溫集》10卷이라 하였고 《郡齋讀書志》(卷4, 上)에도 동일하다. 文集 속에 詩 2卷이 있으며 《全唐詩》에 詩 2卷(370·371)이 편집되어 있고 《唐詩紀事》(卷43)에 관련 기록이 실려 있다.

2. 《舊唐書》卷137 참조.

3. 《新唐書》卷160 참조.

4. 《唐詩紀事》卷43

呂溫, 字和叔, 一字化光, 禮部侍郎渭之子. 貞元中, 連中兩科, 德宗召爲集賢校書. 後爲治書侍御史, 坐王叔文, 貶道州, 改衡州. 年四十而歿, 有子安衡.

5. 《全唐詩》卷370

呂溫, 字和叔, 一字化光, 河中人. 貞元末, 擢進士第, 因善王叔文, 再遷爲左拾遺, 以侍御史使吐蕃. 元和元年乃還, 柳宗元等皆坐叔文貶, 溫獨免. 進戶部員外郎, 與竇群·羊士鄂相昵, 羣爲御史中丞, 薦溫知雜事. 士鄂爲御史, 宰相李吉甫持之不報, 溫乘間奏吉甫陰事, 詰辯皆妄, 貶均州刺史. 議者不厭, 再貶道州, 久之. 徙衡州卒. 集十卷, 内詩二卷, 今編詩二卷.

138(5-27)
장적張籍

　　장적張籍은 자가 문창文昌이며 화주和州 오강烏江 사람으로 정원貞元 15년
에 봉맹신封孟紳과 동방으로 급제하여 비서랑祕書郞을 제수받고, 태축太祝을
역임하였으며 수부원외랑水部員外郞에 오르게 되었다. 그가 처음 장안長安에
왔을 때 우선 한유韓愈를 찾아갔다. 한유는 한 번 보고 평생 사귈 친구로
환대하여 그 재명才名을 서로 인정하였고 마음을 털어 본 후 결계結契가
되었다. 이에 한유는 그를 국자박사國子博士로 힘껏 추천하였다. 그러나
장적은 성격이 날카롭고 직선적이어서 한유에게 질책과 풍자를 던지기
일쑤였지만 한유는 그를 꺼리지 않고 대해 주었다. 당시 조야朝野의 명사
들은 누구나 장적과 사귀었으니, 이를테면 왕건王建·가도賈嶋·우곡于鵠·
맹교孟郊 등 여러 사람의 문집 속에 서로 증답한 글이 많은 것으로 보아
아끼고 사랑함이 깊고 두터웠음을 알 수 있다.

　　당시는 누구나 모두 천리 멀리 고향을 떠나 이리저리 떠돌며 벼슬을
하였다. 그리하여 비쩍 마른 말을 타고 깡마른 동자를 거느린 채 푸른
적삼에 검은 모자를 쓰고 떠다녀야 하였다. 그 때문에 풍진風塵 세상에
서로 만나게 되면 반드시 서로 은근한 정이 들게 마련이고, 거기다가 술
까지 주고받게 되면 소회素懷를 털어놓게 되는 것인데 하물며 그 속에서
뜻 맞는 사람을 만났을 경우임에랴! 그런 경우 서로의 성향이 티슷하게
되고 글의 맛 또한 같아질 수밖에 없다.

　　장적은 특히 악부樂府의 고풍시古風詩에 있어서 사마司馬 왕건王建과

더불어 스스로 같은 경향으로 흘러 세상을 통틀어 독특한 존재로 우뚝 서 있다.

당나라의 시는 이백李白·두보杜甫 이후로 풍아風雅의 도가 상실되고 말았다. 그러다가 원화元和 때에 이르러 이미 원진元稹·백거이白居易의 시가가 하나의 종장宗匠이 되어 '원화체元和體'라 불렸으며 비로소 풍격이 약간씩 진흥되기 시작하였다. 이는 홍수 난 강물 속에 우뚝 선 바위에 비해 손색이 없게 되었다. 백낙천白樂天이 장적에게 준 시에 이렇게 읊고 있다.

"장적은 어떤 인물인가   張公何爲者
문장을 업으로 삼기 이미 30년   業文三十春
특히 그는 악부사에 뛰어나   尤工樂府詞
온 시대를 통틀어 그와 무리를 이룰 자 적네."   擧代少其倫

장적은 국자사업國子司業으로 벼슬을 마쳤으며 문집 7권이 세상에 전한다.

張籍：

籍, 字文昌, 和州, 烏江人也. 貞元十五年, 封孟紳榜及第. 授秘書郎, 歷太祝, 除水部員外郎. 初至長安, 謁韓愈, 一會如平生歡, 才名相許, 論心結契. 愈力薦爲國子博士. 然性狷直, 多所責諷於愈, 愈亦不忌之. 時朝野名士皆與遊, 如王建·賈嶋·于鵠·孟郊諸公集中, 多所贈答, 情愛深厚. 皆別家千里, 遊宦四方, 廋馬羸童, 青衫烏帽, 故每邂逅於風塵, 必多殷勤之思, 銜盃命素, 又況於同志者乎! 聲調相似, 況味頗同.

公於樂府古風, 與王司馬自成機軸, 絶世獨立. 自李·杜之後, 風雅道喪, 至元和中, 葉元·白諤詩, 爲海內宗匠, 謂之「元和體」, 病格稍振, 無愧洪河砥柱也.

樂天贈詩曰:「張公何爲者? 業文三十春. 尤工樂府詞, 擧代少其倫」

仕終國子司業. 有集七卷, 傳於世.

【烏江】지금의 安徽省 和縣 烏江鎭.

【封孟紳】貞元 15년에 壯元한 人物.

【水部】尙書省의 六部 소속 직책으로 水利·水運 등을 관장하였다.

【王建】본책 101 참조.

【賈嶋】본책 118 참조.

【于鵠】본책 100 참조.

【孟郊】본책 134 참조.

【靑衫】唐나라 제도에 文官 八·九品은 청색옷을 입었다. 낮은 官職을 말한다.

【張公何爲者】白居易의 이 詩는 《全唐詩》(卷424)에 실려 있으며 제목은 〈讀張籍古樂府〉이다. (참고)

> 참고 및 관련 자료

1. 장적(張籍)

字는 文昌이며 그의 文集은 《新唐書》(藝文志, 4)에 《張籍詩集》7卷(《崇文總目》도 같다)으로 되어 있으나 《郡齋讀書志》에는 5卷, 《直齋書錄解題》에는 3卷·8卷·12卷 등의 세 가지 종류가 기록되어 있다. 《全唐詩》에는 그의 詩 5卷(382~386)이 편집되어 있으며 《全唐詩續拾》에 詩 1首가 補入되어 있다. 《唐詩紀事》(卷34)에 관련 기록이 실려 있다.

2. 《舊唐書》卷160 참조.

3. 《新唐書》卷176 참조.

4. 《唐詩紀事》卷34

○ 籍, 字文昌, 和州人. 歷水部外郎, 終主客郎中.

○ 退之〈送東野序〉云:「唐有天下, 陳子昂·蘇源明·元結·李白·杜甫·李觀, 皆以其所能鳴, 其存而在下者. 孟郊東野, 始以其詩鳴. 其高出晉魏, 不懈而及於古,其他浸淫乎漢氏矣. 從吾遊者, 李翺·張籍其尤也. 三子者之鳴信善矣, 抑不知天將和其聲, 使鳴國家之盛耶? 抑將窮餓其身, 思愁其心腸, 而使自鳴其不幸耶? 三子者之命, 則存乎天矣. 其在上也, 奚以喜; 其在下也, 奚以悲?」

5.《全唐詩》卷382

張籍, 字文昌, 蘇州吳人, 或曰和州烏江人. 貞元十五年登進士第, 授太常寺太祝, 久之. 遷祕書郎, 韓愈薦爲國子博士, 歷水部員外郎·主客郎中. 當時有名士皆與游, 而愈賢重之, 籍爲詩長于樂府, 多警句. 仕終國子司業, 詩集七卷, 今編爲五卷.

6. 白樂天〈讀張籍古樂府〉(《唐詩紀事》卷34,《全唐詩》卷424도 詩는 같다.)

白樂天讀籍詩集云:「張公何爲者? 業文三十春. 尤攻樂府詞, 擧代少其人.」
姚合讀籍詩, 有詩云:『妙絶江南曲, 凄涼怨女詩. 古風無敵手, 新語是人知.』

139(5-28)
옹유지雍裕之

옹유지雍裕之는 촉蜀 땅 사람으로 시로 유명하였다. 정원貞元 후에 여러 차례 진사 시험에 응하였으나 낙방하고 사방을 방랑하였다. 그의 약부시樂府詩는 지극히 정치情致하다.

문집 1권이 있어 지금도 전하고 있다.

　雍裕之:

　裕之, 蜀人, 有詩名. 貞元後, 數擧進士不第, 飄零四方. 爲樂府, 極有情致. 集一卷, 今傳.

【蜀】明나라 淩迪知의 《古今萬姓統譜》(卷1)에 "唐雍裕之, 成都人. 詩人"이라 하였다.

참고 및 관련 자료

1. 옹유지(雍裕之)
생애가 확실하지 않으며 《新唐書》(藝文志, 4)에 《雍裕之詩》1卷, 《旵齋書

錄解題》(卷19)에 "集一卷", 《宋史》(藝文志, 7)에 《雍裕之詩》1卷이 著錄되어 있다. 《全唐詩》(卷471)에 그의 詩 1卷이 편집되어 있고 《唐詩紀事》(卷52)에 관련 기록이 실려 있다.

2. 《唐詩紀事》卷52

裕之, 貞元後詩人也.

3. 《全唐詩》卷471

雍裕之, 貞元後詩人也. 詩一卷.

140(5-29)
권덕여權德輿

附: 양사복楊嗣復

권덕여權德輿는 자가 재지載之이며 진주秦州 사람이다. 그는 약관弱冠이 되기 전에 이미 문장으로 유생들 사이에 칭찬이 자자하였다. 한회韓詗가 하남출척사河南黜陟使로 왔을 때 그는 권덕여를 불러 자신의 막부의 일을 도와 달라고 하였고, 다시 강서관찰사江西觀察使 이겸李兼을 따라가 그 막부의 판관判官이 되었다. 덕종德宗이 그의 재질을 듣고 그를 불러들여 태상박사太常博士를 삼았으며, 다시 좌보궐左補闕의 임무를 맡겼다. 그는 재직 기간 동안 여러 차례 직언을 상서하여 기거사인起居舍人에까지 오르게 되었다.

정원貞元 15년, 그는 지제고知制誥를 거쳐 중서사인中書舍人이 되었고 헌종憲宗 초에는 병부시랑兵部侍郎·태자빈객太子賓客을 역임하였다. 그의 진설陳說과 책략이 많이 적중하여 원화元和 5년에는 태상경太常卿으로부터 예부상서동중서문하평장사禮部尙書同中書門下平章事에 오르게 되었다.

권덕여는 변론에 뛰어났으며 고금의 일을 개진하여 임금을 각성시켰다. 그는 재상을 보필하면서 항상 관대하게 굴었으며, 세세한 일에도 너그럽게 행동하였고, 부풍군공扶風郡公에 봉해졌다. 권덕여는 부시賦詩에 뛰어났으며 특히 악부樂府·고체시古體詩에 조예가 깊어 그 정치情致함이 지극히 많았다. 그는 경학에 깊은 학문이 있어 관통하지 아니한 것이 없었으며 손에서 책을 놓는 경우가 없었다. 비록 행동에 꾸밈은 없었으나 그의 잘 수양된 풍류는 자연스럽게 사람들의 사모함을 사게 된 것이다. 그는 정원·

원화 연간에 신사紳士의 표준이라 여겨졌다. 문집이 있어 지금도 전하며 양사복楊嗣復이 서문을 썼다.

權德輿: 附, 楊嗣復

德輿, 字載之, 秦州人. 未冠, 以文章稱諸儒間, 韓洄黜陟河南, 辟置幕府, 復從江西觀察使李兼府爲判官. 德宗聞其材, 召爲太常博士, 改左補闕. 中間累上書直言, 遷起居舍人.

貞元十五年, 知制誥, 進中書舍人. 憲宗初, 歷兵部侍郞·太子賓客. 以陳說謀畧多中, 元和五年, 自太常卿拜禮部尙書同中書門下平章事. 德輿善辯論, 開陳古今, 覺悟人主. 爲輔相, 尙寬, 不甚察察. 封扶風郡公. 德輿能賦詩, 工古調樂府, 極多情致. 積思經術, 無不貫綜, 手不釋卷. 雖動止無外飾, 其醞藉風流, 自然可慕. 貞元·元和間, 爲搢紳羽儀.

有文集, 今傳. 楊嗣復爲序.

【韓洄】代宗 때 諫議大夫·京兆尹·國子祭酒 등을 지냈다. 兩《唐書》에 傳이 있다.
【李兼】생애가 자세히 알려져 있지 않으며 江西觀察使를 지냈다.
【太常卿】禮樂·郊廟·社稷 등의 일을 관장하였다.
【楊嗣復】權德輿가 知貢擧였을 때의 門生으로 宰相에 올랐으며 兩《唐書》에 傳이 있다.

⟦ 참고 및 관련 자료 ⟧

1. 권덕여(權德輿)
字는 載之이며 唐나라 때의 政治家이다. 그의 文集은《新唐書》(藝文志, 4)에

《童蒙集》10卷,《集》50卷,《制集》50卷이 著錄되어 있으며, 宋나라 때
《崇文總目》, 元 馬端臨의《文獻通考》(卷18, 經籍考 59)에《權公文集》50卷이
기록되어 있다. 한편《全唐詩》에 詩 10卷(320~329)이 편집되어 있고《全唐
詩外編》및《全唐詩續拾》에 詩 10首가 補入되어 있다.《唐詩紀事》(卷31)에
관련 기록이 실려 있다.

2.《舊唐書》卷148 참조.

3.《新唐書》卷100 참조.

4.《唐詩紀事》卷31

○ 德輿, 字載之, 元和中爲相. 其文雅正贍縟, 動止無外飾, 其醞藉風流, 自然
可慕.

○ 楊嗣復序其文集曰:「貞元中, 奉詔考定賢良, 草澤之士昇名者七十七人. 及爲
禮部侍郎, 擢進士第者七十有二. 鸞鳳杞梓, 擧集其門, 登輔相之位者前後十人.」

5.《全唐詩》卷320

權德輿, 字載之, 天水略陽人. 未冠, 卽以文章稱. 杜佑·裴胄交辟之, 德宗聞其材,
召爲太常博士. 改左補闕, 兼制誥. 進中書舍人, 歷禮部侍郎, 三知貢擧. 憲宗
元和初, 歷兵部·吏部侍郎, 坐郎吏誤用官闕, 改太子賓客. 俄復前官, 遷太常卿,
拜禮部尙書, 同平章事. 會李吉甫再秉政, 帝又自用李絳, 議論持異. 德輿從容
不敢有所輕重, 坐是罷, 以檢校吏部尙書, 留守東都. 復拜太常卿. 徙刑部尙書,
出爲山南西道節度使. 二年, 以病乞還, 卒於道. 年六十. 贈左僕射, 諡曰文. 德輿
積思經術, 無不貫綜. 其文雅正贍縟, 動止無外飾, 而醞藉風流. 自然可慕, 爲
貞元·元和間縉紳羽儀, 文集五十卷, 今編詩十卷.

141(5-30)
장손좌보長孫佐輔

附: 장손공보長孫公輔

　장손좌보長孫佐輔는 삭방朔方 사람으로 과거에 응시하였으나 점수가 낮아 실패하고도 성격이 넓어 얽매임이 없었다. 그의 동생이 바로 장손공보長孫公輔였다. 그는 마침 정원貞元 연간에 길주자사吉州刺史로 있어 동생에게로 가서 의탁하였다. 그러나 장손좌보는 늙어 죽도록 벼슬을 하지 아니하면서 은거하여 자신의 뜻을 찾으려 힘썼다. 그러나 그의 풍류만은 대단해서 일대의 명유名儒로 알려졌다. 그의 시격詩格과 사정詞情은 문채가 빛나면서도 세속에 물들지 않아 탁연히 영매지기英邁之氣가 돋보였다. 매번 그의 악부樂府시를 의고擬古한 몇 편을 볼 때마다 지극한 원모상감怨慕傷感의 느낌을 받게 된다. 그래서 이렇게 평하는 것이다.

　"물 속의 달 같고 거울 속의 얼굴 모습 같아, 그 언어가 끝없이 다하면서도 그 이취理趣는 무궁하다."

　지금 그의 문집이 전하고 있다.

　長孫佐輔: 附, 長孫公輔

　佐輔, 朔方人. 擧進士下第, 放懷不羈. 第公輔, 貞元間爲吉州刺史, 遂往依焉. 後卒不宦, 隱居以求志. 然風流醞藉, 一代名儒. 詩格詞情, 繁縟不雜, 卓然有英邁之氣.

每見其擬古樂府數篇, 極怨慕傷感之心, 「如水中月. 如鏡中相, 言可盡而理無窮也.」

集今傳.

【朔方】唐나라 때의 關內道에 속하며 지금의 陝西省 靖邊縣 북쪽.

【長孫公輔】長孫佐輔의 아우.

【吉州】지금의 江西省 吉安市.

【理無窮】이 評語는 원래 宋나라 嚴羽의 《滄浪詩話》(詩辨)에서 盛唐의 詩를 평하면서 "如空中之音, 相中之色, 水中之月, 鏡中之象, 言有盡而意無窮"에서 차용한 것이다.

참고 및 관련 자료

1. 장손좌보(長孫佐輔)

北宋 王安石의 《唐百家詩選》에 그의 詩 13首가 收錄되어 있고 南宋 陳振孫의 《直齋書錄解題》(卷19)에 《長孫佐輔集》 1卷(注에 '其詩號《古調集》'이라 하였다)이 著錄되어 있다. 《全唐詩》(卷469)에 詩 20首가 실려 있으나 그 중 〈山居雨霽卽事〉는 張碧의 시이다. 《全唐詩續拾》에 詩 4首가 補入되어 있으며 《唐詩紀事》(卷40)에 관련 기록이 실려 있다.

2. 《唐詩紀事》 卷40

佐輔, 德宗時人. 弟公輔爲吉州刺史, 佐輔往依焉.

3. 《全唐詩》 卷469

長孫佐輔, 德宗時人. 其弟公輔爲吉州刺史, 往依焉. 其詩號《古調集》, 今存十七首.

142(5-31)
양형楊衡

府: 부재符載·이군李群·이발李渤

양형楊衡은 삽계霅溪 사람으로 천보天寶 연간에 난리를 피해 서쪽으로 옮겨가 부재符載·이군李群·이발李渤 등과 여산廬山에 은거, 오로봉五老峯 아래에 초당을 짓고 함께 살며 '산중사우山中四友'라 불렸다. 그들은 매일 거문고 타고 술 마시며 자신의 심정을 달랬고 뜬구름 밝은 달로 정회情懷를 풀었다.

양형은 시에 뛰어나 성운의 기발함을 각고면려하여 보통 사람은 감히 그 끝을 들여다볼 수 없는 경지에 이르렀다. 일찍이 자신이 글을 지어 스스로 그 작품을 감상하다가 손뼉을 치며 크게 웃고는 길게 소리를 내며 이렇게 노래하였다.

"학이 한 마리씩 소리를 치며 하늘로 오르도다 ——鶴聲飛天上."

그의 목소리는 마치 학이 하늘을 향하여 우는 것과 같았고 사람들 역시 탄복하였다. 그는 한 때 대리평사大理評事가 되기를 원하기도 하였지만 그가 왕래하며 사귄 사람들은 주로 산승山僧과 도사道士들로 모두 함께 세상 밖을 기대하면서 산 사람들이다.

시집 1권이 있어 세상에 전한다.

楊衡: 附, 符載·李群·李渤

衡, 字中師, 雪人. 天寶間, 避地西來, 與符載·李群·李渤同隱廬山, 結草堂於五老峯下, 號「山中四友」. 日以琴酒寫意, 雪月遣懷. 衡詩工, 苦於聲韻奇拔, 非常格敢窺其涯涘. 嘗吟罷, 自賞其作, 抵掌大笑, 長謠曰: 『一一鶴聲飛上天!』謂其響徹如此, 人亦歎伏. 試大理評事. 往來多山僧道士, 爲方外之期.

詩一卷, 今傳於世.

【雪溪】 지금의 浙江省 吳興縣에 있는 경승지.
【符載】 '符載'가 옳은 표기이다. 처음에는 廬山에 隱居하였으나 뒤에 벼슬길에 올라 監察御史가 되었다. 《唐詩紀事》(卷51) 참조.
【李群】 다른 本에는 崔群으로 실려 있다. 《唐摭言》(卷2) 〈爭解元〉에 '李郎中群'이라 하였으나 역시 확실하지 않다.
【李渤】 李涉의 아우. 본책 116 李涉 부분 참조.
【一一鶴聲飛天上】 이 구절은 참고란을 볼 것.
【響徹如此, 人亦歎伏】 이는 《唐摭言》(卷2)에도 실려 있으나 내용이 약간 차이가 있다. (참고)

참고 및 관련 자료

1. 양형(楊衡)
양형의 문집은 《宋史》(藝文志, 7)에 《楊衡詩》 1卷이 著錄되어 있으며 《全唐詩》(卷465)에 詩 1卷, 《全唐詩續拾》에 殘句 2句가 補入되어 있다. 《唐詩紀事》(卷51)에 관련 기록이 실려 있다.

2. 《唐詩紀事》 卷51
初隱廬山, 有盜其文登第者, 衡因詣闕, 亦登第. 見其人, 盛怒曰:「一一鶴聲飛上天在否?」答曰:「此句知兄最惜, 不敢偸」衡笑曰:「猶可恕也.」

3.《全唐詩》卷465

楊衡, 字仲師, 吳興人. 初與符載·崔羣·宋濟隱廬山, 號山中四友. 後登第, 官至大理評事, 詩一卷.

〈擊鼓說唱陶俑〉(東漢) 明器 1957 四川 成都 天回山 출토

당재자전 唐才子傳

卷六(143 – 168)

〈人物畫〉

143(6-1)
백거이 白居易

백거이白居易는 자가 낙천樂天이며 태원太原 사람으로 하규下邽에서 살았다. 약관弱冠 때까지도 이름을 떨치지 못한 채 장안長安으로 올라와 유람하다가 고황顧況을 찾아갔다. 고황은 오吳 땅 사람으로 자신의 재주를 믿고 남의 능력을 인정해 주지 않는 인물이었다. 그는 백거이의 이름을 보자 이렇게 비꼬았다.

白樂天(白居易)

"장안이란 곳은 모든 물가가 비싼 곳이어서 거居하기가 쉽지易 않다."

이렇게 이름을 풀어 꼬집고 나서는 그의 시권詩卷을 훑어 내려가다가 이러한 시를 보게 되었다.

"빽빽이 자라나는 초원의 풀들	離離原上草
한해에 고枯와 영榮을 한번씩 맛보네	一歲一枯榮
들풀로 태워도 다 없어지지 않고	野火燒不盡
봄바람 불어오면 또 다시 살아나네."	春風吹又生

고황은 그만 감탄하면서 이렇게 빌었다.

"이런 시를 지었다면 천하 어디에 살아도居 어려움이 없소. 이 늙은이가 방금 한 말은 그대에게 농담으로 한 것이오!"

정원貞元 16년, 백거이는 중서사인中書舍人 고영高郢 아래에서 진사에 급제하였고 서판발췌과書判拔萃科에도 합격하여 교서랑校書郎을 보임받았다. 그리고 원화元和 원년에는 악부시樂府詩와 시 백여 편을 지어 당시의 사정을 규간規諫하고 풍자하였다. 그런데 그 내용이 궁중에까지 알려지게 되었다. 황제는 이를 훌륭히 여겨 백거이를 불러 한림학사翰林學士를 배수하게 되었고, 좌습유左拾遺까지 역임하게 되었다. 그 때 자객이 재상 무원형武元衡을 살해하는 일이 발생하여 서울이 흉흉하게 되자

白樂天〈勸學文〉丘堂 呂元九(현대)

백거이는 상소를 올려 어서 그 범인을 잡을 것을 요구하였다. 그러자 권신들은 백거이가 월권 행동을 한다고 하여 심히 불쾌히 여겼다. 게다가 백거이는 어머니가 우물에 빠져 죽었는데 오히려 〈신정편新井篇〉을 써서 효도에 어긋나는 부화浮華한 내용을 노래한 자로써 그 행동으로 보아 등용해서는 안 된다고 떠들었다. 이로 인해 백거이는 결국 강주사마江州司馬로 폄직되고 달았다.

당초 백거이는 권신들의 옳지 못함을 폭로하였을 때 사실 다른 이유는 없었으나 도리어 간당奸黨들의 노기를 사서 자신만 피해를 입고 만 것이다. 그렇지만 그는 역시 자신의 운명에 순응하며 불교의 생사설生死說에 귀의, 자신의 육신을 잊고 사는 생활로 안주하였다.

오랜 시간이 흐른 후, 백거이는 다시 중서사인中書舍人·지제고知制誥로 복귀하였다. 마침 하삭河朔에 반란이 일어나자 조정에서 군대를 파견하였으나, 진압하지 못함을 보고 백거이는 다시 상소를 올렸지만 자신의 의견이 채용되지 못하였다.

그래서 그는 외임外任을 자청하여 항주자사杭州刺史가 되었다. 문종文宗이 즉위하자 황제는 그를 불러 형부시랑刑部侍郎을 맡겼으나 회창會昌 초년에 벼슬을 그만두고 생을 마쳤다.

백거이는 여러 차례 충간으로 배척을 받자 시주詩酒에 빠져 살았다. 그러다가 다시 등용되었지만 또한 어린 황제를 만나 벼슬길이 제대로

펴지지 못하였다. 이에 백거이는 이도리履道里에 터를 잡아 향산香山의 승려인 여만如滿 등과 정사淨社를 맺고, 못을 파고 나무를 심고 석루石樓를 쌓아 팔절탄八節灘을 개착開鑿, 이를 유상지락游賞之樂 거리로 삼았다. 다구茶具와 술잔이 몸에서 떠나지 않았으며, 늘 머리를 묶고 책상 다리를 한 채 선학禪學과 고사古事를 담론하면서 안여晏如하게 살았다. 스스로를 '취음선생醉吟先生'이라 하면서 자전自傳까지 지었고, 불교를 아주 좋아하여 한달 내내 냄새나는 고기나 음식을 입에 대지 않았으며 '향산거사香山居士'라 불렀다. 그는 호고胡杲·길민吉旼·정거鄭據·유진劉眞·노정盧貞·장혼張渾·여만如滿·이문상李文爽 등과 모여 놀았다. 모두가 나이가 많았으며 벼슬에는 뜻이 없었다. 날마다 서로 초청하여 모이는 모습을 보고 당시 사람들이 이를 선모하여 〈구로도九老圖〉라는 그림까지 그렸다. 백거이는 시에 있어서 육의六義를 기본으로 하면서 어려운 표현은 숭상하지 아니하였다. 그래서 매번 시 한 편씩 완성할 때마다 반드시 집안의 늙은 노파에게 이를 읽어주고 물어보아 그 뜻을 모두 안다고 하면 그제야 자신의 시로 기록하였다. 이 때문에 뒷사람들이 백거이 시를 평할 때 이렇게 말하는 것이었다.

"산동山東의 늙은 농부가 농사짓고 누에 기르듯, 말마다 모두 사실적이다."

계림국鷄林國 신라新羅의 장사꾼이 백거이의 시를 구해 그 나라의 재상에게 가져가면 재상이 이를 변별해 내었다고 한다.

백거이는 원진元稹과는 교칠膠漆처럼 가까운 사이로 시풍조차 같아 천하 사람들이 '원백元白'이라 불렀다. 원진이 죽고 나자 백거이는 다시 빈객賓客 유우석劉禹錫과 이름을 나란히 하여 다시 '유백劉白'이라고도 불렀다 한다.

백거이는 신선술을 좋아하여 스스로 '비운飛雲'이라는 신발을 만들어, 발 아래 향불을 피워 마치 연무煙霧가 피어오르는 것을 뭉게뭉게 구름이 생겨나는 것처럼 하였다.

처음에 그가 구강九江에 와서 여산廬山 봉우리 아래에 초당을 짓고 선단仙丹을 달였는데 지금도 그 터가 남아 있다.

《백씨장경집白氏長慶集》75권, 그리고 고금의 사건을 저술한 《육첩六帖》, 시격법詩格法을 써서 자신의 잘못을 없애고자 지은 《백씨금침집白氏金針集》 3권 등이 모두 전하고 있다.

白居易:

居易, 字樂天, 太原下邽人. 弱冠名未振, 觀光上國, 謁顧況. 況, 吳人, 恃才, 少所推可, 因謔之曰:「長安百物皆貴, 居太不易!」

及覽詩卷, 至『離離原上草, 一歲一枯榮. 野火燒不盡, 春風吹又生.』

乃歎曰:「有句如此, 居天下亦不難. 老夫前言戲之爾」

貞元十六年, 中書舍人高郢下進士, 拔萃皆中, 補校書郎. 元和元年, 作樂府及詩百餘篇, 規諷時事, 流聞禁中, 上悅之, 召拜翰林學士, 歷左拾遺. 時盜殺宰相, 京師洶洶, 居易首上疏, 請亟捕賊. 權臣有嫌其出位, 怒, 俄有言居易母墮井死而賦〈新井篇〉, 言旣浮華, 行不可用, 貶江州司馬.

白居易〈賦得古原送別詩〉
河丁 全相摹(현대)

初, 以勳庸暴露不宜, 實無他腸, 怫怒姦黨, 遂失志. 亦能順適所遇, 託浮屠死生說, 忘形骸者. 久之, 轉中書舍人, 知制誥. 河朔亂, 兵出無功, 又言事不見聽, 乞外除爲杭州刺史. 文宗立, 召遷刑部侍郎. 會昌初, 致仕. 卒.

居易累以忠鯁遭擯, 乃放縱詩酒. 旣復用, 又皆幼君, 仕情頓爾索寞. 卜居履道里, 與香山僧如滿等結淨社, 疎沼種樹, 構石樓, 鑿八節灘, 爲游賞之樂, 茶鐺酒杓不相離. 嘗科頭箕踞, 談禪詠古, 晏如也. 自號「醉吟先生」, 作傳, 酷好佛, 亦經月不葷, 稱「香山居士」.

與胡杲·吉旼·鄭據·劉眞·盧貞·張渾·如滿·李文爽燕集,
皆高年不事, 日相招致, 時人慕之, 繪〈九老圖〉.

公詩以六義爲主, 不尙艱難. 每成篇, 必令其家老嫗讀之,
問解則錄. 後人評白詩如「山東父老課農桑, 言言皆實」者也.
鷄林國行賈售於其國相, 率篇一金, 僞者卽能辨之. 與元
稹極善膠漆, 音韻亦同, 天下曰「元白」. 元卒, 與劉賓客齊名,
曰「劉白」云. 公好神仙, 自製「飛雲履」, 焚香振足, 如撥煙霧,
冉冉生雲.

初來九江, 居盧阜峰下, 作草堂燒丹, 今尙存. 有《白氏長
慶集》七十五卷, 及所撰古今事實爲《六帖》, 及述作詩格法,
欲自除其病, 名《白氏金針集》三卷, 幷行於世.

【觀光】'두루 살피다'의 뜻.《周易》觀卦에 "六四, 觀國之光, 利用賓於王"이라
    하여 君王을 만남을 뜻한다.
【顧況】본책 卷3(075) 참조.
【離離原上草】이 詩는《全唐詩》(卷436)에 실려 있으며 제목은〈賦得古原草
    送別〉이다. (참고)
【老夫前言戲之爾】이 故事는 唐 張固의《幽閑鼓吹》, 그리고 五代 王定保의
    《唐摭言》(卷7), 五代 孫光憲의《北夢瑣言》·《舊唐書》(卷116), 宋 王讜의
    《唐語林》(卷3), 그 밖의 여러《詩話》에 실려 있으며 辛文房은《唐摭言》의
    기록을 근간으로 한 것이다.
【高郢】德宗 때 中書舍人·禮部侍郎 등을 역임하였다. 兩《唐書》에 傳이
    실려 있다.
【樂府詩】白居易의 詩風을 '新樂府運動'이라 하여 樂府의 諷諭 전통을 이어
    당시 時事를 다루었다.
【武元衡】본책 卷4(104) 참조.
【新井篇】南宋 陳振孫이 引用한《唐闕史》(宋 高彦休)에 의하면 白居易의

어머니는 心疾이 있어 憂憤狂發하여 갈대로 손을 베어 자살하려다 미수에 그치자, 뒤에 다시 우물에 빠져 자살하였다. 그러나 白居易가 지은 〈新井〉 詩는 그 사건 전에 지은 것이라 한다.

【履道里】 洛陽 長夏門의 동쪽. 《舊唐書》에 "竹木池館, 有林泉之致"라 하였다.

【香山】 지금의 河南省 洛陽市 龍門山의 동쪽.

【淨社】 '서로 결사를 맺다'라는 뜻. 《舊唐書》에는 '香火社'라 하였다.

【八節灘】 白居易가 73세 때 만든 것이다. 그의 〈開龍門人節石灘詩二首〉 序에 "東都龍門潭之南, 有八節灘·九峭石, 般筏過此, 例反破傷. 舟人楫師, 推挽束縛, 大寒之月, 裸跣水中, 饑凍有聲, 聞於終夜. 予嘗有願. 力及則救之. 會昌四年, 有悲智僧道遇, 適同發心, 經營開鑿, 貧者出力, 仁者施財. 嗚呼! 從古有碍之險, 未來無窮之苦, 忽乎一旦, 盡除去之"라 하였다.

【科頭】 '머리를 묶고 관을 쓰지 않다'라는 말이다.

【箕踞】 무릎을 땅에 대고 책상다리를 하는 것. 그 모습이 키(箕)와 같아 붙여진 말이라 하나 실제로는 쌍성어이다.

白居易 〈座右銘〉
河丁 全相摹(현대)

【九老圖】 거론된 人物과 《九老圖》에 대하여 白居易의 〈胡·吉·鄭·劉·盧·張 等六賢, 皆多年壽, 予亦次焉. 偶於弊居合成尙齒之會, 七老相顧, 旣醉甚歡, 靜而思之, 此會稀有, 因成七言六韻以紀之, 傳好事者〉라는 글에서 "前懷州司馬安定胡杲, 年八十九; 偉尉卿致仕馮翊吉皎, 年八十六; 前右龍武軍長史榮陽鄭據, 年八十四; 前慈州刺史廣平劉眞, 年八十二; 前侍御史內供奉官范陽盧貞, 年八十二; 前永州刺史淸河張渾, 年七十四; 刑部尙書致仕太原白居易, 年七十四. 以上七人, 合五百七十歲. 會昌五年三月二十一日, 於白家履道宅同宴"이라 하였으며, 한편 〈九老圖詩〉序에는 "其年夏, 又有二老, 年貌絶倫, 同歸故鄕, 亦來斯會. 續命爲姓名年齒, 寫其形貌, 附於圖右. 與前七老, 題爲'九老圖', 仍以一絶贈之. 二老, 謂洛中遺老李元爽, 年一百三十六, 歸洛; 僧如滿, 年九十五歲"라 하였다. 人名 中 吉皎은 판본에 따라 〈吉皎〉·〈吉旼〉 등으로 표기된다.

【六義】詩의 風·雅·頌·賦·比·興. 白居易의《新樂府》序에 "首句標其目, 卒章
顯其志, '詩三百'之義也. 其辭質而徑, 欲見之者易諭也; 其言直而切, 欲聞之
者深戒也; 其事核而實, 使採之者傳信也; 其體順而肆, 可以播於樂章歌曲也.
總而言之, 爲君·爲臣·爲民·爲物·爲事而作, 不爲文而作也"라 하였다.

【山東父老課農桑】宋 敖陶孫의 評語에 "白樂天如山東父老課農桑, 言言皆實"
이라 하였다.《詩人玉屑》卷2를 볼 것.

【鷄林國】新羅를 말하며, 이 사실은《新唐書》(119)에도 전한다. 元稹의《白氏
長慶集》序에 "鷄林賈人, 求市頗切. 自云: '本國宰相, 每以百金換一篇, 其甚
僞者, 宰相輒能辨別之.'"라 하였다.

참고 및 관련 자료

1. 백거이(白居易: 772~846)

字는 樂天. 新樂府運動과 諷諭詩로 유명한 人物. 그의 文集은《新唐書》
(藝文志, 4)에《白氏長慶集》75卷이 著錄되어 있다. 그러나《崇文總目》에는
'白氏文集七十卷'이라 하였고《郡齋讀書志》·《直齋書錄解題》에는 모두 71卷
이라 하였다. 한편《新唐書》(藝文志, 3)에《白氏經史事類》30卷이 著錄되어

〈白居易(樂天)〉《三才圖會》

있고 그 注에 '白居易, 一名《六帖》'이라 하였다. 이에
대하여 淸 周中孚는《鄭堂讀書記》(卷60)에서 "偶閱
唐制, 其時取士凡六科, 列其所試條件, 每一事名一帖,
其多者明經試至十帖, 而《說文》極於六帖. 白之
書爲因科擧設, 則以帖爲名, 其取此矣"라 하였다.
그의《白氏金針集》에 대해서는 兩《唐書》의 經籍志·
藝文志 등에 모두 기록이 없고《直齋書錄解題》(卷22)에 "《金針詩格》一卷,
白居易撰"이라 하였다. 白居易의 詩는《全唐詩》에 모두 39卷(424~462)이
편집되어 있고《全唐詩外編》및《全唐詩續拾》에 詩 38首, 斷句 44句가 실려
있다. 그 외에《唐詩紀事》(卷38·39·49)에 관련 기록이 실려 있다.

2.《舊唐書》卷166 참조.

3.《新唐書》卷119 참조.

4.《唐詩紀事》卷38·39·49

(1) 卷38에《主客圖》·《序洛詩序》·元稹《白氏長慶集序》·《與元九書》등이

수록되어 있다.

(2) 卷39: 白居易 年譜가 실려 있다.

(3) 卷49: 《九老會》·《九老圖》 등이 실려 있다.

5. 《全唐詩》 卷424

白居易, 字樂天, 下邽人. 貞元中, 擢進士第, 補校書郞. 元和初, 對制策, 入等.
調盩厔尉·集賢校理. 尋召爲翰林學士·左拾遺, 拜贊善大夫, 以言事貶江州司
馬, 徙忠州刺史. 穆宗初, 徵爲主客郞中·知制誥. 復乞外, 歷杭·蘇二州刺史.
文宗立, 以祕書監召, 遷刑部侍郞. 俄移病, 除太子賓客分司東都, 拜河南尹.
開成初, 起爲同州刺史, 不拜, 改太子少傅. 會昌初, 以刑部尙書致仕, 卒贈尙
書右僕射, 諡曰文. 自號『醉吟先生』, 亦稱『香山居士』, 與同年元稹酬詠, 號『元白』.
與劉禹錫酬詠, 號『劉白』. 《長慶集》詩二十卷, 《後集》詩十七卷, 《別集補遺》
二卷. 今編詩三十九卷.

6. 〈賦得古原草送別〉(《全唐詩》 卷436)

『離離原上草, 一歲一枯榮. 野火燒不盡, 春風吹又生. 遠芳侵古道, 晴翠接荒城.
又送王孫去, 萋萋滿別情.』

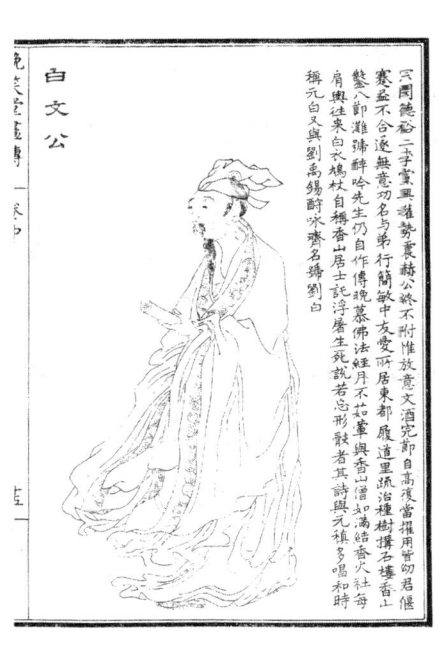

白居易 〈楞嚴經帖〉　　　　白樂天(白居易) 《晚笑堂畫傳》

144(6-2)
원진元積

　원진元積은 자는 미지微之이며 하남河南 사람이다. 아홉 살에 이미 훌륭한 문장을 지었고, 열다섯에 명경과明經科에 급제하였으며 서판발췌과書判拔萃科에 올라 교서랑校書郎을 보임補任받았다. 원화元和 초에는 대책對策으로 1등을 하여 좌습유左拾遺를 배수받았으나, 자주 상서를 올려 당시의 이해를 따지다가 당권當權자들의 미움을 사서 하남위河南尉로 물러났다.

　그 뒤 그는 감찰어사監察御史가 되어 동천東川의 송사를 살피러 간 적이 있었다. 그런데 돌아오던 길에 부수역敷水驛에서 자게 되었다. 마침 태감太監 구사량仇士良이 밤에 그 곳에 이르러 잘 자리를 찾게 되었다. 원진이 자신이 자던 방을 그에게 양보하지 않자 구사량은 화를 내며 원진의 따귀를 때려 상처를 내었다. 이 일로 재상은 원진이 나이가 어리면서도 태감의 위세를 가볍게 보아 총신寵臣의 체면을 손상하였다고 여겨, 원진을 강릉사조참군江陵士曹參軍으로 폄직시켜버려 이강李絳 등이 그의 억울함을 거론하기도 하였다.

　원화元和 말년에 원진은 다시 부름을 받고 선부원외랑膳部員外郎에 올랐다.

　원진의 시는 변체變體로써 왕왕 궁중의 악사나 후궁들이 모두 즐겨 외우면서 원진을 '재자才子'라 불렀다. 그러나 그의 작품 세계가 비록 넓지만 그 중 특히 악부시樂府詩가 뛰어나다. 처음 그가 강릉江陵에 있을 때 감군監軍 최담준崔潭峻과 아주 친하였다. 그러다가 장경長慶 연간에 최담준이 원진의 시가詩歌 수천 편을 임금에게 바치자 황제는 이를 보고 크게 기뻐하며 이렇게 물었다.

"원진이 지금 어디 있느냐?"

"남궁산랑南宮散郎으로 있습니다."

이렇게 대답하자 즉시 그를 발탁하여 사부랑중祠部郎中 지제고知制誥로 삼도록 하였다. 원진은 잠시 후 곧바로 중서사인中書舍人·한림승지翰林承旨를 거쳐 동중서문하평장사同中書門下平章事에 오르게 되었다. 그가 처음 재상이 되자 성격이 고약하고 행동거지가 부박浮薄하여 조야의 웃음거리가 되었으며 결국 얼마 후 파직당하고 말았다.

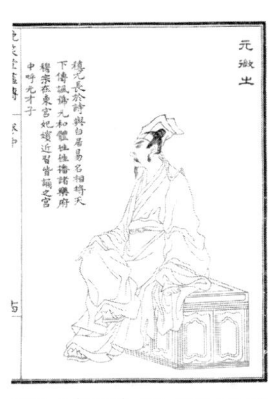

元微之(元積)《晩笑堂畫傳》

그러나 본래 검약하지 못하고 덕망이 가벼워 공적인 일에 능력을 발휘하지 못한 채, 무창절도사武昌節度使를 끝으로 생을 마쳤다.

원진이 월越 땅에 있을 때 두공竇鞏을 자신의 막부로 불러 일을 시킨 적이 있었다. 두공도 역시 시에 뛰어나 날마다 서로 수창화답酬唱和答하였다. 그 때문에 경호鏡湖와 진망산秦望山의 기묘한 경치가 더욱 널리 알려지게 되었고, 당시 '난정절창蘭亭絕唱'이라 불리게 된 것이다.

원진은 백낙천白樂天과 가장 친밀하였다. 비록 골육의 친척은 아니었지만 서로 애모하는 정은 가히 금석을 속일 정도였다. 천리 밖에 떨어져 있어도 신기한 교감으로 마치 부계符契가 일치하는 것 같았으며, 둘이 창화唱和한 많은 글은 이 두 사람을 넘어서는 자가 없었다.

《원씨장경집元氏長慶集》100권 및 《소집小集》10권이 지금 전하고 있다.

◎ 무릇 송백松柏은 풍상을 싫도록 맛본 후라야 동량의 임무를 이겨낼 수 있고, 사람은 배고픔과 궁핍을 겪은 후라야 충굴지태充詘之態를 없앨 수 있다.

너무 이른 명예는 반드시 그 기를 날카롭게 하며, 기가 너무 예리하면 뜻이 교만해지며, 뜻이 교만해지면 원망을 사게 된다. 먼저 현달하였다고 기뻐할 일도 아니며, 늦게 성공하였다고 해도 오히려 축하할 일이 있는 법이다. 하물며 기쁜 일 슬픈 일이 언제 문 앞을 찾아올지 예측도 하기 어려움에랴? 사람들이 원진의 시를 논하면서 이렇게 말하였다.

"마치 이귀년李龜年이 천보天寶 때의 일을 말하면서 얼굴은 초췌하되 정신은 상처받음이 없는 것 같다."

하물며 우물이인尤物移人하고 치속천성侈俗遷性하는 것이니, 원진의 행동거지는 비박풍용斐薄豐茸한데도 여전히 자기보다 나은 자를 포용하지 못하고 높은 자리에 오를수록 용렬한 모습만 보여, 많은 선비들로부터 비웃음만 샀으니 그 유래는 이미 오래된 것이로다. 그러면서도 자신의 작은 행동에 대해 얽매었으니 어찌 "언행은 군자로서의 추기樞機이며 영욕의 근본이다"라는 말도 들어보지 못하였다는 말인가?

옛 사람들은 다스릴 능력이 있는 데도 자리를 얻지 못함을 부끄럽게 여긴 것이 아니라, 자리를 차지하고 있으면서도 능히 다스릴 능력이 없는 것을 부끄럽게 여겼다.

元稹:

稹, 字微之, 河南人. 九歲工屬文, 十五擢明經, 書判入等, 補校書郎. 元和初, 對策第一, 拜左拾遺. 數上書言利害, 當路惡之, 出爲河南尉. 後拜監察御使, 按獄東川, 還次敷水驛, 中人仇士良夜至, 稹不讓邸, 仇怒, 擊稹敗面. 宰相以稹年少經威, 失憲臣體, 貶江陵士曹參軍, 李絳等論其枉. 元和末, 召拜膳部員外郎. 稹詩變體, 往往宮中樂色皆誦之, 呼爲才子. 然綴屬雖廣, 樂府專其警策也.

初在江陵, 與監軍崔潭峻善, 長慶中, 崔進其謌詩數千百篇, 帝大悅, 問:「今安在?」

曰:「爲南宮散郎」

擢祠部郎中, 知制誥. 俄遷中書舍人·翰林承旨, 後拜同中書門下平章事. 初以瑕釁, 擧動浮薄, 朝野雜哈, 未幾, 罷. 然素無檢, 望輕, 不爲公議所右, 除武昌節度使, 卒.

在越時, 辟寶鞏. 鞏工詩, 日酬和, 故鏡湖·泰望之奇益傳,
時號「蘭亭絶唱」. 微之與白樂天最密, 雖骨肉未至, 愛慕之情,
可欺金石, 千里神交, 若合符契, 唱和之多, 無踰二公者.

　　有《元氏長慶集》一百卷, 及《小集》十卷, 今傳.

　　◎ 夫松栢飽風霜, 而後勝梁棟之任; 人必勞餓空乏,
而後無充詘之態. 譽早必氣銳, 氣銳則志驕, 志驕則斂怨.
先達者, 未足喜; 晩成者, 或可賀. 況慶弔相望於門閭不可
測哉! 人評元詩「如李龜年說天寶遺事, 貌悴而神不傷」. 況尤
物移人, 移俗遷性, 足見其擧止斐薄丰茸, 仍且不容勝己,
至登庸成忝, 貽笑於多士, 其來尚矣. 不矜細行, 終累大德.
豈不聞「言行君子之樞機, 榮辱之主」邪? 古人不恥能治而
無位, 恥有位而不能治也.

【對策】 問題를 설정하고 그에 대한 해결 策論을 답하는 科擧의 과시.
【東川】 唐 肅宗 때 설치한 方鎭으로 治所는 지금의 四川省 三合縣.
【敷水驛】 지금의 陝西省 華陰縣 근처.
【仇士良】 中唐時代 宦官의 우두머리. 文宗 때 '甘露之變'을 일으켜 대학살을
　　자행하였으며 20여 년 간 二王·一妃·四宰相을 살해하였다. 《新唐書》에
　　傳이 있다.
【李絳】 憲宗 때 벼슬에 올라 翰林學士·知制誥·中書舍人 등을 지냈다. 兩
　　《唐書》에 傳이 있다.
【膳部】 尙書省 四司의 하나이며 음식·제사용품 등을 관장하였다.
【變體】 元稹의 詩를 變體라 본 것이다. 白居易의 〈餘思未盡加寫六韻重寄
　　微之〉 詩에 "詩到元和體變新"이라 하고 그 注에 "衆稱元白爲千字律詩,
　　或號元和格"이라 하였다.
【崔潭峻】 당시 감군 벼슬의 人物.

【南宮散郎】尙書省의 閑職 郞官.

【寶鞏】本册 卷四(109) 참조.

【秦望山】지금의 浙江省 杭州市 남쪽에 있는 산.

【蘭亭】지금의 浙江省 紹興市 서남쪽에 있으며, 東晉 때 王義之가 謝安 등 40여 명과 賦詩하여 〈蘭亭集序〉를 남긴 곳으로 유명하다.

【符契】'서로 완전히 투합하다'의 뜻. 白居易와의 唱和는 唐 孟棨의 《本事詩》 征異 5에 "元相公稹爲御史, 鞫獄梓潼. 時白尙爲在京, 與名輩游慈恩, 小酌花下, 爲詩寄元曰: '花時同醉破春愁, 醉折花枝當酒籌. 忽憶故人天際去, 計程今日 到梁州.'時元果及襃城, 亦寄〈夢游〉詩曰: '夢君兄弟曲江頭, 也向慈恩院裏游. 驛吏喚人排馬去, 忽驚身在古梁州.'千里神交, 合若符契, 友朋之道, 不期至歟!'"라 한 것으로 자세히 알 수 있다. 한편 이들 두 사람의 唱和詩는 이미 따로 《因繼集》이라는 별도의 文集으로 편집되어 있으며 白居易의 〈和微之 二十三首序〉에 "況曩昔唱酬, 近來因繼, 已十六卷, 凡千餘首矣"라 하였다.

【勞餓空乏】《孟子》告子(下)에 "天將降大任於是人也. 必先苦其心志, 勞其筋骨, 餓其體膚, 空乏其身, 行拂亂其所爲, 所以曾益其所不能"이라 하였다.

【充詘之態】充詘은 자만하여 절제를 잃는 것을 말한다. 《禮記》儒行에 "不充詘於富貴"라 하였다.

【李龜年】唐 玄宗 때 유명한 梨園의 樂師로 安史의 亂 때 江湖를 流落하여 명성을 날렸으며 杜甫의 〈江南逢李龜年〉 詩가 있다.

【貌悴而神不傷】이 구절은 敖陶孫의 〈臞翁詩評〉의 말이다. 《詩人玉屑》卷2 참조.

【尤物移人】'훌륭한 물건(尤物은 미녀나 보물을 뜻한다)을 남에게 주다'라는 뜻이다. 《左傳》昭公 28年에 "夫有尤物, 足以移人"이라 하였다.

【斐薄豐茸】문채가 보잘것없음을 말한다. 《史記》屈原列傳에 "闌茸尊賢兮, 讒諛得志"라 하였다.

【登庸】擧用. 《尙書》堯典에 "疇咨若時登庸"이라 하였다.

【多士】훌륭한 많은 선비. 《詩經》大雅 文王에 "濟濟多士, 文王以寧"이라 하였다.

【大德】《論語》子張篇에 "大德不逾閑, 小德出入可也"라 하였다.

【樞機】가장 기본이 되는 요건. 《周易》繫辭(上)에 "言行, 君子之樞機, 樞機 之發, 榮辱之主也"라 하였다.

1. 원진(元稹: 779~831)

字는 微之이며 威明으로도 쓴다. 원래 北魏 鮮卑族 拓拔氏의 後裔이다. 元和 元年에 壯元한 人物이며 특히 白居易와 절친하여 白居易의 〈長恨歌〉를 다시 〈長恨歌傳〉이라는 傳奇體 소설로 각색하기도 하였다. 《新唐書》(藝文志, 4)에 "元氏長慶集一百卷, 又小集十卷, 元稹"이라 著錄되어 있으며 《郡齋讀書志》(卷4, 中)에는 "有長慶集百卷, 今亡其四十卷"이라 하였고 《直齋書錄解題》(卷18)에는 《元氏長慶集》이 60卷으로 著錄되어 있다. 한편 그의 詩는 《全唐詩》에 모두 28卷(396~423)이 실려 있으며 《全唐詩外編》 및 《全唐詩續拾》에 詩 10首 斷句 53句가 補入되어 있다. 《唐詩紀事》(卷37)에 관련 기록이 실려 있다.

2. 《舊唐書》 卷166 참조.

3. 《新唐書》 卷274 참조.

4. 《唐詩紀事》 卷37

元稹, 一云微之, 守浙東, 樂天守蘇臺, 遞簡唱和, 內一聯云: 『有月多同賞, 無杯不共持』, 兩地暗合.

5. 《全唐詩》 卷396

元稹, 字微之, 河南河內人. 幼孤, 母鄭賢而文, 親授書傳, 擧明經書判入等. 補校書郎. 元和初, 應制策第一, 除左拾遺, 歷監察御使. 坐事貶江陵士曹參軍, 徙通州司馬. 自虢州長史徵爲膳部員外郎, 拜祠部郎中·知制誥, 召入翰林爲中書舍人·承旨學士, 進工部侍郎同平章事. 未幾罷相, 出爲同州刺史, 改越州刺史. 兼御史大夫·浙東觀察使. 太和初, 入爲尚書左丞·檢校戶部尚書, 兼鄂州刺史·武昌軍節度使. 年五十三卒, 贈尚書僕射, 稹自少與白居易倡和, 當時言詩者稱『元白』, 號爲『元和體』. 其集與居易同名《長慶》, 今編詩二十八卷.

145(6-3)
이신李紳

附: 욱혼郁渾

이신李紳은 자가 공수公垂이며 박주亳州 사람이다. 원화元和 원년, 무익황武翊黃과 동방으로 진사에 급제하였으며 황보식皇甫湜과 동년同年이다. 국자조교國子助敎에 보임되었다. 목종穆宗이 그를 불러 한림학사翰林學士를 시켰으며 여러 차례 중서사인中書舍人에 올랐다. 다시 무종武宗이 즉위하자 중서시랑평장사中書侍郎平章事가 되었다. 이신은 위인이 키가 작고 정한精悍하였으며 시에 있어 특히 유명하여 '단리短李'라 불렸다. 그리고 이덕유李德裕·원진元稹과 더불어 '삼준三俊'이라 칭해지기도 하였다.

그의 문집 이름은 《추석유追昔游》로 주로 기행紀行 작품이 많다. 또 《비답批答》 1권이 있으며 모두 전하고 있다.

그가 처음 수주자사壽州刺史가 되었을 때 수재秀才로 알려진 욱혼郁渾이란 자가 있었다. 나이 겨우 약관弱冠에 백편과百篇科에 응시하였다. 이신이 백 개의 제목으로 그를 시험하자 그는 해가 지기 전에 모두 완성하였는데 경구警句와 가의佳意의 내용이 심히 많았다.

역시 문집이 있어 지금 전하고 있다.

李紳: 附, 郁渾

紳, 字公垂, 亳州人. 元和元年, 武翊黃榜進士, 與皇甫湜

同年, 補國子助敎. 穆宗召爲翰林學士, 累遷中書舍人. 武宗
卽位, 拜中書侍郞平章事. 紳爲人短小精悍, 於詩特有名, 號
「短李」, 與李德裕·元稹同時稱「三俊」. 集名《追昔遊》, 多紀行
之作. 又《批答》一卷, 皆傳. 初爲壽州刺史, 有秀才郁渾, 年甫
弱冠, 應百篇科, 紳命題試之, 未昏而就, 警句佳意甚多. 亦有集,
今傳.

【亳州】《舊唐書》傳에는 '潤州無錫人'이라 하였다.
【武翊黃】武元衡의 아들이며 大理卿에 올랐다.
【皇甫湜】人名. 前出.
【李德裕】본책 卷3(081) 참조.
【郁渾】《新唐書》(藝文志, 4)에 郁渾의 《百篇集》 1卷이 실려 있으며 그 注에
"渾嘗應百篇擧, 壽州刺史李紳命百題試之"라 하였다. 郁渾의 詩는 《全唐書》
에도 없으며 지금은 모두 失傳되었다.

참고 및 관련 자료

1. 이신(李紳: 772~846)
字는 公垂로 그의 文集은 《新唐書》(藝文志, 4)에 《追昔游詩》 3卷, 《批答》
1卷이 著錄되어 있다. 《郡齋讀書志》·《直齋書錄解題》에도 같다. 《全唐詩》에
그의 詩가 4卷(480~483)으로 편집되어 있으며 《全唐詩外編》 및 〈全唐詩
續拾〉에 詩 7首와 斷句 6句가 실려 있다. 《唐詩紀事》(卷39)에 관련 기록이
실려 있다.
2.《舊唐書》卷173 참조.
3.《新唐書》卷181 참조.
4.《唐詩紀事》卷39
紳, 字公垂, 中書令敬玄曾孫, 號『短李』, 穆宗召爲翰林學士, 與李德裕·元稹
同時, 號『三俊』. 武宗時爲相, 居位四年, 出鎭淮南, 卒.

5.《全唐詩》卷480

李紳, 字公垂, 潤州無錫人. 爲人短小精悍, 於詩最有名, 詩號『短李』. 元和初,
擢進士第, 補國子助教. 不樂, 輒去. 李錡辟掌書記, 錡抗命, 不爲草表. 幾見害,
穆宗召爲右拾遺·翰林學士. 與李德裕·元稹同時號『三俊』, 歷中書舍人·御史
中丞·戶部侍郎. 敬宗立, 李逢吉搆之, 貶端州司馬. 徙江州長史. 遷滁·壽二州
刺史, 以太子賓客分司東都. 太和中, 擢浙東觀察使. 開成初, 遷河南尹·宣武節
度使. 武宗卽位, 召拜中書侍郎同平章事, 進尙書右僕射, 封趙郡公. 居位四年,
以檢校右僕射平章事節度進南. 卒, 贈太尉, 諡文肅.《追昔游詩》三卷,《雜詩》
一卷, 今合編爲四卷.

146(6-4)

포용鮑溶

포용鮑溶은 자가 덕원德源이며 원화元和 4년에 위관韋瓘과 동방으로 진사에 올랐다. 양여사楊汝士와는 동년同年이다.

포용은 단공端公 이익李益과는 어려서 함께 자라 서로 너나하는 사이였다. 처음 포용은 강남江南의 산 속에 파묻힌, 피난 은거 생활을 하였다. 집이 심히 가난하였지만 기개는 조금도 꺾이지 않았다.

포용은 사방을 여행하면서 가는 곳마다 옛날을 회고하며 글을 썼으니 모두가 고금의 절창이었다. 그는 마침 농두隴頭의 고천산古天山 대판大阪을 지나다가 샘물이 소리내어 흘러나와 사방으로 퍼지는 것을 보고 이렇게 시를 지었다.

"농두수 　　　　　　　　　　　　　　　　　隴頭水
천년 그 소문 이겨내지 못하였네 　　　　　　　千古不堪聞
살아 돌아와 전속국을 봉받은 소무나 　　　　　生歸蘇屬國
죽어서 이별한 이릉 장군 　　　　　　　　　　死別李將軍
가는 바람 소리에 풀은 시들어가고 　　　　　　細響風凋草
맑고 애처로운 기러기 울음소리 구름 속으로 사라지네." 清哀雁入雲

포용의 경절警絶이 대개 이러하였다.
그는 특히 고시古詩와 악부시樂府詩에 있어서는 가히 독보적인 위치였다.

포용은 대체로 기력이 굉섬宏贍하고 박식하고 청탁淸度하였으며 아정雅正하고 고고高古하여 많은 재자들이 갖출 만한 것을 갖추지 않은 것이 없다고 하였다. 그러나 끝내 낮은 관직을 쑥대처럼 떠돌다가 삼천三川에서 객사하고 말았다.

문집 5권이 지금 전하고 있다.

鮑溶:

溶, 字德源. 元和四年, 韋璀榜第進士, 在楊汝士一時. 與李端公益少同袍, 爲爾汝交. 初, 隱江南山中避地. 家苦貧, 勁氣不擾. 羈旅四方, 登臨懷昔, 皆古今絶唱.

過隴頭古天山阪, 泉水鳴咽, 分流四下, 賦詩曰: 『隴頭水, 千古不堪聞. 生歸蘇屬國, 死別李將軍. 細響風凋草, 淸哀雁入雲.』

其警絶大槪如此. 古詩樂府, 可稱獨步. 蓋其氣力宏贍, 博識淸度, 雅正高古, 衆才無不備具云. 卒飄蓬薄宦, 客死三川.

有集五卷, 今傳.

【韋璀】元和 4年(809)에 壯元하여 左拾遺에 올랐다.
【楊汝士】字는 慕巢로 唐代의 名門이었다.《新唐書》楊汝士傳 참조.
【李益】본책 卷四(094) 참조. 唐代는 侍御史를 '端公'이라 불렀다.
【隴頭】隴山으로 지금의 陝西省을 말한다.
【隴頭水】이 詩는《全唐詩》486에 실려 있다. 제목은 〈隴頭水〉이며 시의 전문이다. 다만 마지막 구절의 '入雲'은 '落雲'으로 되어 있다.
【蘇屬國】西漢 때의 蘇武를 말한다. 匈奴를 토벌하다 포로가 되어 19년 후 돌아와 典屬國에 봉해졌으며《漢書》에 傳이 있다.
【李將軍】西漢의 李陵. 武帝 때 匈奴를 치러 갔다가 투항하여 죄를 논할 때

司馬遷의 변호를 받았던 人物이다.《史記》·《漢書》에 傳이 있다.

【氣力】才力.《文心雕龍》聲律篇에 “氣力窮於和韻”이라 하였다.

【淸度】맑고 뛰어난 식견.

【三川】唐나라 때는 劍南東道·劍南西道·山南西道를 ‘三川’이라 하였다.

참고 및 관련 자료

1. 포용(鮑溶)

字는 德源이다. 그의 文集은《新唐書》(藝文志, 4)에《鮑溶集》5卷이 실려 있으며《郡齋讀書志》·《直齋書錄解題》도 같다.《全唐詩》에 그의 詩가 3卷 (485~487)으로 편집되어 실려 있고,《全唐詩外編》에 詩 1首, 斷句 5聯이 실려 있다.《唐詩紀事》(卷41)에 관련 기록이 실려 있다.

2.《唐詩紀事》卷41

溶, 登元和進士第, 與韓愈·李正封·孟郊友善.

3.《全唐詩》卷485

鮑溶, 字德源, 元和進士第, 與韓愈·李正封·孟郊友善. 集五卷, 今編詩三卷.

147(6-5)
장우신張又新

장우신張又新은 자가 공소孔昭이며 심주深州 사람이다. 처음 그는 박학굉 사과博學宏辭科에 일등으로 합격하여 경조京兆에서도 해두解頭가 되었으며 원화元和 9년, 예부시랑禮部侍郎 위관지韋貫之 밑에서 장원급제하여 당시 사람들이 '장삼두張三頭'라 불렀다. 그 뒤 장우신은 광릉부廣陵府의 종사 從事가 되었다가 보궐補闕을 역임하기도 하였다. 그는 성질이 편벽되고 사악하여 당시 재상 이봉길李逢吉에게 아첨, 그의 사냥용 매와 사냥개를 공급해주어 '팔관십륙자八關十六子'의 무리에 드는 악명을 얻었다.

그 뒤 이봉길이 산남절도사山南節度使로 발령을 받자 이봉길은 표를 올려 장우신을 사마司馬로 삼았다. 그러나 이봉길이 자신의 당파인 전비田伾의 죄에 연루되자 장우신도 폄직되고 말았다.

이훈李訓이 정권을 잡아 장우신은 다시 등용되었지만 뒤에 끝내 다른 일에 연좌되어 원주자사遠州刺史로 쫓겨났다가 좌사랑중左司郎中으로 벼슬을 마쳤다.

장우신은 시를 잘 지었지만 자신의 재능을 믿고 남을 깔고 앉기 일쑤 였다. 그의 음탕한 행동은 마침내 그의 문장에도 나타나고 만다. 장우신은 일찍이 이렇게 말하였다.

"나는 소년 시절에 이미 이름을 날렸지만 뜻이 벼슬에 있었던 것은 아니었다. 오직 예쁜 아내를 얻으면 그것으로 평생 만족이다."

그러던 그가 양건주楊虔州의 딸을 아내로 맞았다. 이 여인은 덕은 있으나 박색이었다. 장우신은 이에 아주 큰 불만을 가졌다. 뒤에 장우신이 회남

淮南을 지날 때 이신李紳이 그를 위해 잔치를 열었다. 그 때 예쁜 가희歌姬 하나를 보고 반해 그 여자와 해로偕老하였다. 장우신의 광기는 이와 같았던 것이다.

그는 특히 차 마시기를 좋아하여 항상 자신이 육우陸羽보다 후세에 태어난 것을 한으로 여길 정도였다.

스스로 저술한 《전다수기煎茶水記》 1권과 시문詩文 등이 세상에 알려져 있다.

　　張又新:

又新, 字孔昭, 深州人也. 初, 應宏辭第一, 又爲京兆解頭. 元和九年, 禮部侍郎韋貫之下, 狀元及第. 時號爲「張三頭」. 應辟爲廣陵從事, 歷補闕. 爲性傾邪, 諂事宰相李逢吉, 爲之鷹犬, 名在「八關十六子」之目. 逢吉領山南節度, 表爲司馬, 坐田伾事貶官. 李訓專政, 又新復見用, 後竟坐事謫遠州刺史. 仕終左司郎中.

善爲詩, 恃才, 多轍藉. 其淫蕩之行, 率見於篇. 嘗曰:「我少年擅美名, 意不欲仕宦, 惟得美妻, 平生足矣」

娶楊虔州女, 有德無色, 殊快快. 後過淮南, 李紳筵上得一歌姬, 與之偕老. 其狂斐類此.

喜嗜茶, 恨在陸羽後, 自著《煎茶水記》一卷, 及詩文等, 行於世.

【深州】 지금의 河北省 深縣.
【解頭】 鄕試에서의 1등을 말한다. 宋·元 이전에는 '解頭', 그 이후로는 '解元' 이라 불렀다.

【韋貫之】元和 연간에 禮部侍郎에 올랐으며 뒤에 宰相이 되었다. 兩《唐書》에
　傳이 있다.
【李逢吉】憲宗·穆宗·敬宗에 걸쳐 同中書門下平章事·左僕射 등을 역임하였
　으며 宦官과 결탁하여 政權을 壟斷하였던 人物. 兩《唐書》에 傳이 있다.
【八關十六子】敬宗 때 李逢吉의 黨人 8명이 모두 요직에 있어 이렇게 칭한
　것이다.《新唐書》李逢吉傳을 볼 것.
【田伾】李逢吉의 黨人으로 뇌물을 받아 도망하였으나 李逢吉의 힘으로 풀려
　났다. 李逢吉이 宰相에서 물러나자 후임 宰相인 裴度가 이를 캐내어 張又新은
　汀州刺史로 폄직되었다.
【李訓】李逢吉의 從子로 '八關十六子'가운데 하나. '甘露之變'때 피살되었다.
　兩《唐書》에 傳이 있다.
【轢藉】남을 짓밟거나 깔고 앉음.〈삼간본〉에는 '轢籍'으로 되어 있음.
【楊虔州】張又新의 친구이며 함께 이름을 날렸던 人物. 그의 딸을 아내로
　맞은 이야기는《本事詩》情感 第一에 실려 있다.
【陸羽】본책 卷3(074) 참조.

　　참고 및 관련 자료

1. 장우신(張又新)
字는 孔昭이며 그의《煎茶水記》는《全唐文》卷721에 실려 있다. 한편 그의
詩는《全唐詩》(卷479)에 詩 17首가 실려 있으며《全唐詩外編》및《全唐詩
續拾》에 詩 6首, 斷句 3句, 詩序 1文이 실려 있다.《唐詩紀事》(卷40)에 관련
기록이 실려 있다.
2.《舊唐書》卷149 참조.
3.《新唐書》卷145 참조.
4.《唐詩紀事》卷40
又新, 字孔昭, 薦之子. 附逢吉, 罷貶汀州刺史. 又附李訓, 訓死, 復坐貶, 終左
司郎中.
5.《全唐詩》卷479
張又新, 字孔昭, 工部侍郎薦之子. 元和中, 擢第, 歷左右補闕, 坐李逢吉黨,
貶江州刺史. 後附李訓, 遷刊部郎中, 訓死, 復貶申州刺史, 詩十七首.

148(6-6)

은요번殷堯藩

은요번殷堯藩은 수주秀州 사람으로 성품이 간정簡靜하고 미목眉目이 그림처럼 예뻤다. 시문에 뛰어났으며 자연 경계에 탐닉하여 일찍이 이렇게 말하였다.

"나는 하루라도 산수를 구경하지 아니하고 속인들과 말을 나누게 되면, 가슴에 문득 티끌이 가득 쌓이는 것 같아, 급히 탁주라도 가져오라 하여 이를 씻어내어야 그나마 겨우 더러움을 해소시키는 느낌을 받을 수 있다."

원화元和 9년, 위관지韋貫之가 과거 방榜을 내붙일 때 은요번은 낙제로 이름이 없자 상서尙書 양한공楊漢公이 은요번의 훌륭함을 들어 다시 저고해 보도록 하였다. 그리하여 은요번은 재심을 거쳐 진사에 발탁되었다.

몇 년 후 은요번은 영락현령永樂縣令이 되었다. 그러자 그는 배 한 척을 타고 임지에 이르러서는 매일 거문고만 타면서 당堂 아래로는 내려오지도 않는 것이었다. 그럼에도 사람들은 그를 속여 제멋대로 하려는 자가 없었다. 이에 옹도雍陶가 그에게 이런 시를 부쳤다.

"옛날 현은 쓸쓸하고 가을볕 이내 저물었네	古縣蕭條秋景晚
지난날 도연명도 역시 그대와 같았었지	昔時陶令亦如君
두건으로 술 걸러 마시고 국화 옆에 다가서서	頭巾灑酒臨黃菊
수판手板에 턱을 괴고 흰 구름을 지켜봤지	手板支頤向白雲
백리 밖에 안되는 땅 어찌 능히 기기의 뜻을 포용하리	百里豈能容驥足

하늘 높이 나는 학, 닭 무리엔 어울리지 못하는 법　九霄終自別鷄群
서로 그리워하되 편지 적다 원망하진 않지만　相思不恨書來少
훌륭한 싯귀 좀 더 그대로부터 들었으면.”　佳句多從闕下聞

그리고 은요번은 심아지沈亞之·마대馬戴와 시우詩友가 되어 서로 증답한 시가 매우 많다. 그는 뒤에 시어사侍御史의 벼슬을 끝으로 생을 마쳤다.
　은요번은 처음에 위응물韋應物의 집을 드나들며 사귀어 서로 막역지교莫逆之交를 맺게 되었다. 그리고 뒤에 그가 장사長沙에 왔을 때 상서尙書 이고李翶가 그를 위해 주연을 베풀었다. 마침 그 자리에 〈자지柘枝〉 춤을 잘 추는 무희가 있었다. 그런데 그 여인은 용모와 말소리가 너무나 처량하고 측은하여 은요번은 느낀 바 있어 시를 지어 그 여인에게 주었다.

“고소 태수 위응물의 어여쁜 딸 아이　姑蘇太守靑娥女
유랑 끝에 장사에서 자지춤을 추고 있네　流落長沙舞柘枝
자리 가득 비단 옷 입은 손님 모두 알아채지 못하고　滿座繡衣皆不識
그 여인 가련하다 예쁜 화장에 두 줄기 눈물!”　可怜紅粉淚雙垂

여러 객들은 이에 놀라 물어 보았더니 과연 그 무희는 위응물의 애첩 소생이었다. 이에 서로 감탄을 금치 못하였다. 그러자 이고는 즉시 기생 명부에서 무희의 이름을 없애고 자신의 빈관賓館에서 사나이를 하나 뽑아 그에게 시집보냈다.
　지금 문집 1권이 전하며 모두가 쟁쟁하고 온자蘊藉한 작품들이다.

殷堯藩:
堯藩, 秀州人. 爲性簡靜, 眉目如畫. 工詩文, 耽邱壑之趣.
嘗曰:「吾一日不見山水, 與俗人談, 便覺胸次塵土堆積, 急呼濁醪澆之, 聊解穢耳」

元和九年, 韋貫之放榜, 堯藩落第, 楊尚書大爲稱屈料理, 因擢進士. 數年, 爲永樂縣令. 一舸之官, 彈琴不下堂, 而人不忍欺.

雍陶寄詩曰:『古縣蕭條秋景晚, 昔時陶令亦如君. 頭巾漉酒臨黃菊, 手板支頤向白雲. 百里豈能容驥足, 九霄終自別雞群. 相思不恨書來少, 佳句多從闕下聞.』

及與沈亞之·馬戴爲詩友, 贈答甚多. 後仕終侍御史. 堯藩初遊韋應物門牆, 分契莫逆.

及來長沙, 尚書李翱席上有舞〈柘枝〉者, 容語悽惻, 因感而賦詩以贈曰:『姑蘇太守青娥女, 流落長沙舞柘枝. 滿坐繡衣皆不識, 可憐紅粉淚雙垂.』

衆客驚問之, 果韋公愛姬所生女也. 相與吁嘆, 翱卽命削丹書, 於賓館中擇士嫁之.

今有集一卷, 傳世, 皆鏗鏘蘊藉之作也.

【楊漢公】 당시의 工部尙書·宣武節度使 등을 역임하였다.
【因擢進士】《唐摭言》(卷8)〈已落重收〉에 "元和九年, 韋貫之榜, 殷堯蕃雜文落矣. 楊漢公尙書, 乃貫之前榜門生, 盛言堯蕃之屈, 貫之爲之重收"라 하였다.
【永樂】 지금의 山西城 芮城縣.
【雍陶】 본책 卷7(173) 참조.
【古縣蕭條秋景晚】 이 詩는 《全唐詩》(卷518)에 실려 있으며 제목은 〈寄永樂殷堯蕃明府〉이다. 詩 全文 그대로이다.
【九霄】 높은 하늘. 鶴을 말한다.
【沈亞之】 본책 153 참조.
【馬戴】 본책 卷7(185) 참조.
【李翱】 字는 習之로 韓愈에게서 古文을 배워 그의 弟子가 되었다. 兩《唐書》에

傳이 있다.

【柘枝】 춤 이름. 이에 대한 내용은《夢溪筆談》(卷5)에 자세히 실려 있다.

【姑蘇太守青娥女】 이 詩는《全唐詩》(卷492)에 실려 있으며 제목은 〈潭州
席上贈舞柘枝妓〉이다. 詩 全文이다.

【丹書】 妓女의 명부인 妓籍簿를 말한다.

참고 및 관련 자료

1. 은요번(殷堯藩)

《新唐書》(藝文志, 4)와《宋史》(藝文志, 7)에 똑같이《殷堯藩詩》1卷이 著錄
되어 있다.《全唐詩》(卷492)에 그의 詩 1卷이 실려 있고《唐詩紀事》(卷51)에
관련 기록이 실려 있다.

2.《唐詩紀事》卷51

殷堯藩, 元和九年, 韋貫之掌文衡, 堯藩雜文黜矣, 乃貫之前牓文生, 盛言堯藩屈,
貫之爲之重收, 是年登第. (《摭言》謂之旣落復收.)

3.《全唐詩》卷492

殷堯藩, 蘇州嘉興人. 元和中, 登進士第, 辟李翺長沙幕府, 加監察御史. 又嘗
爲永樂令, 詩一卷.

149(6-7)
청새淸塞

청새淸塞는 자가 남경南卿으로 여산廬山에 살았던 스님이다. 그는 남서南徐 땅에 역시 오래 살다가 뒤에 소실산少室山과 종남산終南山 사이를 오가며 활동하였다. 그의 속성은 주周, 이름은 하賀이다. 청새는 근체시近體詩에 뛰어났으며 격조가 청아淸雅하여 가도賈嶋·무가無可와 이름을 나란히 하였다.

보력寶歷 연간에 요합姚合이 전당錢塘 태수가 되자 청새는 자신의 시책詩冊을 들고 찾아가 관직을 달라고 부탁하였다. 요합은 그를 심히 우대해 주었다. 청새의 〈곡승시哭僧詩〉를 보면 이렇게 읊고 있다.

"수염은 얼어 한소閑霄 스님 돌아가신 날 머리 깎았네　凍鬚亡夜剃
남기신 게송偈頌 병중에 쓰신 것일세."　　　　　　遺偈病中書

요합은 청새를 크게 아껴 주고 그에게 속인의 의복을 갈아 입혀주고 속성의 성자姓字도 되살려 주었다. 그러나 청새는 그 땐 이미 세월이 흘러 나이가 많았으며, 세속의 영광에 대한 희망은 사라진 터라 끝내 명산을 찾아 옛 고승들처럼 살다가 스스로 생을 마치고 말았다.

시집 1권이 지금 전하고 있다.

清塞:

清塞, 字南卿, 居盧嶽爲浮屠, 客南徐亦久, 後來少室·終南間. 俗姓周, 名賀. 工爲近體詩, 格調清雅, 與賈嶋·無可齊名. 寶歷中, 姚舍守錢塘, 因攜書投刺以丐品第, 合延待甚異.

見其〈哭僧〉詩云:『凍鬚亡夜剃, 遺偈病中書.』

大愛之, 因加以官巾, 使復姓字. 時夏臘已高, 榮望落落, 竟往依名山諸尊宿自終.

詩一卷, 今傳.

【南徐】東晉 때 徐州의 京口. 지금의 江蘇省 鎭江市.

【無可】本冊 150 참조.

【姚合】本冊 157 참조.

【哭僧詩】이 詩는《全唐詩》(卷503)에 실려 있으며 제목은 〈哭閑霄上人〉이다. (참조)

【偈】佛經의 頌詞. 梵語 偈佗의 간칭.

【夏臘】佛家에서의 나이로 스님은 7월 16일을 歲首로, 7월 15일을 除夕으로 여겨 年歲를 계산한다.《釋氏要覽》(卷下)을 볼 것.

참고 및 관련 자료

1. 청새(清塞)

唐나라 때의 詩僧으로 본명은 周賀이며 字는 南卿이다.《新唐書》(藝文志, 4)에《周賀詩》1卷이 著錄되어 있고《全唐詩》(卷503)에 詩 1卷 93首가 실려 있으며《全唐詩續拾》에 詩 4句가 실려 있다.《全唐紀事》(卷76)에 관련 기록이 실려 있다.

2.《全唐紀事》卷76

○ 唐有周賀詩, 卽清塞也.

○ 師東洛人, 姓周氏. 少從浮圖, 法名淸塞, 遇姚合而返初, 易名賀. 初與賈長江·無可齊名.

3.《全唐詩》卷503

周賀, 字南卿, 東洛人, 初爲浮屠, 名淸塞, 杭州太守姚合愛其詩. 加以冠巾. 改名賀. 詩一卷.

4.〈哭閑霄上人〉(《全唐詩》卷503)

『林逕西風急, 松枝講鈔餘. 凍髭亡夜剃, 遺偈病時書. 地燥焚身後, 堂空著影初. 弔來頻落淚, 會憶到吾廬.』

〈野牛圖〉(西魏) 敦煌 249굴

150(6-8)
무가無可

    무가無可는 장안長安 사람으로 고승高僧이다. 시에 뛰어났으며 특히 오언시五言詩가 많다. 처음 가도賈嶋가 세속을 버리고 스님이 되자 무가도 함께 청룡사靑龍寺에 거하면서 가도를 종형從兄이라 불렀다. 무가는 마대馬戴·요합姚合·여현厲玄 등과 수창酬唱한 시가 많으며, 율조律調가 근엄하고 흥취가 청월淸越하였다. 사물에 비유하여 뜻을 표현하면서 이를 '상외구象外句'라 하였다. 이를테면

"빗소리 듣고 있으니 한기도 다 사라지고	聽雨寒更盡
문을 열어보니 낙엽 이미 깊었더라."	開門落葉深

라든가, 또

"미약한 볕 교목 아래 내려오고	微陽下喬木
먼 굴뚝 연기 가을 산으로 퍼져드네."	遠燒入秋山

등은 모두가 신기新奇한 구절로 당시 누구나 놀라 칭찬하며 숭상하였었다. 그 신묘함이란 바로 그 사물의 과정을 설명하되 그 명칭은 놓치지 않는 데에 있었던 것이다.
    지금 문집 1권이 전하고 있다.

無可:

　無可, 長安人, 高僧也. 工詩, 多爲五言. 初賈嶋棄俗時, 同居靑龍寺, 呼嶋爲從兄. 與馬戴·姚合·厲玄多有酬唱, 律調謹嚴, 屬興淸越. 比物以意, 謂之「象外句」.

　如曰:『聽雨寒更盡, 開門落葉深.』

　又曰:『微陽下喬木, 遠燒入秋山.』

　凡此等新奇, 當時翕然稱尚, 妙在言用而不失其名耳.

　今集一卷, 相傳.

〈松下道人圖〉

【馬戴】 본책 卷7(185) 참조.

【姚合】 본책 157 참조.

【厲玄】 唐 文宗 때 進士에 올라 監察御史·員外郎에 올랐다.《唐詩紀事》(卷51) 참조.《全唐詩》에 그의 詩 6首가 전한다.

【象外句】 원래《冷齋夜話》의 評語를 인용한 것이다.《詩人玉屑》(卷3)에《冷齋夜話》를 引用하여 "唐僧多佳句, 其琢句法比物以意, 而不指言一物, 謂之‘象外句.’如無可上人詩曰: ‘聽雨寒更盡, 開門落葉深.’是落葉比雨聲也. 又曰: ‘微陽下喬木, 遠燒入秋山.’是微陽比遠燒也. 用事琢句, 妙在言其用而不言其名耳"라 하였다.

【聽雨寒更盡】 이 시는《全唐詩》(卷813)에 실려 있으며, 제목은〈秋寄從兄賈嶋〉이다. (참고)

【微陽下喬木】 이 시는《全唐詩》에는 보이지 않고 宋 釋 惠洪의《天廚禁臠》卷上에 실려 있다. 제목은〈登樓遠望〉이다.

1. 무가(無可)

無本(賈島, 賈嶋)을 從兄으로 모셔 法名을 無可라 하였다.《直齋書錄解題》 (卷19)에 "唐僧賈無可, 島從弟也"라 하였다. 그의 文集은《直齋書錄解題》 (卷19)에《無可集》1卷,《宋史》(藝文志, 7)에도 같은 기록이 실려 있다. 《全唐詩》에 그의 詩 2卷(813·814)이 편집되어 실려 있고《全唐詩續拾》에 詩 1首와 斷句 2句가 실려 있다.《唐詩紀事》(卷74)에 관련 기록이 실려 있다.

2.《唐詩紀事》卷74

〈廬山寺〉云: 『千峯盤礚盡, 立寺昔年名. 步步入山影, 房房聞水聲. 多年人 跡絶, 殘月石陰清. 便可求居止, 安閑過此生.』

3.《全唐詩》卷813

無可, 范陽人, 姓賈氏, 島從弟. 居天仙寺, 詩名亦與島齊, 集一卷, 今編爲一卷.

4.〈秋寄從兄賈島〉(一作〈秋夜宿西林賈島〉)(《全唐詩》卷813)

『暝蟲喧暮色, 默思座西林. 聽雨寒更徹, 開門落葉心. 昔因京邑病, 倂起洞庭心. 亦是吾兄事, 遲迴共至今.』

151(6-9)

웅유등熊孺登

　　웅유등熊孺登은 종릉鍾陵 사람으로 시로써 이름을 날렸다. 원화元和
연간에 서천종사西川從事가 되어 사인舍人 백거이白居易·빈객賓客 유우석劉禹錫
과 친하게 지내며 증답한 글이 많다. 그러나 웅유등은 상중湘中에서 몇 년의
벼슬을 하기도 하였다. 그는 시를 지으면 그 언어가 천하에 신묘한 표현을
이루었다. 이를테면 이러한 구절이 있다.

　　"흐르는 강물 화살 같고 달은 마치 활 같은데　　江流如箭月如弓
　　　떠돌다 지쳐 삼상에서 몇 날밤 보냈네　　　　　行盡三湘數夜中
　　　어쩌란 말인가 자규새 서쪽으로 가는 길 알아　無奈子規知向蜀
　　　그 우는 소리 소리 춘풍을 원망하는 듯."　　　一聲聲似怨春風

또 〈경고묘經古墓〉에서는 이렇게 읊었다.

　　"비는 부러지고 소나무 고목 되어 산불 타오르는데　碑折松枯山火燒
　　　저 세상 닫혔으니 벼슬도 못하겠네　　　　　　　夜臺從閉不曾朝
　　　그 어찌 흐르는 세월 유수에 비유하나　　　　　那將逝者比流水
　　　유수는 동쪽으로 흘러 높은 파도 만나네."　　　流水東流逢上潮

이와 같은 시가 지극히 많다.

시집 1권이 전하고 있다.

熊孺登:

孺登, 鍾陵人, 有詩名. 元和中, 爲西川從事. 與白舍人·劉賓客善, 多贈答. 亦祗役湘中數年. 凡下筆, 言語妙天下.

如:『江流如箭月如弓, 行盡三湘數夜中. 無奈子規知向蜀, 一聲聲似怨春風.』

又〈經古墓〉云:『碑折松枯山火燒, 夜臺曾閉不曾朝. 那將逝者比流水, 流水東流逢上潮.』

類此極多. 有集, 今傳.

【鍾陵】寶應 元年에 南昌縣을 鍾陵縣으로 바꾸었다. 지금의 江西省 南昌市.

【西川】西川節度使. 益州·彭州·蜀州·漢州 등 16州를 관할하였다.

【江流如箭月如弓】이 시는 《全唐詩》(卷476)에 실려 있다. 제목은 〈湘江夜泛〉이며 시의 全文이다.

【子規】杜鵑. 古代 蜀나라의 임금 杜宇(望帝)가 변하여 새가 되었다 한다. 《十三州記》에 "當七國稱王, 獨杜宇稱帝於蜀, ……望帝使鱉冷巫山治水有功, 望帝自以爲德薄, 乃委國禪鱉冷, 號曰開明, 帝自亡去, 化爲子規"라 하였다.

【經古墓】이 시는 《全唐詩》(卷476)에 실려 있으며 제목도 같다. 詩 全文이다.

【夜臺】陰界. 저 세상.

【逝者】《論語》子罕篇에 "自在川上曰: '逝者如斯夫, 不舍晝夜.'"라 하였다.

참고 및 관련 자료

1. 웅유등(熊孺登)

《直齋書綠解題》(卷19)에 《熊孺登集》 1卷이 著錄되어 있고 《宋史》(藝文志, 7)도

같다.《全唐詩》(卷476)에 그의 詩 1卷이 편집되어 있으며《唐詩紀事》(卷43)에
관련 기록이 실려 있다.

2.《唐詩紀事》卷43

孺登, 鍾陵人. 登進士第, 終於藩鎭從事.

3.《全唐詩》卷476

熊孺登, 鍾陵人, 登進士第. 元和中, 終藩鎭從事, 詩一卷.

152(6-10)
이약李約

이약李約은 자는 존박存博이며 견국공沂國公 이면李勉의 아들이다. 원화元和 연간에 병부원외랑兵部員外郎을 지냈으며 주객원외랑主客員外郎 장심張諗과 친한 사이였다. 두 사람은 베개를 같이하고 정담을 나누느라 밤을 새워 잠을 자지 않을 정도였다.

이약은 일찍이 위황韋況에게 이런 시를 주었다.

"내 마음 깊숙이 하고 싶은 말 있지만　　　　我有心中事
위황에게는 못하고 있네　　　　　　　　不何韋郎說
가을 밤 깊어 가는 낙양성에는　　　　　　秋夜洛陽城
밝은 달이 장심을 비추고 있겠지."　　　　明月照張八

이약은 성품이 청결하고 욕심이 없어 일생 동안 여색을 가까이 하지 않았고 골동품이나 기이한 것을 좋아하였다.

당초 아버지인 견국공 이면은 천하의 명신名臣으로 고금의 골동품을 많이 소장하고 있었는데, 이약은 오히려 아버지보다 더 좋아하였다. 그래서 일상 생활의 수레, 병풍은 물론 책상, 궤짝까지 반드시 고동古銅이나 괴석들이었으며 글씨, 그림들은 모두가 역대 이래 보물로 알려진 것들이었다. 게다가 그의 집에 찾아오는 이들도 모두 아사雅士들로 종일토록 청담淸談을 나누고 거문고와 차로써 즐기며, 마음은 진세塵世의 일을 거들떠보지도 않았다.

　일찍이 이약은 강남江南에 사신으로 갔다가 해문산海門山에서 쌍봉석
雙峰石과 녹색 거문고 받침대를 발견하고, 모두 예로부터 내려오던 호사가
好事家들의 신비한 물건이라 여겼다. 그러나 이약은 이런 골동품에 대해
우의寓意가 너무 깊어 그에 대한 편집偏執을 버린 적이 없었으며, 그 때문에
남의 소장품을 빼앗기를 좋아하며 주는 데는 인색하게 굴었다.

　이약은 또 차에 지독한 기호嗜好를 보여 육우陸羽·장우신張又新의 수품
水品에 대한 논급에 특히 상세하였다.

　이에 그는 일찍이 손님에게 전다법煎茶法에 대해 이렇게 일러준 적이 있다.

　"차는 반드시 느린 불로 천천히 익히고, 활화活火로 끓여 끓는 물이 마구
넘치게 해서는 안 된다. 처음에는 물고기가 눈동자를 굴리듯 미미하게 끓는
소리가 나야 하며, 중간에는 사방에서 용솟음치듯 끓게 하여 얽히게 하고,
마지막에는 끓는 물이 파랑을 일으키게 해야 한다. 그리하여 수기水氣가
다 사라지게 해야 하는 것이다. 이것이 노탕지법老湯之法이며 반드시 활화를
써야 향기와 맛이 모두 온전하게 된다."

　당시 친구들은 모두 이렇게 하여 그의 차 맛을 감상하였다.

　시집이 있으며 말년에 이약은 관직을 버리고 은거하여 생을 마쳤다.

　또《동표인보東杓引譜》1권을 저술하였으며 지금 전하고 있다.

　李約:

　約, 字存博, 汧公李勉之子也. 元和中, 仕爲兵部員外郎,
與主客員外張諗極相知. 每單枕静言, 達旦不寐.

　嘗贈韋況曰:「我有心中事, 不向韋郎說. 秋夜洛陽城, 明月
照張八.」

　性清潔寡欲, 一生不近粉黛, 博古探奇.

　初, 汧公海內名臣, 多蓄古今玩器. 約愈好之, 所居軒屏几案,

必置古銅怪石, 法書名畫, 皆歷代所寶. 座間悉雅士, 清談終日,
彈琴煮茗, 心略不及塵事也. 嘗使江南, 於海門山得雙峰石,
及綠石琴, 幷爲好事者傳閱. 然亦寓意, 未嘗夏然寡情, 豪奪
愒與. 復嗜茶, 與陸羽·張又新論水品特詳.

曾授客煎茶法曰:「茶須緩火炙, 活火煎, 當使湯無妄沸.
始則魚目散布, 微微有聲; 中則四畔泉湧, 纍纍然; 終則騰波
鼓浪, 水氣全消; 此老湯之法. 固須活火, 香味俱眞矣」

時知音者賞之. 有詩集. 後棄官終隱.

又著《東杓引譜》一卷, 今傳.

【李勉】唐의 宗室로 鄭惠王 李元懿의 曾孫이다. 京兆尹·工部尙書 등을 지냈
　으며 汧國公에 봉해졌다. 兩《唐書》에 傳이 실려 있다.
【張諗】德宗 때의 宰相인 張延賞의 아들.
【單枕】《四庫全書》에는 '聯枕'으로 되어 있다.
【韋況】韋斌의 아들로 원래 隱士였으나 諫議大夫를 지냈다.《新唐書》韋斌傳
　참조.
【我有心中事】이 시는《全唐詩》(卷309)에 실려 있으며 제목은 〈贈韋況〉이다.
　시의 全文이다.
【張八】張諗을 말한다. 唐나라 때 사람들은 排行의 숫자로 부르는 풍습이
　있었다.
【海門山】산 이름.
【陸羽】《茶經》을 저술한 人物. 陸漸鴻. 본책 卷3(074) 참조.
【張又新】《煎茶水記》를 썼다. 본책 147참조.

　　参고 및 관련 자료

1. 이약(李約: 751~801)
　字는 存博이다. 그의 文集은《宋史》(藝文志, 7)에《李約詩》1卷이 著錄되어

있으며 《新唐書》(藝文志, 1)에는 《東杓引譜》 1卷이 著錄되어 있고 《崇文總目》(卷1)에도 같다. 지금은 전해지지 않는다. 한편 《全唐詩》(309)에 그의 詩 10首가 편집되어 있고 《唐詩紀事》(卷31)에 관련 기록이 실려 있다.

2. 《唐詩紀事》卷31

○ 李約, 汧公勉之子也. 爲兵部外郎, 與主客外郎張諗同官, 每單床靜言, 連旦不寐.

○ 約雅度簡遠, 有山林之致. 在潤州得古鐵一片, 擊之淸越; 又養一猿, 名山公. 月夜泛江, 登金山鼓琴, 猿必嘯和. 曾佐庶人李錡幕, 至金陵, 屢讚招隱寺標致. 一日, 庶人宴寺中, 明日謂曰:「子嘗稱招隱之致, 作日遊宴, 何殊州中?」約曰:「某所賞者疏野耳. 若遠山將翠幕遮, 古松用綵物裏, 羶腥浼鹿跑泉, 音樂亂山鳥聲, 此則實不如在叔父大廳也.」性又嗜茶, 能自煎, 曰茶須緩火炙, 活火煎. 活火, 炭火有焰者. 曾奉使行陝州硤石縣東, 愛渠水淸流, 旬日忘發. 梁武造寺, 令蕭子雲飛白大書一蕭字. 約自江淮竭産致歸洛中, 匣於小亭, 號曰『蕭齋』.

3. 《全唐詩》卷309

李約, 字存博, 汧公勉之子, 自稱蕭齋. 官兵部員外郎, 詩十首.

153(6-11)
심아지沈亞之

심아지沈亞之는 자가 하현下賢이며 오흥吳興 사람이다. 그는 처음 장안長安에 이르렀을 때 이하李賀와 사귀었는데, 과거에 낙제하자 이하는 그를 위해 시를 지어 송별해 주었다.

원화元和 10년, 심아지는 드디어 시랑侍郞 최군崔群 밑에서 진사에 급제, 경원절도사涇原節度使 이회李滙의 장서기掌書記가 되었다가 그 뒤 다시 비서성정자秘書省正字에 오르게 되었다.

장경長慶 연간에 심아지는 역양령櫟陽令을 보임補任받았고, 장경 4년에는 복건단련부사福建團練副使로 나가 서회徐晦를 모시고 일을 하였다.

뒤에 심아지는 여러 차례 전중승어사殿中丞御史로써 조정의 일에 봉사하다가 대화大和 3년, 백기柏耆가 덕주선위사德州宣尉使가 되자 백기에게 불려가 판관判官이 되었다.

그러나 백기가 파직당하자 심아지도 남강위南康尉로 폄직되었다가 뒤에 영주연郢州掾으로 벼슬을 마쳤다.

심아지는 문사文辭로 이름을 얻었지만 성격이 광조탐모狂躁貪冒하여 백기를 도와 악한 일을 저질렀으며, 직장의 후배들을 능멸하였다. 그 때문에 그는 결국 귀양까지 가게 되었던 것이다. 심아지는 일찍이 이부吏部 한유韓愈의 문하를 드나들었으며, 두목杜牧·이상은李商隱 등이 모두 심아지의 시를 모방하였을 정도이니 아마 당시 이름난 시인들이 훌륭한 그릇감이라고 여겼기 때문이라 말할 수 있다.

시집 9권이 세상에 전한다.

沈亞之:

亞之, 字下賢, 吳興人. 初至長安, 與李賀結交. 擧進士不
第, 爲歌以送歸. 元和十年, 侍郞崔群下進士. 涇原李彙辟爲
掌書記. 遷祕書省正字. 長慶中, 補櫟陽令. 四年, 遷福建團練
副使, 事徐晦. 後累遷殿中丞御史內供奉. 太和三年, 柏耆宣
慰德州, 取爲判官. 耆罷, 亞之貶南康尉. 後終郢州掾. 亞之
以文詞得名, 然狂躁貪冒, 輔耆爲惡, 頗憑陵晚達, 故及於
謫. 常遊韓吏部門. 杜牧·李商隱俱有擬沈下賢詩, 蓋甚爲當
時名輩器重云.

有集九卷, 傳世.

【李賀】李賀의 送詩〈送沈亞之歌〉序에 "文人沈亞之, 元和七年以書不中第,
返歸於吳江. 吾悲其行, 無錢酒以勞, 又感沈之勤請, 乃歌一解以送之"라 하였다.
【涇原】唐나라 때의 方鎭. 지금의 甘肅省 涇川縣
북쪽.
【李彙】唐나라의 將軍 李光弼의 아들로 涇原節度
使를 지냈다. 《新唐書》에 傳이 있다.
【櫟陽】지금의 陝西省 臨潼縣 북쪽.
【徐晦】福建觀察使·兵部侍郞 등을 지낸 인물로
《舊唐書》에 傳이 있다.

〈李光弼〉《三才圖會》

【柏耆】文宗 때 諫議大夫로서 成德方鎭의 李同捷이 叛亂을 일으키자 이를
宣慰하러 가면서 沈亞之를 判官으로 데리고 갔다. 亂이 평정된 후 여러
將帥들이 柏耆를 질투하여 讒毁하였으며 결국 柏耆는 循州司馬參軍으로
폄직되었다가 사약을 받아 죽임을 당하였다. 兩《唐書》에 傳이 있다.

【德州】지금의 山東省 陵縣.
【南康】지금의 江西省 南康縣.
【杜牧】본책 168 참조.
【李商隱】본책 卷7(177) 참조.

【참고 및 관련 자료】

1. 심아지(沈亞之)
字는 下賢이며 그의 文集은《新唐書》(藝文志, 4)에《沈亞之集》9卷이 著錄
되어 있으나.《君齋讀書志》(4)에는 8卷,《直齋書錄解題》(卷16)에는《沈下
賢集》12卷으로 되어 있다. 지금 전하는 것도 모두 12卷으로 되어 있다.
한편《全唐詩》(卷493)에 그의 詩 1卷이 편집되어 있고《全唐詩外編》및
《全唐詩續拾》에 詩 3首와 斷句 2句가 실려 있다.《唐詩紀事》(卷51)에 관련
기록이 실려 있다.

2.《唐詩紀事》卷51
沈亞之, 字下賢, 登進士第. 大和初, 李同捷反, 詔兩河諸鎭出兵, 久無功, 乃授
柏耆德利行營諸軍計會使. 亞之以殿中侍御史爲判官諭旨. 會李祐平德州,
同捷窮, 請降, 耆乃馳入滄, 誅同捷. 諸將嫉其功, 比奏攢詆, 文宗不獲已,
貶耆循州司戶參軍, 亞之南康尉.

3.《全唐詩》卷493
沈亞之, 字下賢, 吳興人, 登元和十年進士第. 歷殿中丞御史·內供奉. 太和初,
爲德州行營使柏耆判官, 耆貶, 亞之亦謫南康尉, 終郢州掾. 集九卷, 今編詩一卷.

154(6-12)
서응徐凝

서응徐凝은 목주睦州 사람으로 원화元和 연간에 시로써 이름을 날렸으며 방간方干이 그를 스승으로 삼았던 인물이다.

서응은 시견오施肩吾와 같은 고향으로 둘은 날마다 만나 시를 지으면서 사귀되 벼슬길에는 뜻을 두지 않았다. 그러자 친구와 가족들이 모두 서응을 격려하여 비로소 장안長安으로 올라왔다. 그러나 스스로 뽐내고 자랑하다가 끝내 이름을 얻지 못함을 견뎌내지 못하고 귀향하면서 이부吏部 한유韓愈에게 이런 시로써 자신의 심회를 밝혔다.

“일생 한 번 백거이 원진만 만나보니　　　　一生所遇惟元白
　천하에 다시금 포의 입겠다는 자 없소이다　天下無人重布衣
　이제 그대 집 떠나려니 눈물이 먼저 마르오　欲別朱門淚先盡
　빈털터리 떠돌이 꾼 빈 몸으로 돌아가오.”　白頭游子白身歸

이에 서응을 아는 자들은 모두 불쌍히 여겼다. 서응은 드디어 고향으로 돌아가 은거하면서 술과 시에 잠겼다. 인간 세계의 영화롭고 빛나는 모습에 대하여 산인山人이 된 서응은, 다시는 얼굴 표정으로나 말로라도 담아두지 않았다. 늙어 병이 났을 때 그 위에 가난까지 겹쳤지만 서응은 담박하게 여기며 괴로움을 느끼지 않은 채, 유유자적하며 생을 마쳤다.

시집 1권이 전하고 있다.

◎ 내 일찍이 동려桐廬의 고현古縣을 지나면서 산수가 창취蒼翠한 것을 보았다. 옛 동한東漢 때에 은사 엄광嚴光이 낚시하던 바위는 그대로 변함 없이 남아 있었다. 홀연히 세월이 흘러 천 년을 쓸쓸히 있으면서 뒤의 학자들 중에 왕왕 그곳을 찾아오는 자를 맞고 있었던 것이다. 뒷사람도 역시 문장이 뛰어난 걸출들로 그 의가 운천雲天을 가까이 하고 있다. 그곳은 뛰어난 수재, 기인을 길러내었으니 바로 서응이 살던 당나라 때가 가장 극성을 이루었고, 지금에 이르도록 고도지풍高蹈之風이 길이 읊어지고 있다. 그리하여 고비古碑·석각石刻·제명題名 등이 계속 전해오면서 허물어지지 않고 있다.

나는 고삐를 잡고 그곳을 방황하면서 차마 떠나지 못하였었다. 승지勝地란 한 사람에 의해서 널리 알려질 수도 있으며, 옛날의 현인은 뒷사람의 존중을 받을 수밖에 없는 것이니 진실로 서로 힘써 게으름이 없도록 해야 할 것이로다.

徐凝:

凝, 睦州人. 元和間, 有詩名, 方干師事之. 與施肩吾同里閈, 日親聲調, 無進取之意. 交眷悉激勉, 始遊長安. 不忍自衒鬻, 竟不成名.

將歸, 以詩辭韓吏部云:『一生所遇惟元白, 天下無人重布. 衣欲別朱門淚先盡, 白頭遊子白身歸.』

知者憐之, 遂歸舊隱, 潛心詩酒. 人間榮耀, 徐山人不復貯齒頰中也. 老病且貧, 意泊無惱, 優悠自終.

集一卷, 今傳.

◎ 余昔經桐廬古邑, 山水蒼翠, 嚴先生釣石, 居然無恙. 忽自星沈, 千載寥邈. 後之學者, 往往繼踵芳徽. 文華偉傑,

義逼雲天. 産秀毓奇, 此時爲冠. 至今有長吟高蹈之風, 古碑·
石刻·題名等, 相傳不廢. 攬彎彷徨, 不忍去之. 勝地以一人興,
先賢爲來者重, 固當相勉而無倦也.

【睦州】지금의 浙江省 桐廬·建德·淳安 등 세 縣.
【方干】본책 卷7(192) 참조.
【施肩吾】본책 160 참조.
【一生所遇惟元白】이 詩는 《全唐詩》(474)에 실려 있으며 제목은 〈自鄂渚至
　河南將歸江外留辭侍郞〉이다. 詩 全文 그대로이다.
【元白】元稹과 白居易를 말한다.
【白身】功名이나 官職을 가지고 있지 못함을 말한다.
【嚴光】東漢 때의 隱者로 字는 子陵이다. 본책 卷3(017) 참조.

참고 및 관련 자료

1. 서응(徐凝)
《宋史》(藝文志, 7)에 《徐凝詩》 1卷이 著錄되어 있고 《全唐詩》(474)에 그의
詩 1卷이 편집되어 있으며 《全唐詩外編》 및 《全唐詩續拾에》에 詩 3首와
斷句 2句가 補入되어 있다. 《唐詩紀事》(卷52)에 관련 기록이 실려 있다.
2. 《唐詩紀事》 卷52
凝, 睦州人. 樂天詩中有〈李郞中訪徐凝山人〉云:『郡守輕詩客, 鄕人薄釣翁.
解憐徐處士, 惟有李郞中.』
3. 《全唐詩》 卷474
徐凝, 睦州人, 元和中官至侍郞. 詩一卷.

155(6-13)
배이직裴夷直

배이직裴夷直은 자가 예경禮卿이며 오현吳縣 사람이다. 원화元和 10년, 예부시랑禮部侍郎 최군崔群 문하에서 진사에 급제하여 중서사인中書舍人의 벼슬을 하였다.

무종武宗이 즉위하였을 때 배이직은 죄를 짓고 환주사마驩州司馬로 폄직되었다가 선종宣宗 초에 강주江州·화주華州의 이주자사二州刺史가 되었다. 그리고 그는 상서좌사원외랑尙書左司員外郎·산기상시散騎常侍로 벼슬을 마쳤다.

시에 뛰어나 명성을 얻었으며 문집 1권이 지금 세상에 전하고 있다.

裴夷直:

夷直, 字禮卿, 吳人. 元和十年, 禮部侍郎崔群下進士, 仕爲中書舍人. 武宗立, 以罪貶驩州司戶. 宣宗初, 爲江·華二州刺史, 終尙書左司員外郎·散騎常侍.

工詩, 有盛名. 集一卷, 今傳於世.

【吳縣】지금의 江蘇省 蘇州市.
【驩州】州治는 九德. 지금의 베트남 지역으로 유배지 중 가장 먼 곳.

1. 배이직(裴夷直)

字는 禮卿으로 右拾遺·司馬·中書舍人·杭州刺史·兵部侍郎 등을 역임하였다.
《新唐書》(藝文志, 4)에 《裴夷直詩》 1卷, 그리고 《宋史》(藝文志, 7)에는 2卷
으로 著錄되어 있다. 《全唐詩》에는 그의 詩가 1卷(513)으로 편집되어 있고
《全唐時外編》에는 詩 1首가 실려 있다. 《唐詩紀事》(卷51)에 관련 기록이
실려 있다.

2. 《新唐書》 卷148 참조.

3. 《唐詩紀事》 卷51

夷直, 字禮卿. 文宗時. 爲右拾遺. 張克勤以五品官推與其甥, 夷直時爲禮部外郎,
劾曰:「是開後日賣爵之端.」詔聽, 遂著于令. 爲中書舍人, 武宗立, 視冊牒不
肯書, 出刺杭州, 斥驪州司戶參軍. 宣宗初, 復拜江華等州刺史, 終散騎常寺.

4. 《全唐詩》 卷513

裴夷直, 字禮卿, 河東人, 擢進士第. 文宗時, 歷右拾遺·禮部員外郎, 進中書
舍人. 武宗卽位, 出刺杭州, 斥驪州司戶參軍. 宣宗初, 復拜江·華等州刺史.
終散騎常侍, 詩一卷.

156(6-14)
설도薛濤

　　설도薛濤는 자가 홍도洪度이며 성도成都의 악기樂妓였다. 성품에 변별력과 은혜로움이 있었으며 한묵翰墨을 좋아하였다. 완화리浣花里에 살면서 문 앞에 창포菖蒲를 가득 심었는데 그 옆이 바로 동북쪽으로 장안長安까지 뻗어난 길이어서 가끔 거마車馬가 그 풍경을 보고 그냥 지나치지 못할 정도였다.

　　원화元和 연간에 미지微之 원진元稹이 촉蜀에 사신으로 오자 설도는 몰래 그를 방문하고자 하였다. 그러자 부공府公인 사공司空 엄수嚴綬가 이를 알아차리고 설도로 하여금 원진을 모시도록 허락해 주기도 하였다. 뒤에 원진이 한림翰林에 오르자 이렇게 시를 지어 설도에게 보냈다.

"금강설도의 매끄러운 피부, 산처럼 뛰어난 아름다움	錦江滑膩峨嵋秀
탁문군과 설도가 함께 나왔나 의심되네	幻出文君與薛濤
언어는 앵무새 혀처럼 뛰어나고	言語巧偸鸚鵡舌
문장은 봉황새의 깃을 나눈 것 같네	文章分得鳳凰毛
잘났다는 시인들 모두 붓을 멈추고	紛紛詞客皆停筆
모든 벼슬아치 몽도夢刀를 바란다네	箇箇公侯欲夢刀
헤어진 후 그리워라. 아득히 멀리 있는 그대	別後相思隔煙水
집 앞 창포 꽃 오색 구름처럼 피었겠지."	菖蒲花發五雲高

그 뒤 무원형武元衡이 재상으로 들어가서, 설도를 교서랑校書郎 벼슬을 주자고 상주上奏할 정도였다. 촉 땅 사람들이 기생을 '교서校書'라 부르게 된 것은 설도로부터 비롯된 것이었다. 뒤에 호증胡曾도 설도에게 이런 시를 주었다.

> "만리교萬里橋 가의 그대 교서여　　　　　萬里橋邊女校書
> 　비파나무 아래에 문을 닫고 살고 있네　枇杷樹下閉門居
> 　뛰어난 재자들 얼마나 알고 있나　　　　掃眉才子知多少
> 　아무리 봄바람을 불게 해도 결국 그만 못하리."　管領春風總不如

설도는 소시小詩에 뛰어났다. 그러나 애석하게도 설도의 종이는 그 폭이 너무 커서 설도는 이를 모두 좁게 다시 잘라 사용하였다. 사람들은 이를 편리하게 여기고 그렇게 자른 종이를 '설도전薛濤箋'이라 불렀다.

설도는 기경한첩機警閑捷하여 앉은 사람들을 재치 있게 웃겼다. 고병高騈이 일찍이 촉 땅의 절도사로 부임하던 날, 설도를 불러 술자리에 배석하도록 하였다. 그 자리에서 고병은 글자를 바꾸어 설명으로 맞추는 놀이를 하되 상형 문자로 말하도록 하였다. 그리고 자신이 먼저 이렇게 말하였다.

"입 구口 자는 마치 국에 빠져 자루가 안 보이는 국자 같다."(口, 似沒梁斗)

그러자 설도는 즉시 이렇게 받았다.

"내 천川자는 마치 서까래 세 개를 세워 놓은 것 같습니다."(川, 似三條椽)

이에 고병이 이렇게 물었다.

"그러면 그 천川 자에서 하나는 굽었으니 어찌 된 것이냐?"

설도는 즉시 이렇게 대답하였다.

"상공께서 서천절도사西川節度使로 계실 때는 오히려 자루가 다 깨어진 국자를 쓰셨는데, 하물며 제가 이 술자리를 도우면서 굽은 서까라 하나 섞어 썼다고 해서 뭐 그리 괴이하게 여기실 일이 있으십니까?"

설도의 민첩함은 이런 경우가 특히 많아 좌객座客이 상탄賞歎을 금치 못하였다. 설도가 지은 시는 거의 뛰어난 시인을 누를 정도요 사의詞意는 구차함이 없었으며, 그의 정회情懷는 필묵筆墨에 쏟아 부어 한원翰苑의 높임을 받았다. 설도의 민첩함은 즉시 반응을 보일 정도로 결코 바지 입은 사내들에게 밀지지 않을 정도였다.

이런 대단한 인물을 어찌 그 신분이 대단치 않다고 해서 그 학문까지 버릴 수 있겠는가?

대화大和 연간에 죽었으며 《금강집錦江集》 5권이 지금도 전하고 있다. 그 속에는 유명한 인물들과 증답贈答한 시들이 많다.

薛濤:

濤, 字洪度, 成都樂妓也. 性辨慧, 調翰墨. 居浣花里, 種菖蒲滿門, 榜卽東北走長安道也. 往來車馬留連. 元和中, 元微之使蜀, 密意求訪, 府公嚴司空知之, 遣濤往侍.

微之登翰林, 以詩寄之曰:『錦江滑膩峨媚秀, 幻出文君與薛濤. 言語巧偸鸚鵡舌, 文章分得鳳凰毛. 紛紛詞客皆停筆, 箇箇公侯欲夢刀. 別後相思隔煙水, 菖蒲花發五雲高.』

及武元衡入相, 奏授校書郎. 蜀人呼妓爲「校書」, 自濤始也.

後胡曾贈詩曰:『萬里橋邊女校書, 枇杷樹下閉門居. 掃眉才子知多少, 管領春風總不如.』

濤工爲小詩, 惜成都牋幅大, 遂皆裂狹之, 人以爲便, 名曰「薛濤箋」. 且機警閑捷, 座間談笑風生.

高駢鎭蜀門曰, 命之佐酒, 行一字叶音, 令且得形象.

曰:「口, 似沒梁斗」

答曰:「川, 似三條椽」

公曰:「奈一條曲何?」

曰:「相公爲西川節度, 尙用一破斗, 況窮酒佐雜一曲橡, 何足怪哉?」

其敏捷類此特多, 座客賞嘆. 其所作詩, 稍窺良匠, 詞意不苟, 情盡筆墨, 翰苑崇高, 輒能攀附, 殊不意裙裾之下, 出此異物, 豈得匪其人而棄其學哉? 太和中, 卒.

有《錦江集》五卷, 今傳, 中多名公贈答云.

【浣花里】 지금의 四川省 成都市 교외의 浣花溪, 杜甫의 草堂이 있다.

【嚴綬】 河東節度使를 역임하였으며 뒤에 宰相에 올랐다. 兩《唐書》에 傳이 있다. 그러나 嚴綬는 蜀의 節度使를 한 적이 없다.

【錦江滑膩峨嵋秀】 元稹의 이 詩는 《全唐詩》(卷423)에 실려 있으며 〈寄贈薛濤〉 詩 全文이다.

【文君】 蜀 땅 출신의 여인으로 司馬相如와의 연애고사로도 유명한 卓文君을 말한다. 卓王孫의 딸로서 司馬相如와 도망가 술집을 차렸다. 《史記》·《漢書》의 司馬相如傳 참조.

【夢刀】 晉나라 때 王濬이란 자가 꿈속에 '三刀'의 칼을 옥상에 두었더니 잠시 후 다시 그 옥상에 칼 한 자루가 더 있었다 하였다. 이를 文字로 풀이하여 '三刀'는 '州'자로, '盖一刀'는 '益'자로 여겼는데 뒤에 과연 益州 刺史로 가게 되었다 한다. 《晉書》 王濬傳 참조. 여기에서는 成都가 益州에 속해 있으며 모든 관리들이 薛濤를 보고 싶어 益州(成都)로 가서 벼슬하고 싶어한다는 뜻이다.

【武元衡】 본책 卷4(104) 참조.

【胡曾】 본책 卷8(212) 참조.

【萬里橋邊女校書】 이 詩는 《全唐詩》(卷301)에 실려 있으며 호증의 시가 아니라 王建의 시이다. 〈寄蜀中薛濤校書〉 詩 全文이다. 그러나 《全唐詩》(647) 호증시에도 실려 있다. 호증은 晩唐의 시인으로 시기적으로 맞지 않다.

【萬里橋】 四川省 成都市 남쪽에 있는 다리. 三國時代 蜀의 費褘가 吳나라 사신으로 가면서 이 다리를 건널 때 "萬里之路, 始於此橋"라 하여 이 이름이 생겼다 한다.

【掃眉才子】 눈썹을 화장한 才子. 즉 文才가 있는 여인을 일컫는 말.
【高騈】 본책 卷九(228) 참조. 그러나 여기에서 高騈은 薛濤와 시기적으로 맞지 않으며 高騈의 아버지 高崇文이 四川節度使를 지낸 적이 있어 그의 사건이 잘못 기록된 것이 아닌가 한다.
【梁斗】 자루가 달린 국자. 혹은 量器를 말한다.

1. 설도(薛濤)
女流詩人이며 樂妓. 字는 洪度이다. 글씨에도 뛰어나 《宣和書譜》(卷10)에 "作字無女子氣, 筆力峻激, 其行書妙處, 頗得王義之法, 少加以學, 亦衛夫人之流也"라 하였다. 그의 文集은 《郡齋讀書志》(卷4)에 薛濤의 《錦江集》5卷, 그리고 《直齋書錄解題》(卷19)에 《薛濤集》1卷이 著錄되어 있다. 《全唐詩》(卷803)에 그의 詩가 1卷으로 편집되어 있고 《全唐詩續拾》에 詩 1首와 斷句 1句가 補入되어 있다. 《唐詩紀事》(卷79)에 관련 기록이 실려 있다.

2. 《唐詩紀事》卷79
濤好製小詩, 惜其幅大, 狹小之, 蜀中好薛濤牋, 或以營妓無校書之號, 韋南康欲奏之而罷, 後遂呼之. 胡曾詩曰:「萬里橋邊女校書, 枇杷花下閉門居. 掃眉才子知多少, 管領春風總不如.」進士楊蘊中下成都獄, 夢一婦人曰:「吾薛也.」贈詩云:「玉漏深長燈耿耿, 東牆西牆時見影. 月明窗外子規啼, 忍使孤魂愁夜永.」

3. 《全唐詩》卷803
薛濤, 字洪度, 本長安良家女. 隨父宦, 流落蜀中, 遂入樂籍. 辨慧工詩, 有林下風致, 韋皋鎮蜀, 召令侍酒賦詩. 稱爲女校書, 出入幕府. 歷事十一鎮, 皆以詩受知. 暮年屏居浣花溪, 著女冠服, 好製松花小箋. 時號薛濤箋. 有《洪度集》一卷 今編詩一卷.

157(6-15)
요합姚合

　　요합姚合은 섬주陝州 사람으로 재상 요숭姚崇의 증손이다. 시로써 이름이 알려졌으며 원화元和 11년, 이봉길李逢吉이 지공거知貢擧였다. 이봉길은 요합과 일찍부터 친한 사이로 그를 고생 속에서 구제하여 정해鄭解와 동방同榜으로 급제하게 해주었다. 이에 요합은 무공주부武功主簿와 부평위富平尉·만년위萬年尉 등을 역임하게 되었다.

　　보력寶歷 연간에는 감찰어사監察御史가 되었다가 호부원외랑戶部員外郎이 되었다. 그리고 금주金州·항주杭州 이주자사二州刺史가 되었으며, 뒤에 입조하여 형부刑部·호부戶部 이부낭중二部郎中을 거쳐 간의대부諫議大夫·급사중給事中을 거쳤다.

　　그리고 개성開成 연간에 이상은李商隱이 홍농위弘農尉로 있을 때 이상은은 죄수를 잘못 풀어주어 관찰사觀察使 손간孫簡의 비위를 거슬려 장차 파직되고 떠나려 하였다. 그때 마침 요합이 손간 대신 부임해오자 두 사람은 서로 한 번 보고 의기가 통해 서로 풍아지계風雅之契를 맺게 되었고, 요합은 즉시 이상은을 복직시켜 주었다. 사람들은 이 일에 탄복하면서 훌륭한 일이라 하였다. 요합은 뒤에 비서감秘書監으로 삶을 마쳤다.

　　요합은 가도賈嶋와 동시대 인물로 '요가姚賈'라 불리어 서로 각각 일가를 이루었다. 가도의 시는 이해하기 어려우나 청렬淸列한 풍격이 있다면 요합의 시는 쉽고 모두가 평담平澹한 기풍이 있다고 할 수 있다. 흥취는 모두가 같으나 격조가 조금씩 달랐으며 소위 말하는 방정고졸方正古拙한 맛이 지극히 교묘하게 담겨져 있다. 이는 아마 요합이 주로 편벽된 지역의 관리로 떠돌아 자신의 관운이 쓸쓸하고, 그곳 산수가 황량하고 풍경이 썰렁한 지역이어서 이를 가장 잘 묘사한 데에서 비롯된 것일 것이다.

요합은 술을 좋아하고 꽃을 사랑하였으며, 형식에 얽매이지 않고 스스로 방달하게 굴었고, 사람을 대할 때나 일상 생활에도 작은 일에 개의치 않고 달인達人의 대관大觀을 가지고 있었다. 시집 10권과 왕유王維·조영祖咏 등 18명의 시들을 선집한 《극현집極玄集》 1권이 있으며 그 서문에 왕유 등에 대해 이렇게 썼다.

"모두가 시가에 있어서 사수이며 조탁에 뛰어난 고수高手들이다."

그 외에 옛 사람들의 시를 모아 그 조의措意와 각각의 체요體要를 서술해서 찬한 《시례詩例》 1권이 있으며 지금 모두 전한다.

姚合:

合, 陝州人, 宰相崇之曾孫也. 以詩聞, 元和十一年, 李逢吉知貢擧, 有夙好, 因拔泥塗, 鄭解榜及第. 歷武功主簿, 富平·萬年尉. 寶應中, 除監察御史, 遷戶部員外郎. 出爲金·杭二州刺史. 後召入, 拜刑·戶二部郎中, 諫議大夫, 給事中. 開成間, 李商隱尉弘農, 以活囚忤觀察使孫簡, 將罷去, 會合來代簡, 一見大喜, 以風雅之契, 卽諭使還官, 人雅服其義. 後仕終秘書監. 與賈島同時, 號「姚賈」, 自成一法. 嶋難吟, 有清冽之風; 合易作, 皆平澹之氣. 興趣俱到, 格調少殊. 所謂方拙之奧, 至巧存焉. 益多歷下邑, 官況蕭條, 山縣荒涼, 風景凋弊之間, 最工摸寫也.

性嗜酒, 愛花, 頹然自放, 人事生理, 略不介意, 有達人之大觀. 所爲詩十卷, 及選集王維·祖詠等一十八人詩爲《極玄集》

一卷,《序》稱維等「皆詩家射鵰手也」又摭古人詩聯, 叙其措意,
各有體要, 撰《詩例》一卷, 今並傳焉.

【陝州】지금의 河南省 陝縣.
【姚崇】당나라 玄宗 때의 유명한 宰相. 兩《唐書》에 傳이 실려 있다.
【李逢吉】憲宗·穆宗·敬宗 때 左僕射 등을 지냈으며 宦官과 결탁하여 정권을
　　　농단하였다. 兩《唐書》에 傳이 있다.
【鄭澥】鄭澥.《唐詩紀事》에는 '高澥'로 되어 있다. 字는 溫士이며 開州刺史
　　　등을 역임하였다.
【武功】지금의 陝西省 武功縣.
【富平】지금의 陝西省 富平縣.
【萬年】당나라 때 長安縣과 함께 京兆 내에 두었던 縣. 지금의 陝西省 西安市.
【寶應】寶應은 唐 肅宗 때의 年號(762~763)로 姚合은 寶歷(825~827, 敬宗의
　　　年號)때의 人物.
【金州】지금의 陝西省 安康縣.
【李商隱】본책 卷7(177) 참조.
【弘農】지금의 河南省 靈寶縣.
【孫簡】唐 文宗 때 여러 곳의 觀察使를 지낸 인물.《新唐書》에 傳이 있다.

참고 및 관련 자료

1. 요합(姚合: 779?~846)
《新唐書》(藝文志, 4)에 《姚合詩集》 10卷, 그리고 《郡齋讀書志》(卷4, 中),
《直齋書錄解題》(卷19), 《宋史》(藝文志, 7) 등에도 모두 10卷으로 저록되어
있으나 오직 《崇文總目》(卷5)만은 1卷으로 되어 있다. 《全唐詩》에는 그의
詩가 7卷(496~502)으로 되어 있다. 《唐詩紀事》(卷49)에 관련기록이 실려
있다.

2.《極玄集》
姚合이 18명의 선배 詩人들의 작품을 모아 선집한 것. 《極玄集》의 目序에
"此皆詩家射雕手也, 合於衆集中更選其極玄者, 庶免後來之非, 凡念一人, 共百首"

라 하였다. 이 책은 지금도 전해지며, 수록된 人物은 王維·祖咏·李端·耿湋·
盧綸·司空曙·錢起·郎士元·暢當·韓翃·皇甫曾·李嘉祐·皇甫冉·朱放·嚴維·
劉長卿·靈一·法振·皎然·淸江·戴叔倫 등 모두 21명의 99首이며 1首는 사라
졌다. 본문에 18명이라 한 것은 辛文房의 착오이다.

3.《詩例》.《唐書》(藝文志, 4), 그리고 《宋史》(藝文志, 7)에도 모두 "姚合
《詩例》一卷"이 著錄되어 있으나 지금은 전하지 않는다.

4.《新唐書》卷124 참조.

5.《唐詩紀事》卷49

合, 宰相崇曾孫, 登元和進士第, 調武功主簿, 世號姚武功, 又爲富平萬年尉,
寶應中, 歷監察御史·戶部外郎, 出荊·杭二州刺史·後爲給事中·陝虢觀察使.
開成末, 終祕書監. 與馬戴·費冠卿·殷堯藩·張籍遊, 李頻師之. 合有《極玄集》,
取王維等二十六人詩百篇, 曰:「此詩中射雕手也.」

6.《全唐詩》卷496

姚合, 陝州硤石人, 宰相崇曾孫, 登元和進士第. 授武功主簿, 調富平·萬年尉.
寶曆中監察御史, 戶部員外郎. 出荊·杭州刺史. 後爲給事中, 陝虢觀察使, 開成末,
縱祕書監, 與馬戴·費冠卿·殷堯藩·張籍遊, 李頻師之, 合詩名重於時, 人稱姚
武功云, 詩七卷.

158(6-16)

이곽李廓

이곽李廓은 재상 이정李程의 아들로, 어려서부터 큰공을 세울 뜻을 가지고 말고삐를 잡고 강개한 기상을 보이면서 도리어 미천한 관직에는 고개를 숙이려 들지 않다가 드디어 과거에 얽매어 고통을 당하였다. 이에 이곽은 〈하제下第〉 시에서 이렇게 읊었다.

"방榜 앞에서 남몰래 눈물짓네　　　　　　榜前潛利淚
　무리 속에 나 홀로 버림받은 느낌　　　　衆裏獨嫌身
　이 쓰라린 맛 마치 술에 취한 것 같고　　氣味如中酒
　그 느낌은 마치 이별할 때 같네."　　　　情懷似別人

당시 명류들이 모두가 다 상탄賞歎을 금치 못하면서도 가련하게 여겨 모두 함께 그를 이끌어 주었다. 그리하여 드디어 원화元和 13년, 이곽은 독고장獨孤樟과 동방同榜으로 진사에 급제하여 사경국정자司經局正字에 조임 받았다가 다시 호현령鄠縣令이 되었다. 그 뒤 그는 여러 가지 현달한 관직을 역임하고 무녕절도사武寧節度使로 벼슬을 마쳤으며 정치에 기이한 업적을 많이 남겼다.

시에 뛰어났으며 지극히 기치綺致하였다.

가도賈嶋와 친하였고 문집이 지금 세상에 전한다.

李廓:

廓, 宰相程之子也. 少有志勳業, 攬轡慨然, 而未肯屑就, 遂困場屋中. 作〈下第〉詩曰:『榜前潛制淚, 眾裏獨嫌身. 氣味如中酒, 情懷似別人.』

時流皆稱賞, 且憐之, 因共推挽.

元和十三年, 獨孤樟榜進士. 調司經局正字, 出爲鄠縣令, 累歷顯宦, 仕終武寧節度使, 政有奇績.

工詩, 極綺緻. 與賈嶋相友善. 集今傳世.

【李程】자는 表臣이며 王의 종실로 敬宗 때 宰相을 지냈고 文宗 때는 山南東道節度使를 지냈다. 兩《唐書》에 傳이 실려 있다.

【攬轡】《後漢書》范滂傳에 "滂登車攬轡, 慨然有澄淸天下之志之"라 하였고, 《世說新語》德行篇에도 "陳仲擧言爲士則, 行爲世範. 登車攬轡, 有澄淸天下之志"라 하였다.

【下第】《全唐詩》(卷479)에 실려 있으며 제목은 〈落弟〉이다. (참고)

【鄠縣】지금의 陝西省 戶縣.

【武寧】元華 2年(807)에 설치한 方鎭으로 지금의 徐州.

참고 및 관련 자료

1. 이곽(李廓)

李程의 아들이며 詩人. 그의 詩는《直齋書錄解題》(卷19),《宋史》(藝文志, 7)에 모두 1卷으로 著錄되어 있다.《全唐詩》(卷479)에 詩 18首가 편집되어 있고《全唐詩外編》에 詩 1首가 補入되어 있으며《唐詩紀事》(卷60)에 관련 기록이 실려 있다.

2.《新唐書》卷131 참조.

3.《唐詩紀事》卷60

廓, 李程之子也. 登元和進士弟. 大中中, 拜武寧節度使, 不能治軍. 補闕鄭魯言:
「新麥未登, 徐必亂.」既而軍亂, 果逐廓. 按舊史: 廓有詩名, 大中末, 累官至
穎州刺史, 再爲觀察使. 子晝, 亦登進士第.

4.《全唐詩》卷479

李廓, 宰相程之子. 登元和進士第, 累官穎州刺史. 大中中, 終武寧節度使,
詩十八首.

5.〈落第〉(《全唐詩》卷479)

『牓前潛制淚, 衆裏自嫌身. 氣味如中酒, 情懷似別人. 煖風張樂席, 晴日看花塵.
盡是添愁處, 深居乞過春.』

159(6-17)
장효표章孝標

    장효표章孝標는 자가 도정道正이며 전당錢塘 사람이다. 이신李紳이 회남절도사淮南節度使였을 때 봄눈이 오는 날, 그의 잔치에 참가하였었다. 장효표가 시로 이름이 있다는 것을 안 이신이 종이를 가져오도록 하여 시를 지어보도록 하였다. 이에 장효표는 즉시 허락하고 붓을 들어 단번에 한 수를 완성하였다.

"육각형의 꽃이 날라 곳곳에 펄펄	六出花飛處處飄
창문에는 붙고 계단 위 찬가지 것은 쓸어가 버리네	黏窗拂砌上寒條
그대 집 문 앞은 저녁이 되도록 한 자도 쌓이지 않으니	朱門到晚難盈尺
귀하가 삼군을 다스릴 때의 희기를 녹였기 때문이라."	盡是三軍喜氣消

    이신은 크게 기뻐하여 이를 주문主文, 즉 고시관考試官에게 추천해 주었다. 장효표는 과연 원화元和 14년, 예부시랑禮部侍郎 유승선庾承宣 밑에서 진사에 급제하여 교서랑校書郎을 제수받게 되었다. 기쁨을 감추지 못한 장효표는 장안長安으로부터 고향으로 돌아가 축하를 받으러 떠나면서 친구에게 먼저 이런 시를 보냈다.

"급제하고 나니 모든 게 십정관보다 낫네	及第全勝十政官
금물에 도금하고 장안을 나선다네	金湯渡了出長安

말머리는 양주의 외곽으로 들어가니　　　　　　　馬頭漸入揚州郭
눈을 씻고 나의 멋진 모습 보라 세상에 말해주게."　為報時人洗眼看

그런데 이신李紳이 우연히 이 시를 본 후 급히 시 한 구절을 지어 이렇게
조심토록 일러주었다.

"가짜 금이 바야흐로 진짜 금을 도금하네　　　　　假金方用真金鍍
이런 진짜금은 도금할 필요도 없는데　　　　　　若是真金不鍍金
십 년 만에 장안에 와서 겨우 급제해놓고　　　　十載長安方一第
어찌 빈 뱃속에 마음만 그리 높은고?"　　　　　何須空腹用高心

이에 장효표는 부끄러움을 품고 사과하였으나, 그 기가 꺾인 채 궁벽함에
매몰되었고 끝내 크게 등용되지 못하였다. 대화大和 연간에 그는 겨우
산남동도절도사山南東道節度使의 막부에 종사관이 되어 대리평사大理評事를
견습받았고 관직은 비서정자秘書正字로 끝을 맺었다.
시집 1권이 세상에 전한다.

章孝標:
孝標, 字道正, 錢塘人. 李紳鎮淮東時, 春雪, 孝標參座席,
有詩名, 紳命札請賦, 唯然, 索筆一揮云:『六出花飛處處飄,
黏窗拂砌上寒條. 朱門到晚難盈尺, 盡是三軍喜氣消.』

李大稱賞, 薦於主文. 元和十四年, 禮部侍郎庾承宣下進士
及第, 授校書郎. 於長安將歸家, 慶先寄友人曰:『及第全勝
十政官, 金湯渡了出長安. 馬頭漸入揚州郭, 為報時人洗眼看.』

紳適見, 亟以一絶箴之曰:『假金方用真金鍍, 若是真金不
鍍金. 十載長安方一第, 何須空腹用高心.』

孝標慚謝. 傷其氣宇窘急, 終不大用. 太和中, 嘗爲山南道
從事, 試大理評事. 仕終秘書正字.

有集一卷, 傳世.

【李紳】本冊 145 참조.
【淮東】淮南의 誤記로 보인다.《唐摭言》(卷13) 및《唐詩紀事》(卷14) 참조.
【六出花飛處處飄】이 詩는《全唐詩》(卷506)에 실려 있으며 제목은 〈淮南李
　相公紳席上賦春雪〉이다. 全文이다.
【六出】눈[雪]을 말한다.《韓詩外傳》에 "草木花多五出, 雪花獨六出"라 하였다.
【庾承宣】元和 때의 中書舍人知貢舉.
【及第全勝十政官】이 詩 역시《全唐詩》(卷506)에 실려 있으며 제목은 〈及第
　後寄廣陵故人〉이다. 全文이다.
【假金方用眞金鍍】李紳의 이 詩는《全唐詩》(卷483)에 실려 있으며 제목은
　〈答章孝標〉이다. 시의 전문이다.

　　참고 및 관련 자료

1. 장효표(章孝標)
字는 道正이며 그의 文集은《新唐書》(藝文志, 4)에《章孝標詩》1卷, 그리고
《宋史》(藝文志, 7)에는 '七卷'(一의 誤字)으로 著錄되어 있다.《全唐詩》(卷
506)에 詩 1卷이 편집되어 있고《全唐詩續拾》에 詩 1首와 斷句 8句가 실려
있다.《唐詩紀事》(卷41)에 관련 기록이 실려 있다.
2.《唐詩紀事》卷41
○ 孝標, 大和中山南東道從事, 試大理評事
○ 孝標元和十三年下第, 時輩多爲詩以刺主司, 獨孝標爲〈歸燕〉詩留獻, 侍郎
庾承宣得詩展轉吟諷; 庾果重典禮曹, 孝標來年登第. 詩云:『舊壘危巢泥已落,
今年故向社前歸. 連雲大廈無棲處, 更望誰家門戶飛?』
3.《全唐詩》卷506
章孝標, 桐廬人, 登元和十四年進士第, 除祕書省正字. 太和中, 試大埋評事,
詩一卷.

160(6-18)
시견오施肩吾

시견오施肩吾는 자가 희성希聖이며 목주睦州 사람이다. 원화元和 15년에 노저盧儲와 동방으로 진사에 급제하고 나서, 예부시랑禮部侍郎에게 이런 진정의 시를 보냈다.

"구중궁궐 안에 친척이나 아는 이 하나 없고 　　　　九重城裏無親戚
8백 명 중에 시씨 성은 나 홀로뿐입니다." 　　　　八百人中獨姓施

그리고 제수除授를 기다리지 않고 즉시 동쪽으로 귀향해 버렸다. 이에 장적張籍 등이 그를 위해 시부詩賦로 전별해 주었고 모두가 시견오를 선풍도골仙風道骨이 있으니 어찌 세속의 작은 관직에 얽매이겠는가라고 인정해 주었다.

시견오는 어려서부터 기영지정箕穎之情이 있어 스스로 시주詩酒에 떠돌며 연하煙霞를 헤치며 살았다. 당초 그는 책을 읽어 금목수화토金木水火土 오행五行을 가슴속에 품고 있었다. 이때에 이르러 신선도神仙道의 훌륭함이 진경眞經 속에 있다고 여겨, 드디어 역순전도지법逆順顚倒之法과 상·중·하 세 가지 정精·기氣·신神의 삼전반복지의三田返覆之義를 더욱 터득하게 되었다. 그리고 나서 홍주洪州의 서산西山은 도가 12진군十二眞君이 우화등선羽化登仙한 곳이라 여기며 이 12진군의 진풍眞風을 앙모하여 그곳에 은거하였다.

"겹치고 겹친 도기가 신선을 이루어   重重道氣結成神
옥궐 금당이 날로 날로 새롭네   玉闕金堂逐日新
만약 서산에서 득도한 자 헤아린다면   若數西山得道者
나까지 겸하면 열세 명일세."   兼余卽是十三人

시견오는 또 일찍이 〈한거견흥시閑居遣興詩〉 1백 운韻을 지어 자신의 처음 뜻을 술회하였으며 이것이 세상에 크게 알려지게 되었다. 그는 또 《변의론辨疑論》 1권·《서산전도西山傳道記》 1권·《서산군선회진기西山群仙會眞記》 1권 등을 지었다. 그리고 "기氣가 깃들어야 신神도 깃들고, 신이 몸에 깃들어야 형체가 고정된다"는 논리를 펴서 《삼주명三住銘》 1권을 지었다.

그 외에 자신의 시를 10권으로 하여 스스로 서문을 쓴 것이 있어, 모두 세상에 전해오고 있다.

施肩吾:

肩吾, 字希聖, 睦州人. 元和十五年, 盧儲榜進士第後, 謝禮部陳侍郎云: 『九重城裡無親識, 八百人中獨姓施.』

不待除授, 卽東歸. 張籍輩公吟餞, 人皆知有仙風道骨, 寧戀人間升斗耶? 而少存箕·潁之情, 拍浮詩酒, 搴擎煙霞.

初, 讀書五行俱下, 至是受眞籙於仙長, 遂知逆順顚倒之法, 與上中下精氣神三田反覆之義. 以洪州西山十二眞君羽化之地, 慕其眞風, 高蹈於此. 題詩曰: 『重重道氣結成神, 玉闕金堂逐日新. 若數西山得道者, 兼余卽是十三人.』

早嘗賦〈閒居遣興〉詩一百韻, 頗述初心, 大行於世. 著《辨疑論》一卷, 《西山傳道》·《會眞》等記各一卷. 述「氣住則神住, 神住則形住.」

爲《三住銘》一卷, 及所爲詩十卷, 自爲之序, 今傳.

【盧儲】元和 15年에 장원한 人物.

【九重城裏無親戚】이 詩는《全唐詩》(卷494)에 실려 있으며 제목은 〈上禮部侍郞陳情〉이다. (참고)

【張籍】張籍의 詩는《全唐詩》(卷385)에 실려 있으며 제목은 〈送施肩吾東歸〉이다. (참고)

【箕穎之情】隱遁의 뜻. 本卷 卷4(091) 注 참조.

【拍浮】《世說新語》任誕篇에 "畢世茂云: '一手持蟹螯, 一手持酒杯, 拍浮酒池中, 便足了一生.'"이라 하였다.

【慕其眞風】이는 施肩吾 자신의 〈西山群仙會眞記序〉에 잘 나타나 있다.《全唐文》(739) 참고.

【洪州】지금의 江西省 南昌市.

【西山】지금의 江西省 新建縣 서쪽 南昌山.《唐撫言》(卷8)에 "洪州之西山, 乃十二眞君羽化之地"라 하였다.

【重重道氣結成神】《全唐詩》(卷494)에 실려 있으며 제목은 〈西山靜中吟〉이다. 詩 全文이다.

【閑居遣興詩】지금은 失傳되었으며 다만《全唐詩》(494)에 2聯이 전한다 (참고).

참고 및 관련 자료

1. 시견오(施肩吾)

字는 希聖이며 道敎에 심취하였다.《新唐書》(藝文志, 4)에《施肩吾詩集》10卷,《崇文總目》·《宋史》(藝文志) 등에도 역시 10卷으로 되어 있으나《郡齋讀書志》(卷4)와《直齋書錄解題》(卷19)에는《西山集》1卷으로 되어 있다. 한편《全唐詩》(卷494)에 그의 詩 1卷이 편집되어 있고《全唐詩外編》및《全唐詩續拾》에 詩 10首, 斷句 4句가 실려 있다.《唐詩紀事》(卷41)이 관련 기록이 실려 있다.

2.《辨疑論》1卷

《新唐書》藝文志(3)에 冊이름이 著錄되어 있으며 지금은《全唐文》卷739에 〈養生辨疑訣〉만이 남아 있다.

3.《西山傳道記》1卷

《宋史》藝文志(4)에《眞仙傳道集》3卷의 著錄이 보인다.

4.《西山群仙會眞記》1卷

《直齋書錄解題》卷12에《西山群仙會眞記》5卷이 보이나 그 서문만《全唐文》卷739에 실려 있다.《宋史》藝文志에 1卷이라 하였으나 이는 잘못이다.

5.《三住銘》1卷

《宋史》藝文志(4)에 冊名이 보이나 지금은 失傳되었다.

6.《唐詩紀事》卷41

肩吾, 洪州人. 元和十年登第, 以洪州西山羽化之地, 慕其眞風, 高蹈於此. 爲詩奇麗, 著〈百韻山居〉詩, 才情富贍. 如『荷翻紫蓋搖波面, 蒲瑩靑刀揷水湄.』又『煙黏薜荔龍鬚軟, 雨壓芭蕉鳳翅垂.』

7.《全唐詩》卷494

施肩吾, 字希聖, 洪州人, 元和十年登第. 隱洪州之西山, 爲詩奇麗. 西山集十卷, 今編詩一卷.

8.〈上禮部侍郎陳情〉(《全唐詩》卷494)

『九重城裏無親識, 八百人中獨姓施. 弱羽飛時攢箭險, 寒驢行處薄冰危. 晴天欲照盆難反, 貧女如花鏡不知. 卻向從來受恩地, 再求靑律變寒枝.』

9. 張籍〈送施肩吾東歸〉(《全唐詩》卷385.)

『知君本是煙霞客, 被薦因來城闕間. 世業偏臨七里瀨, 仙遊多在四明山. 早聞詩句傳人徧, 新得科名到處閑. 惆悵灞亭相送去, 雲中琪樹不同攀.』

10.〈西山群仙會眞記序〉(《全唐文》卷739)

「世有讀書而五行俱下, 開卷而一覽無遺. ……水火金木土, 五行也, 相生而爲子母, 相克而爲夫婦, 舉世皆知也. 明顚倒之法, 知抽添之理者鮮矣. 上中下精氣神, 三田也. 精中生氣, 氣中生神, 舉世皆知也. 得反覆之義, 見超脫之功者鮮矣. 知五行之顚倒, 方可入道, 至于抽添, 則爲有道之人也. 得三傳之反覆, 方爲得道, 至于超脫, 則爲成道之人也.」

11.〈閑居遺興〉(원제목은〈贈友人下第閑居〉이다.《全唐詩》卷494)

『花眼綻紅斟酒看, 藥心抽綠帶煙鋤.』

161(6-19)
원불약袁不約

원불약袁不約은 자가 환박還朴으로 장경長慶 3년, 정관鄭冠과 동방同榜으로 진사에 급제하였으며 대화大和 연간에 평판平判으로 입등入等하여 관직에 나가게 되었다.

그의 시가 세상에 전한다.

袁不約:

不約, 字還朴, 長慶三年, 鄭冠榜進士. 太和, 中以平判八等調官. 有詩傳世.

【大和】〈三間本〉에는 '太和'로 되어 있다. 大和는 文宗 李昂의 年號 (827~835)이다.

【平判】平判은 唐代 試取 중의 한 項目이다.

참고 및 관련 자료

1. 원불약(袁不約)

《咸淳臨安志》(卷64)에 "袁不約, 字還朴, 新城人"이라 하였다. 그의 文集은

《直齋書錄解題》·《宋史》(藝文志, 7) 등에 詩集 1卷이 著錄되어 있으나 지금은 失傳되었다.《全唐詩》(卷508)에 詩 4首가 전하며《唐詩紀事》(卷60)에 관련 기록이 실려 있다.

2.《唐詩紀事》卷60

不約, 登長慶三年第.

3.《全唐詩》卷508

袁不約, 字還朴, 長慶三年進士第. 李固言在成都, 辟爲幕官, 加檢校侍郎. 詩一卷, 今存四首.

162(6-20)

한상韓湘

　　한상韓湘은 자는 청부淸夫이며 한유韓愈의 질손侄孫이다. 그는 장경長慶 3년, 예부시랑禮部侍郎 왕기王起 아래에서 진사에 올랐다. 성격이 기백이 있어 얽매임이 없었으며, 견해와 취향이 고원高遠하고 특히 시 짓기에 탐닉하여 고심하였다. 한유가 그에게 경학經學을 공부할 것을 권하자 한상은 이렇게 되물었다.

　　"제湘가 공부하고 싶어하는 것이 무엇인지 할아버지는 모르십니까?"

　　그러고 나서 시를 지어 자신의 뜻을 이렇게 밝혀 보였다.

"청산의 운수굴이	靑山雲水窟
이곳이 나의 집이라네	此地是吾家.
밤 깊으면 경액을 마시고	後夜流瓊液
새벽에는 내리는 무지개 마시네	凌晨咀絳霞.
거문고로 선계의 음악을 연주하며	琴彈碧玉調
화로에는 백주사를 연단煉丹하리	爐煉白硃砂.
보정에는 황금 호랑이 새겨 넣고	寶鼎存金虎
단전丹田으로는 흰 까마귀 기르리라	元田養白鴉.
표주박 하나에 온 세상 감추어놓고	一瓢藏世界
세척 지팡이로 요사함을 베어내며	三尺斬妖邪.
준순주逡巡酒로 세상 조화 풀어보아	解造逡巡酒

능히 경각화頃刻花를 피워내리　　　　　　　　能開頃刻花.
누군가 나를 따라 배운다면　　　　　　　　　有人能學我
함께 신선세계 꽃구경을 가리라."　　　　　　同去看仙葩.

한유는 웃으면서 이렇게 물었다.
"너는 능히 조화造化의 능력까지 빼앗을 수 있느냐?"
한상은 이렇게 대답하였다.
"그런 것은 아주 쉬운 일입니다."
이에 한유가 손자의 요구대로 술동이를 준비해주자 한상은 흙을 모아 분盆 하나를 덮은 다음 물이 뿜어 나오게 해 놓았다. 시간이 흐른 후, 그 위에 푸른 꽃 두 송이가 피어올랐고 그 꽃잎에 이런 시 구절이 쓰여 있는 것이었다.

"구름은 진령에 걸쳐 있는데 내 집은 어디인고　　雲橫秦嶺家何在
눈은 남관藍關을 막고 있고 말은 가려 하지 않네."　　雪擁藍關馬不前

한유는 이를 보고 심히 괴이하게 여기면서 무엇을 뜻하는지 알 수가 없었다. 그러자 한상은 이렇게 설명하였다.
"나중에 응험하게 될 것입니다."
그러고는 급히 떠나버렸다. 얼마 지나지 않아 한유는 불골佛骨에 대한 일로 간언을 하였다가 그만 조주자사潮州刺史로 귀양가게 되었다. 그런데 하루는 도중에 어떤 사람이 풍설을 무릅쓰고 수풀 속에서 나오기에

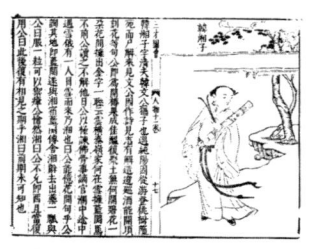
〈韓湘子(淸夫)〉《三才圖會》

살펴보았더니, 바로 손자 한상이었다. 그는 말 앞을 막고 재배하면서 이렇게 물었다.
"할아버지께서는 지난 번 꽃잎에 쓰여 있던 시 구절을 기억하십니까?"
이에 한유가 그 때 남관이란 곳이 어디냐고 물었더니 지금 이 자리가 그 곳이라는 것이었다. 한유는 한참동안 차탄嗟嘆을 금치 못하

였다. 한유는 안장을 풀고 주막에 들러 술을 시켜놓고는 그 시의 나머지 부분을 이렇게 완성하였다.

"한번 관리되어 아침에 구중궁궐에 상주하였다가   一封朝奏九重天
  저녁 때 곧바로 조주로 귀양가니 그길 팔천 리   夕貶潮陽路八千
  본래 성조를 위해 그릇된 일 제거하려 터니   本爲聖朝除弊事
  어찌 늙은 몸이 노쇠한 채 남은 여생 보낼 줄 알았으랴 豈期衰朽送殘年
  구름이 진령에 빗기어 있는데 내 집은 어디인고.   雲橫秦嶺家何在
  눈은 남관을 막고 있고 말은 가려 하지 않네   雪擁藍關馬不前
  네가 멀리부터 온 것을 보니 무슨 뜻이 있겠지   知汝遠來應有意
  저 벽지 조주에서 내 죽거든 뼈라도 거두어주렴."   好收吾骨瘴江邊

그러고 나서 다시 시를 주어 손자에게 주었다.

"인재가 세상에 태어난 일, 옛날부터 많았지   人才爲世古來多
  너 같은 아이의 대단한 문장은 누가 가히 넘어서랴   如子雄文孰可過
  이름을 이루어 성공하는 날 잘 기다렸다가   好待功名成就日
  그런 다음 몸을 빼어 자연으로 가려무나."   卻抽身去上煙蘿

할아버지의 이 시에 대해 한상은 웃기만 할 뿐 아무 대답이 없이 그는 다시 시를 지어 바치며 이별을 고하였다.

"세상 통틀어 보아도 모두가 명리에 취해 있습니다   擧世都爲名利醉
  오직 나만은 도중에서 이를 깨달았습니다   惟吾來向道中醒
  다른 날 반드시 신선 되어 하늘로 올라간다면   他時定是飛昇去
  가을 하늘 뚫고 올라 한 점의 푸른 구름 되렵니다." 衝破秋空一點靑

드디어 그 자리를 떠났다. 끝내 어떻게 삶을 마쳤는지 알려지지 않고 있다.

韓湘:

湘, 字清夫, 愈之姪孫也. 長慶三年, 禮部侍郎王起下進士. 落魄不羈, 見趣必高遠, 尤耽苦吟.

公勉以經學, 曰:「湘所學, 公不知耶?」

因賦詩以述志云:『青山雲水窟, 此地是吾家. 後夜流瓊液, 凌晨咀絳霞. 琴彈碧玉調, 爐煉白硃砂. 寶鼎存金虎, 元田養白鴉. 一瓢藏世界, 三尺斬妖邪. 解造逡巡酒, 能開頃刻花. 有人能學我, 同去看仙葩.』

公哂曰:「子能奪造化乎?」

湘曰:「此事甚易」

公爲開樽, 湘聚土, 以盆覆之, 噀水, 良久, 開碧桃花二朵, 花片上有詩一聯云:『雲橫秦嶺家何在, 雪擁藍關馬不前.』

公甚怪異, 未喻意. 曰:「他日驗之」

告去. 未幾, 公以諫佛骨事, 謫潮州刺史.

一日, 途中見有人冒風雪從嶺間來, 視乃湘也, 再拜馬前曰:「公憶花上之句乎?」

因詢其地, 卽藍關, 嗟嘆久之. 解鞍酒壚命酌, 足成詩曰:『一封朝奏九重天, 夕貶潮陽路八千. 本爲聖王除弊事, 豈期衰朽送殘年. 雲橫秦嶺家何在, 雪擁藍關馬不前. 知汝遠來應有意, 好收吾骨瘴江邊.』

又贈詩曰:『人才爲世古來多, 如子雄文孰可過. 好待功名成就日, 卻抽身去上煙蘿.』

湘哂而不答, 獻詩別公曰:「舉世都爲名利醉, 惟吾來向道中醒. 他時定是飛昇去, 衝破秋空一點靑」

遂別, 竟不知所終.

【王起】禮部侍郎・知貢擧 등을 역임하였다. 兩《唐書》에 傳이 있다.

【璚液】道家의 '吸露餐霞'를 비유한 것이다.

【白朱砂】돌을 갈아 煉丹하는 道家의 仙術. 白朱砂는 돌을 말한다.

【逡巡酒】道家의 술로 짧은 시간에 숙성시킨다고 한다.

【頃刻花】도술로 금방 피게 하는 꽃.

【靑山雲水窟】이 詩는 《全唐詩》(卷860)에 실려 있으며 제목은 〈言志〉이다. 詩 全文이다.

【雲橫詩】이 詩는 아래 시의 한 구절.

【佛骨】본책 卷5(130) 韓愈傳을 참조할 것. 韓愈의 〈論佛骨表〉 문장이 있다.

【藍關】藍田關. 지금의 陝西省 藍田縣 동쪽에 이는 관문.

【一封朝奏九重天】이 詩는 《全唐詩》(卷344)에 실려 있으며 제목은 〈左遷至 藍關示姪孫湘〉이다. 詩의 全文이다.

【人才爲世古來多】이 詩는 《韓愈文集》에는 없고 《靑瑣高議》에만 실려 있다. 일부 글자는 다르다.

【擧世都爲名利醉】이 詩는 《全唐詩》(卷860)에 실려 있으며 제목은 〈答從叔愈〉 이다. 일부 글자는 다르다. (참고)

참고 및 관련 자료

1. 한상(韓湘)

字는 淸夫. 그러나 《新唐書》宰相世系表(3)에 의하면 韓湘의 字는 北渚로 大理丞을 지냈으며 韓愈의 형인 韓介의 손자로 되어 있다.

辛文房의 《唐才子傳》본문은 宋 劉斧가 쓴 《靑瑣高議》(前集9)의 '韓湘子' 내용을 그대로 옮긴 것으로, 小說家의 허구이며 믿을 수 있는 것이 아니다. 뒤에 韓湘은 '八仙'가운데 한 사람으로 여겨졌으며 그의 詩는 전하는 것이 없고, 《全唐詩》(卷860)에 실려 있는 2首도 劉斧의 《靑瑣高議》를 바탕으로 한 것이라 여기고 있다.

2. 《全唐詩》卷860

韓湘, 字淸夫, 愈之猶子也. 落魄不羈, 愈强之婚宦, 不聽, 學道仙去.

3. 《全唐詩》卷344

湘, 愈姪十二郎之子, 登長慶三年進士第.

4. 〈答從叔愈〉(《全唐詩》卷860 仙)

詩文은 本文의 내용이 全文이며 그 前注에 다음과 같이 기록되어 있다.

「愈謫藍關, 湘來逆, 同傳舍, 愈仍留之. 作詩云:『才爲世用古來多, 如子雄文世孰過. 好待功名成就日, 卻收身去臥煙蘿.』湘答此詩, 竟去.」

163(6-21)
한종韓琮

　　한종韓琮은 자가 성봉成封이며 장경長慶 4년, 이군李群과 동방으로 진사에 급제하였다. 대중大中 연간에 벼슬이 호남관찰사湖南觀察使에까지 올랐다. 한종은 시로써 유명하며 청신한 작품이 많아 비단도 그만 못할 정도로 고왔다. 그는 〈산수송별灘水送別〉 시에서 이렇게 읊고 있다.

"녹음에 붉은 꽃 드문 때에 봉성을 나서니　　　　綠暗紅稀出鳳域
　저녁 구름 누각에 세월의 정을 느끼게 하네　　暮雲樓閣古今情
　지나가는 사람이 궁궐 앞 물소리 듣지 마소　　行人莫聽宮前水
　흘러흘러 끝없는 시간이 바로 이 소리일세."　　流盡年光是此聲

또, 〈낙구만망駱口晚望〉에서는 이렇게 읊었다.

"진천 땅은 그림 같고 위수 물은 실 같도다　　　秦川如畫渭如絲
　나라 떠나 되돌아와서 고향산천 내다보니　　去國還家一望時
　공자 왕손이여 서로 그리 좋다 말라　　　　公子王孫莫來好
　고갯길 꽃들은 거의가 모두 애끊는 송이송이."　嶺花多是斷腸枝

　　이러한 시들은 사람들의 입에 가득 읊어져 시끄러울 정도였으며, 그 외에도 매우 많아 모두가 이런 부류의 시들이다.

문집 1권이 지금 전하고 있다.

韓琮:

琮, 字成封, 長慶四年, 李群榜進士及第. 大中中, 仕至湖南觀察使. 有詩名, 多淸新之製, 錦不如也.

〈滻水送別〉云:『綠暗紅稀出鳳城, 暮雲樓閣古今情. 行人莫聽宮前水, 流盡年光是此聲.』

〈駱口晚望〉云:『秦川如畫渭如絲, 去國還家一望時. 公子王孫莫來好, 嶺花多是斷腸枝.』

如此等喧滿人口, 餘極多, 皆稱是.

集一卷, 今傳.

【湖南】廣德 2年에 설치한 方鎭. 治所는 潭州. 지금의 湖南省 長沙市.

【滻水】옛날 關中八川의 하나. 陝西省 藍田縣에서 발원하여 渭水로 흘러든다.

【綠暗紅稀出鳳城】이 詩는 《全唐詩》(卷565)에 실려 있으며 제목은 〈暮春滻水送別〉이다. 詩 全文이다.

【駱口】駱谷. 지금의 陝西省 周至縣에 있으며 골짜기의 길이가 4백 20리나 된다. 秦川入蜀의 要道이다.

【秦川如畫渭如絲】이 詩는 《全唐詩》(卷565)에 실려 있으며 제목은 〈駱谷晚望〉이다. 《唐詩紀事》(卷58)에도 실려 있다. 詩의 全文이다.

⟨ 참고 및 관련 자료 ⟩

1. 한종(韓琮)

字는 成封이다. 그러나 《新唐書》(藝文志, 4), 《唐詩紀事》 등에는 '代封'으로 되어 있다. 그의 文集은 《新唐書》(藝文志, 4), 《宋史》(藝文志) 등에 詩 1卷

(단《宋志》에는 韓宗으로 실려 있다)이 著錄되어 있으며《全唐詩》(卷565)에 詩 1卷이 편집되어 있고《全唐詩續拾》에 詩 4首와 斷句 1句가 실려 있다. 《唐詩紀事》(卷58)에 관련 기록이 실려 있다.

2.《唐詩紀事》卷58

韓琮, 字代封. 大中中, 爲湖南觀察使, 待將士不以禮. 宣宗時, 爲都將石載順等所逐.

3.《全唐詩》卷565

韓琮, 字成封, 初爲陳許節度判官, 後歷中書舍人·湖南觀察使, 詩一卷.

164(6-22)
위초로韋楚老

위초로韋楚老는 장경長慶 4년에 중서사인中書舍人 이종민李宗閔 아래에서 진사에 급제하여 국자좨주國子祭酒로 벼슬을 마친 인물이다.

시에 뛰어나 기개가 침웅沈雄하고 시어詩語 역시 호건豪健하였다. 작품 중에 고악부古樂府가 가장 많다. 그의 〈조룡행祖龍行〉의 시는 이러하다.

"검은 구름 난리 속에 하늘이 찢어지네	黑雲兵氣射天裂
장사들은 아침엔 졸고 밤엔 원망만 깊어지니	壯士朝眠夢冤結
시황이 결국 하룻밤 사이에 사구에서 죽었네	祖龍一夜死沙丘
호해는 헛되이 썩은 고기 냄새 바퀴를 뒤따르니	胡亥空隨鮑魚轍
그 썩은 냄새 2천 리를 속여 왔네	腐肉偸生二千里
거짓 조서로 먼저 부소부터 죽이고	僞書先賜扶蘇死
그 무덤 옆의 여산 흙이 마르기도 전에	墓接驪山土未乾
서기는 이미 망산, 탕산을 향해 뻗쳐오르고	瑞光已向芒碭起
진승이 들고일어나 북소리 세 번 울리니	陳勝城中鼓三下
진씨 천지 무너지기 기왓장 깨지듯	秦家天地如崩瓦
유방과 항우 무리 함양으로 들쳐오니	龍蛇撩亂入咸陽
자영은 헛되이 한나라 말을 뒤따르네."	少帝空隨漢家馬

이렇게 준걸하게 뛰어난 작품이 자못 많으며 모두가 괄목할 만한 것들로 지금 모두 전하고 있다.

韋楚老:

楚老, 長慶四年, 中書舍人李宗閔下進士. 仕終國子祭酒. 工詩, 氣旣沈雄, 語亦豪健. 作古樂府居多.

〈祖龍吟〉曰: 『黑雲兵氣射天裂, 壯士朝眠夢寃結. 祖龍一夜死沙邱, 胡亥空隨鮑魚轍. 腐肉偸生二千里, 僞書先賜扶蘇死. 墓接驪山土未乾, 瑞光已向芒碭起. 陳勝城中鼓三下, 秦家天地如崩瓦. 龍蛇撩亂入咸陽, 少帝空隨漢家馬.』

傑製頗多, 俱當刮目, 今幷傳.

【李宗閔】穆宗 때의 중서사인. 그 뒤 知貢擧·宰相 등을 역임하였다. 兩《唐書》에 傳이 있다.

【沈雄】다른 本에는 '淳雄'으로 되어 있다.

【黑雲兵氣射天裂】이 詩는 《全唐詩》(卷508)에 실려 있으며 詩의 全文이다. 이름이 '常楚老'로 잘못 표기되어 있다. 詩 내용 중 秦始皇의 죽음에 관한 것은 《史記》秦始皇本紀를 참조할 것.

참고 및 관련 자료

1. 위초로(韋楚老)

杜牧의 詩에는 韋楚老를 '韋壽朋'이라 하였으며 淸代 馮集梧의 《樊川詩集註》(卷3)의 〈洛中監察病假滿送韋楚老拾遺歸朝〉詩의 注에 "蓋壽朋其名, 而楚老字也"라 하였다. 《全唐詩》에는 오히려 '常楚老'라 하였다. 그의 詩 2首가

卷508에 전하며 이는 《唐詩紀事》(卷56)에서 집록한 것으로 그 외에 斷句 2句가 실려 있다.

2.《唐詩紀事》卷56

楚老, 長慶進士, 終於拾遺, 開成時, 李德裕代牛僧孺爲淮南節度, 奏僧孺錢帛事. 補闕王績·魏謨·崔讜·韋有翼, 拾遺令狐綯及楚老·樊宗仁, 連章奏德裕妄奏 錢帛, 以傾僧孺. 上不問.

3.《全唐詩》卷508

常楚老, 一作韋楚老, 常楚老, 長慶進士, 官拾遺, 詩二首.

165(6-23)
장호張祜

附: 최애崔涯

장호張祜는 자가 승길承吉이며 남양南陽 사람으로 고소姑蘇에 와서 살았다. 고상한 생활을 즐기며 처사處士라 칭하였다. 장호는 소정騷情이 아사雅思하여 사귀는 친구들이 모두 당시의 영웅호걸이었다. 그러나 그는 정문程文에는 드러나지 못하였다. 원화元和·장경長慶 연간에 문공文公 영호초令狐楚로부터 그릇이 될 만하다고 인정을 받게 되었고 특히 영호초가 천평군절도사天平軍節度使가 되자 스스로 장호를 추천하는 글을 초안하여, 장호의 시 300수와 함께 조정에 올리기도 하였다. 그 주장奏章의 뜻은 대략 다음과 같았다.

"무릇 오언五言시는 육의六義를 포함해야 합니다. 그러나 근래에는 흔히 방탄放誕함에 빠져 종사宗師로 삼을 만한 인물이 없습니다. 장호는 오랫동안 강호江湖에 묻혀 일찍부터 글 솜씨가 뛰어났던 인물로 그 연마함이 대단히 각고하고 세상 만물에 대한 터득이 자못 깊습니다. 그래서 같은 무리들이 누구나 추앙하여 그런 경지에 다다른 자가 드뭅니다. 삼가 그의 글을 뽑아 써서 광순문光順門에 올리오니 바라건대 중서문하中書門下로 하여금 널리 펴 보이게 해 주시옵소서."

이리하여 장호는 서울에 이르게 되었다. 그런데 마침 원진元稹이 글로써 장안을 휘어잡고 있어 내정內庭이 모두 그의 눈을 거쳐야 하였다. 임금이 원진을 불러 장호의 글에 대한 정도를 묻자 원진을 이렇게 폄훼해 버렸다.

"장호의 글은 조충소기雕蟲小技로써 장부들이 할 짓이 못됩니다. 만약 이런 자를 지나치게 상을 주고 격려하였다가 폐하의 풍교風敎를 변질시킬까 두렵습니다."

임금이 그의 평가에 고개를 끄덕이고 말았다. 이리하여 장호는 쓸쓸히
돌아가야만 하였고 이에 시를 지어 자신을 이렇게 달랬다.

"하지장은 입만 아프게 이백을 추천하였고   賀知章口徒勞說
맹호연은 물러나면서 의심도 품지 않았지."   孟浩然身更不疑

장호는 드디어 회남淮南 지역을 떠돌게 되었다. 그 때 마침 두목杜牧이
탁지사度支使였다. 두목은 장호를 아주 잘 대접해주면서 이런 시까지 주었다.

"그 누가 장호 같은 인물이리요.   何人得似張公子
그의 천 수 시는 만호 후도 안중에 없네."   千首詩輕萬戶侯

장호는 시 짓기에 고심할 때는 처자가 불러도 대답도 않는 것이었다.
그러면서 이렇게 말하였다.

"나는 입에서 꽃을 피워내고 있다. 어찌 너희들의 부름에 응해줄 수
있겠느냐?"

장호는 성품이 산수를 좋아하여 이름난 절을 즐겨 찾아 다녔다. 이를
테면 항주杭州의 영은사靈隱寺·천축사天竺寺, 소주蘇州의 영암사靈巖寺·능가
사楞伽寺, 상주常州의 혜산사惠山寺·선권사善權寺, 윤주潤州의 감로사甘露寺·
초은사招隱寺 등이었으며 가는 곳마다 그곳에서 시를 지어 절창을 남겼다.

장호와 같은 시기에 최애崔涯라는 자가 있었다. 역시 시에 뛰어나 장호와
이름을 나란히 하였다. 최애는 자못 자방행락自放行樂하여 흥이 오르면 북리
北里로 가서 그 곳 창기倡妓들 집에 가서 글을 지었다. 이에 최애가 명성이
있다고 쓰면 그 창기 집도 따라서 값이 오르고, 평가가 좋지 않다고 쓰게
되면 그 집 문전에는 거마가 비로 쓸어버린 듯 몰락하고 말았다. 최애는
의협을 숭상하여 〈협시俠詩〉라는 시에서 이렇게 노래하였다.

"태항산 꼭대기에 석 자의 눈이 있고   太行嶺上三尺雪

나 최애의 소매 속엔 석 자짜리 칼이 있네　　　　　崔涯袖中三尺鐵
하루아침에 만약 내 마음 알아주는 이 만난다면　　一朝若遇有心人
문 앞에 나서서 곧바로 처자와 이별하고 떠나리라.”　出門便與妻兒別

　최애는 일찍이 장호와 함께 회남절도사淮南節度使 이신李紳을 예방한 적이
있다. 장호가 먼저 자신을 '조오객釣鰲客'이라 호를 소개하자 이신이 보통
사람이 아니라고 여겨 이렇게 물었다.
　“자라를 낚는 데 어떤 낚싯대를 씁니까?”
　“무지개를 씁니다.”
라고 하자 이신이 다시 물었다.
　“그러면 낚시 바늘은?”
　장호는 이렇게 대답하였다.
　“금방 돋은 초승달을 쓰지요.”
　“무엇으로 미끼를 삼습니까?”
라고 묻자 이번에는 다시 이렇게 대답하였다.
　“키 작은 그대 이상공李相公을 쓰지요.”
　이신은 훌륭하다고 칭찬하며 후하게 대접해 준 다음 보내 주었다. 만년에
장호는 백낙천白樂天과 날마다 만나 서로 흉금을 터놓고 놀았다. 백낙천이
장호를 놀려 이렇게 말하였다.
　“그대가 새로 지은 〈억자지憶柘枝〉라는 시를 보니,

‘원앙 무늬 아름다운 전대鈿帶는 어디다 버렸노　　鴛鴦鈿帶抛何處
공작 무늬 아름다운 적삼은 누구에게 주었나?’　　孔雀羅衫付阿誰

라 하였는데 이는 그저 묻기만 하고 대답은 없는 시가 아니오?”
　그러자 장호는 대뜸 이렇게 대꾸하였다.
　“비루한 이 사람의 시를 비평해 주니 맞는 말입니다. 그러나 귀하의
〈장한가長恨歌〉를 보니,

'하늘로는 벽락까지 찾아보고
아래로는 황천까지 뒤졌지만 　　　　　　　　　上窮碧落下黃泉
두 곳 모두 망망하기만 할 뿐 어디에도 보이지 않네.' 兩處茫茫都不見

라 하였으니 이야말로 목련目連이 자기 어머니 찾는 꼴이 아니오?"
　　함께 모였던 사람들이 모두 크게 웃고 즐겼다.
　　장호는 일찍이 광릉廣陵을 지나면서 이런 시를 읊었다.

"십리나 뻗은 길거리 시정에 연이어 있고 　　　　十里長街市井連
명월교 위에서는 신선을 보았네 　　　　　　　明月橋上看神仙
사람이 살았다 해도 죽어 양주에 모이는 것 　　人生只合揚州死
선지산 가에 좋은 묘터가 있네." 　　　　　　　禪智山光好墓田

　　대중大中 연간에 그는 과연 단양丹陽에 은거하다 죽으니, 사람들은 모두
위의 글이 시참詩讖이 되었다고 여겼다.
　　시집 1권이 지금 전하고 있다.

　　◎ 춘추시대 위衛나라 거백옥蘧伯玉은 군자가 자신 홀로밖에 없는 것을
부끄럽게 여겼고, 영호초令狐楚도 대체로 그러한 훌륭한 성격이었다. 그러나
원진만은 그렇지 못하였다.
　　남이 열 번을 칭찬하는 자에게도 더 바라는 것이 있었고, 한 번 욕을
하면 더 퍼부어야 하는 못된 성격이다. 사람의 성취란 그 심천이 있게 마련
인데 어찌 사람을 한 번 보고 "내가 모른다고 해서 남까지도 그를 버린다고
할 수 있겠는가?"
　　원진이 장호를 두고 조충소기雕蟲小技의 자질구레한 짓거리라 평하였는데,
그렇다면 원진이 하는 일은 이와 같지 않단 말인가?
　　어진 이를 꺼리고 재능 있는 자를 질투하면서 그가 문 앞에 들어서기도
전에 물어버리니, 이렇게 자신에게는 홀략히 하면서 남에게는 지나치게
요구하는 행동은 바로 천유지행穿窬之行이로다. 장호는 능히 처사로써

일생을 마쳤지만 그 명성은 종정鐘鼎에 새기지 않아도 오히려 당시에 이미 알려졌을 뿐 아니라 지금도 칭송을 받고 있다. 불우함이란 하늘의 뜻이다. 그러나 그 이름을 없앨 수 없는 것도 역시 하늘의 뜻이다. 어찌 아부로 세상을 살면서 그 냄새를 끝없이 남기고 있는 그러한 자들과 같을 수 있겠는가!

張祜: 附, 崔涯

祜, 字承吉, 南陽人, 來寓姑蘇. 樂高尙, 稱處士. 騷情雅思, 凡知己者悉當時英傑. 然不業程文.

元和·長慶間, 深爲令狐文公器許, 鎭天平日, 自草表薦, 以詩三百首獻於朝, 辭略曰:『凡制五言, 苞含六義. 近多放誕, 靡有宗師. 祜久在江湖, 早工篇什. 研幾甚苦, 搜象頗深. 輩流所推, 風格罕及. 謹令繕錄, 詣光順門進獻, 望宣付中書門下.』

祜至京師, 屬元稹號有城府, 偃仰內庭, 上因召問祜之詞藻上下, 稹曰:「張祜雕蟲小技, 壯夫不爲. 若獎激太過, 恐變陛下風教」上頷之.

由是寂寞而歸, 爲詩自悼云:『賀知章口徒勞說, 孟浩然身更不疑.』

遂客淮南, 杜牧時爲度支使, 極相善待, 有贈云:『何人得似張公子,千首詩輕萬戶侯.』

祜苦吟, 妻帑每喚之皆不應, 曰:「吾方口吻生花, 豈恤汝輩乎?」

性愛山水, 多遊名寺, 如杭之靈隱·天竺, 蘇之靈巖·楞伽, 常之惠山·善權, 潤之甘露·招隱, 往往題詠唱絶. 同時崔涯亦工詩, 與祜齊名, 頗自放行樂, 或乘興北里, 每題詩倡肆, 譽之則聲價頓增, 毀之則車馬掃迹. 涯尚義, 有〈俠詩〉云: 『太行嶺上三尺雪, 崔涯袖中三尺鐵. 一朝若遇有心人, 出門便與妻兒別.』

嘗共謁淮南李相, 祜稱「釣鼈客」.

李怪之, 曰:「釣鼈以何爲竿?」

曰:「以虹」,「以何爲鈎?」曰:「新月」,「以何爲餌?」曰:「以『短李相公』也」紳壯之, 厚贈而去. 晚與白樂天日相聚讌謔, 樂天譏以:「足下新作〈憶柘枝〉云:『鴛鴦鈿帶拋何處, 孔雀羅衫付阿誰?』乃一問頭詩耳」

祜曰:「鄙薄之誚是也. 明公〈長恨歌〉曰:『上窮碧落下黃泉, 兩處茫茫都不見.』又非目連尋母邪?」一座大咲.

初, 過廣陵, 題曰:『十里長街市井連, 月明橋上看神仙. 人生只合揚州死, 禪智山光好墓田.』

大中中, 果卒於丹陽隱居, 人以爲讖云.

詩一卷, 今傳.

◎ 衛遽伯玉恥獨爲君子, 令狐公其庶幾, 元稹則不然矣. 十譽不足, 一毀有餘. 其事業淺深, 於此可以觀人也.「爾所不知, 人其舍諸?」稹謂祜雕蟲瑣瑣, 而稹所爲, 有不若是耶? 忌賢嫉能, 迎戶而噬, 略己而過人者, 穿窬之行也. 祜能以處士自終其身, 聲華不借鐘鼎, 而高視當代, 至今稱之. 不遇者, 天也; 不泯者, 亦天也! 豈若彼取容阿附, 遺臭之不已者哉!

【祜】張祜의 이름을 '張祐'로 잘못 기록한 것이다.

【程文】科擧의 考試場에서의 일정한 법칙이 있는 文章. 응시자들이 그 程式에 따라 답안을 쓰도록 되어 있다. 그러나 이 程文은 五代 때 시작된 것이다. (淸 顧炎武《日知錄》卷16〈程文〉참조) 따라서 본문의 내용은 잘못된 것이다.

【令狐楚】본책 卷5(126) 참조. 諡號가 '文'이었다. 令狐楚가 張祜를 추천한 文章은《全唐文》(卷539)에 실려 있으며, 제목은〈題張祜詩冊表〉이다.

【天平】唐나라의 方鎭으로 지금의 山東省 東平縣에 治所가 있었다.

【六義】詩의 風·雅·頌·賦·比·興을 말한다.

【光順門】唐나라 長安 大明宮 集賢殿 書院의 서쪽 문으로 上書를 올리는 곳이었다.

【雕蟲小技】雕蟲小巧와 같은 뜻. '겨우 기교를 부려 지은 詩'라는 뜻이다. 揚雄의《法言》吾子에 "或問: '吾子少而好賦?'曰: '然, 童子雕蟲篆刻.'俄而曰: '壯夫不爲也.'"라 하였다.

【賀知章】본책 卷3(053) 참조.

【孟浩然】본책 卷2(043) 참조.

【賀知章口徒勞說】이 구절은《全唐詩》(卷511)에 실려 있으며 제목은〈寓懷寄蘇州劉郎中〉이다. (참고)

【何人得似張公子】두목의 이 詩는《全唐詩》(卷522)에 실려 있으며 제목은〈登池州九峰樓寄張祜〉이다. (참고)

【北里】唐나라 長安의 平康里. 唐나라 孫棨의《北里志》가 있으며 그곳 기녀들의 생활을 기록하였다.

【太行嶺上三尺雪】崔涯의 이 詩는《全唐詩》(卷505)에 실려 있으며 제목은〈俠士詩〉이다. 全文이다.

【李紳】본책 卷6(145) 참조.

【釣鼇】'釣鰲'로도 쓰며《列子》湯問篇의 故事. 옛날 渤海 동쪽에 五山이 있어 하느님이 큰 자라 15마리로 하여금 그 머리로 산을 이고 있게 하였다. 그런데 龍伯國의 大人이 큰 발로 몇 걸음만에 그 五山에 이르러 낚싯대 하나로 여섯 마리의 자라를 낚아 버리자 그 산이 흩어져 岱興山과 員橋山은 北極으로 떠내려가서 바다에 가라앉았다고 한다. 그 뒤 釣鼇는 원대한 포부·호탕한 기상을 뜻하는 말로 쓰였다.

【鴛鴦鈿帶抛何處】이 구절은《全唐詩》(卷511)에 실려 있으며 제목은〈感王將軍柘枝妓歿〉이다. (참고)

【上窮碧落下黃泉】이는 白樂天의 〈長恨歌〉의 구절.

【目連尋母】널리 알려진 佛敎 故事로 석가모니 十大 弟子인 目連尊者가 지옥에 떨어진 자신의 어머니를 구하기 위해 찾아 헤매는 이야기. 《目連經》 참조.

【長恨歌詩】이상 白樂天과의 故事는 《唐撫言》 卷13의 〈矛盾〉의 이야기를 바탕으로 한 것이며 小說家가 꾸며낸 이야기이다. (참고)

【十里長街市井連】이 詩는 《全唐詩》(卷511)에 실려 있으며 제목은 〈縱游淮南〉이다. 詩의 全文이다.

【詩讖】이상의 이야기는 《唐詩紀事》(卷52)를 근거로 한 것이다. (참고)

【蘧伯玉】春秋時代 衛나라의 大夫로 이름은 瑗이었다. 당시의 大夫인 史鰌가 그의 어짊을 알고 尸諫하여 衛 靈公에게 임용하도록 한 故事로 유명하다. 《論語》 衛靈公篇에 "君子哉! 蘧伯玉. 邦有道, 則仕, 邦無道, 則可卷而懷之"라 하였다.

【爾所不知】《論語》 子路篇에 "仲弓爲季氏宰, 問政. 子曰: '先有司, 赦小過, 擧賢才.'曰: '焉知賢才而擧之?'曰: '擧爾所知, 爾所不知, 人其舍諸?'"라 하였다.

【迎戶而噬】어진 이를 질투하고 핍박함을 말한다. 東漢 王符의 《潛夫論》 潛嘆篇에 "夫詆訾之法者, 伐賢之斧也. 而驕妬者, 噬賢之狗也"라 하였다.

【穿窬】'벽을 뚫고 들어가 도둑질을 하다'의 뜻이다. 《論語》 陽貨篇에 "色厲而內荏, 譬諸小人, 其猶穿窬之盜也與?"라 하였다.

【鐘鼎】옛날 銅器의 총칭. 훌륭한 기록을 뜻한다. 《舊唐書》 長孫無忌傳에 "自古帝王褒崇勳德, 旣勒銘於鐘鼎, 又圖形於丹靑"이라 하였다.

참고 및 관련 자료

1. 장호(張祜)

〈三間本〉에는 '장우(張祐)'로 잘못 실려 있다. 字는 承吉, 혹은 長吉이다. 그의 詩는 《新唐書》(藝文志, 4), 《崇文總目》(卷5), 《郡齋讀書志》(卷18) 등에 모두 詩 1卷으로 著錄되어 있으며 《直齋書錄解題》(卷19)에만 詩 10卷으로 되어 있다. 《全唐詩》에는 그의 詩가 2卷(510·511)으로 편집되어 있고 《全唐詩外編》 및 《全唐詩續拾》에 詩 155首, 斷句 8句, 제목 하나가 補入되어 있다. 《唐詩紀事》(卷52)에 관련 기록이 실려 있고 北京圖書館에는 南宋 때 蜀刻本 《張承吉文集》 10卷이 남아 있다.

2.《唐詩紀事》卷52

皮日休云: 祜, 字長吉, 元和中, 作宮體小詩, 辭曲豔發, 當時輕薄之流, 能其才, 合謌得譽. 老大稍窺建安風格, 誦樂府錄, 知作者本意, 短章大篇, 往往間出, 講諷怨譎, 時與六義相左右. 善題目佳境, 言不可刊置別處, 此爲才子之最也. 或薦之天子, 書奏不下. 亦受辟諸侯府, 性狷介不容物, 輒自劾去. 以曲阿地古澹有南朝遺風, 遂築室種植而家焉. 性嗜木石, 悉力致之, 從南海間罷職事, 載羅浮石笋還. 不蓄美田利産爲身後計, 死未二十年, 而故姬遺孕, 凍餒不暇, 豈其怨刺於神明耶! 天果不愛才, 沒而猶譴耶! 又進士顏萱過祜丹陽遺居, 覓其愛姬崔氏, 貧居荊榛下, 有一子杞兒, 求食汝墳矣. 憫然作詩弔之. 萱詩曰:『憶昔爲兒逐我兄, 曾抛竹馬拜先生. 書齋已換當時主, 詩壁空題故友名. 豈是爭權留怨敵, 可憐當路盡公卿. 柴扉草屋無人問, 猶向荒田責地征.』

3.《全唐詩》卷510

張祜, 字承吉, 清河人. 以宮詞得名. 長慶中, 令狐楚表薦之, 不報. 辟諸侯府, 多不合, 自劾去. 嘗客淮南, 愛丹陽曲阿地, 築室卜隱. 集十卷, 今編詩二卷.

4.〈寓懷寄蘇州劉郎中〉(時以天平公薦罷歸) (《全唐詩》卷511)

『一聞周召佐明時, 西望都門强策羸. 天子好文才自薄, 諸侯力薦命猶奇. 賀知章口徒勞說, 孟浩然身更不疑. 唯是勝遊行未遍, 欲離京國尚遲遲.』

5. 杜牧〈登池州九峰樓寄張祜〉(《全唐詩》卷522)

『百感中來不自由, 角聲孤起夕陽樓. 碧山終日思武盡, 芳草何年恨卽休. 睫在眼前長不見, 道非身外更何求. 誰人得似張公子, 千首詩輕萬戶侯.』

6.〈感王將軍柘枝妓沒〉(《全唐詩》卷511)

『寂寞春風舊柘枝, 舞人休唱曲休吹. 鴛鴦鈿帶抛何處, 孔雀羅衫付阿誰. 畫鼓不聞招節拍, 錦靴空想挫腰肢. 今來座上偏惆悵, 曾是堂前敎徹時.』

7.《唐摭言》卷13 矛盾

張處士〈憶柘枝〉詩曰:『鴛鴦鈿帶抛何處, 孔雀羅衫屬阿誰?』白樂天呼爲問頭祜矛盾之曰:「鄙薄問頭之誚, 所不敢逃」然明公亦有目連變.〈長恨詞〉云:『上窮碧落下黃泉, 兩處茫茫都不見.』此豈不是目連訪母耶?

8.〈詩讖〉(《唐詩紀事》卷52)

或言祜清河人, 嘗賦〈淮南〉詩, 有『人生只合揚州死, 禪智山光好墓田』. 大中中, 果卒於丹陽隱舍.

166(6-24)
유득인劉得仁

　　유득인劉得仁은 공주公主의 아들로 장경長慶 연간에 시로써 이름을 날린 인물이다. 그의 오언시五言詩는 청영淸瑩하여 문단에 독보적이었다. 개성開成 이후로부터 대중大中에 이르기까지, 삼조三朝 동안 유득인의 형제들은 귀척貴戚의 신분이라 하여 모두가 현달한 지위에 발탁되었지만 유득인만은 홀로 글공부에만 고심하였다. 그는 일찍이 뜻을 세우기를 반드시 과거는 보되 낙방하여 남이 받은 작위를 빼앗지는 않겠다고 하였다. 그 때문에 그는 과거에 무려 20년이나 응시하였지만 결국 급제하지 못하였다.

　　유득인은 스스로 암혼하고 은폐된 것에 있으면서도 반짝이는 불빛에 머리 돌리는 그런 태도가 아니었다. 그는 시 한 수를 지어 그의 친구에게 주었다. 그 내용은 이러하다.

"외갓집이 제왕이시나　　　　　　　　　外族帝王是
　궁중에 친한 친구 드무네　　　　　　　中朝親故稀
　법을 바꾸어 제멋대로 떠드는 자　　　飜令浮議者
　학처럼 높은 하늘 날지 못하게 해야지."　不許九霄蜚

　　유득인은 근심은 많았으나 스스로 곤궁하지 않았고, 원망은 있으나 화를 내지 않았으며 슬픔이 있으나 상심하지는 않았다.

굳세고 쟁쟁하기 금옥과 같아 동류同流와 합치지 못하였으며 고달픈 생활을 싫어하지 않았다. 유득인은 시율詩律의 정격正格을 엄수하면서 성률聲律의 병폐를 바로 잡으려 하였고 그 궁고함을 달게 여겨 부귀에 급급하지 않았다. 왕손이나 공자 중에 천 년에 이런 사람 하나 구해 보려도 더 이상 없을 것이다. 그가 죽자 스님 서백栖白이 이런 시로써 애도하였다.

"시에만 몰두하다 그 몸 이 지경 되었네   思苦爲詩身到比
얼음, 눈 같은 그 혼백 더 부를 수도 없네   冰魂雪魄已難招
그까짓 계수나무 무덤 위에 던져라   直敎桂子落墳上
한 가지 살아나서 옛 결심 알려주게."   生得一枝冤始銷

시집 1권이 있어 세상에 전하고 있다.

劉得仁:

得仁, 公主之子也. 長慶間, 以詩名. 五言淸瑩, 獨步文場. 自開成後, 至大中三朝, 昆弟以貴戚皆擢顯仕, 得仁獨苦工文. 嘗立志, 必不獲科第不願儋人之爵也. 出入擧場二十年, 竟無所成. 投蹟幽隱, 未嘗耿耿. 有寄所知. 詩云:『外族帝王是, 中朝親故稀. 翻令浮議者, 不許九霄飛.』

憂而不困, 怨而不怒, 哀而不傷. 鏗錚金玉, 難合同流, 而不厭於磨淬. 端能確守格律, 揣治聲病, 甘心窮苦, 不汲汲於富貴. 王孫公子中, 千載求一人, 不可得也.

及卒, 僧栖白弔之曰:『思苦爲詩身到此, 氷魂雪魄已難招. 直敎桂子落墳上, 生得一枝冤始銷.』

有詩一卷, 行於世.

【公主】劉得仁의 어머니가 어느 공주였는지는 알 수 없다.

【外族帝王是】이 詩는 《全唐詩》(卷545)에 실려 있으며 〈上翰林丁學士〉 중의 일부이다. (참고)

【栖白】본책 卷3(064) 靈一傳 참조.

【桂子】唐나라 때 科擧에 급제하는 것을 '折桂'라 하고 科擧를 '桂科'라 하였다.

【思苦爲詩身到此】栖白의 이 詩는 《全唐詩》(卷823)에 실려 있으며 제목은 〈哭劉得仁〉이다. 詩의 全文이다.

참고 및 관련 자료

1. 유득인(劉得仁)

그의 詩는 《全唐詩》(藝文志, 4)에 《劉得仁詩》 1卷, 《宋史》(藝文志, 7)도 같다. 《全唐詩》에는 그의 詩가 2卷(544·545)으로 편집되어 있으며 따로 5首가 전한다. 《全唐詩外編》·《全唐詩續拾》에 詩 1首와 斷句 2句가 補入되었다. 《唐詩紀事》(卷53)에 관련 기록이 실려 있다.

2. 《唐詩紀事》 卷53

得仁, 貴主之子. 自開成至大中三朝, 昆弟皆歷貴仕, 而得仁苦於詩, 出入擧場三十年, 卒無成. 嘗〈自述〉曰:『外家雖是帝, 當路且無親.』又云:『外族帝王是, 中朝親故稀. 翻令浮議者, 不許九霄飛.』旣終, 詩人競爲詩弔之. 僧栖白詩曰:『忍苦爲詩身到此, 冰魂雪魄已難招. 若敎桂子落墳上, 生得一枝冤始銷.』

3. 《全唐詩》 卷544

劉得仁, 貴主之子, 長慶中卽以詩名. 自開成至大中三朝, 昆弟皆歷貴仕, 而得仁出入擧場三十年. 卒無成. 集一卷, 今編詩二卷.

4. 〈上翰林丁學士〉 (《全唐詩》 卷545)

『今代如堯代, 徵賢察衆情. 久聆推行實, 然後佐聰明. 官自文華重, 恩因顧問生. 詞人求作稱, 天子許和羹. 御柳凋霜晚, 宮泉滴月淸. 直廬寒漏近, 秋燭白麻成. 玉殿移時對, 金輿數侍行. 賜衣香未散, 借馬色難名. 時輩何偏羨, 儒流此最榮. 終當聞爕理, 寰宇永昇平.』

一本將後四句作下第吟絶句.

『何處訪岐路, 靑雲但憶歸. 風塵數年限, 門館一生依. 外族帝王是, 中朝親舊稀. 翻令浮議者, 不許九霄飛.』

167(6-25)
주경여朱慶餘

주경여朱慶餘는 이름이 가구可久이며 자가 경여慶餘이다. 사람들은 모두 그의 자를 불렀다. 그는 민중閩中 사람으로 보력寶歷 2년, 배구裴球와 동방으로 진사에 급제하여 비성교서秘省校書를 제수받았다. 주경여는 수부水部 장적張籍의 시풍을 익혀 기평의절氣平意絶하여 문단 안에서 뛰어난 시인이 되었다.

당시에도 이미 유명하였으며 문집 1권이 지금 전하고 있다.

朱慶餘:

慶餘, 字可久, 以字行. 閩中人. 寶歷二年, 裴球榜進士及第, 授秘省校書. 得張水部詩旨, 氣平意絶, 社中哲匠也. 有名當時.

集一卷, 今傳.

【可久】原文에 그의 字가 可久로 실려 있으나 《新唐書》 藝文志에는 '名可久' 로 되어 있다.
【閩中】지금의 福建省. 다른 기록에 의하면 그는 '越中人'이라 하였다.
【裴球】裴俅. 唐 宣宗 때 宰相이었던 裴休의 동생이다. 《舊唐書》 裴休傳 참조.
【張籍】본책 卷5(138) 참조.

【得張水部詩旨】朱慶餘가 張籍의 詩風을 익혔다는 내용은 《雲溪友議》 卷12를 근거로 한 것이다. (참고)

1. 주경여(朱慶餘)

본명은 可久이며 慶餘는 字로 보고 있다. 《新唐書》(藝文志, 4)에 《朱慶餘詩》 1卷이 著錄되어 있으며 《全唐詩》에는 2卷(514·515)으로 편집되어 있다. 《唐詩紀事》(卷46)에 관련 기록이 실려 있다.

2. 《唐詩紀事》 卷46

慶餘, 名可久, 以字行. 越州人, 受知於張籍, 登寶曆進士第, 詩二卷

3. 《雲溪友議》 卷2

「余校書旣遇水部郎中張籍知音. 遍索慶餘新制篇什數通, 吟改後, 只留二十六章. 水部置於懷拘而推贊之, 淸列以張公重名. 無不繕錄諷咏, 遂登科第. 朱君尙 爲謙退, 作〈閨意〉一篇以獻張公, 公明其進退, 亦和焉. 詩曰: 『洞房昨夜停紅燭, 待曉堂前拜舅姑. 妝罷低聲問夫婿, 畫眉深淺入時無.』張籍郎中酬曰: 『越女 新妝出鏡心. 自知明艶更沉吟, 齊紈未足人間貴, 一曲菱歌抵萬金.』朱公才學, 因張公一詩名流海內矣.」

168(6-26)
두목杜牧

附: 엄운殿惲

두목杜牧은 자가 목지牧之이며 경조京兆 사람이다. 문장에 뛰어난 재질을 보였고, 대화大和 2년에 위주韋籌와 동방으로 진사에 급제하였다. 여현厲玄과는 동년同年이다.

처음 두목이 낙제하고 동도東都 낙양洛陽에 이르렀을 때 마침 예부시랑禮部侍郎 최언崔郾이 고시관이었다. 그러자 태학박사太學博士 오무릉吳武陵이 절름발이 나귀를 타고 최언을 찾아가 이렇게 말하였다.

"시랑께서는 준덕위망峻德偉望하신 인물로 임금을 위해 인재를 선발하고 계십니다. 이에 제가 어찌 감히 진로塵露의 작은 힘이나마 보태드리지 않을 수 있겠습니까? 제가 일찍이 문사들 수십

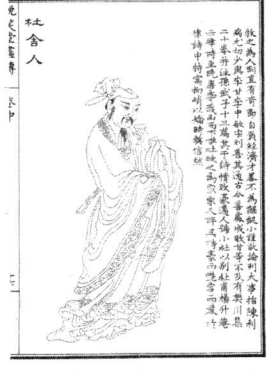

杜舍人(杜牧) 《晚笑堂畫傳》

명이 눈을 부릅뜨고 춤을 추며 손뼉을 치고 감탄하면서 공동으로 한 권의 글을 소리내어 읽고 있는 것을 보았습니다. 무엇을 가지고 그리도 떠들썩한가 하고 보았더니 바로 진사 시험을 준비하는 두목이란 자의 〈아방궁부阿房宮賦〉였습니다. 이처럼 두목은 바로 임금을 보좌할 재자입니다."

그러고는 그 시권詩卷을 꺼내어 자신의 홀笏을 허리에 차고 낭송해 주었다. 최언은 크게 칭찬하였다. 그러자 오무릉은 다시 이렇게 요구하였다.

"청컨대 공께서 그를 장원으로 해 주십시오."

최언은 난색을 표하였다.

"이미 장원은 결정이 났습니다."

이에 오무릉은 이렇게 말하였다.

"만약 안 된다면 청컨대 그를 5등 안에 합격시켜 주십시오. 그것도 안 된다면 청컨대 이 작품을 근거로 그를 한 번 만나 보고 보내 주기라도 하십시오."

이처럼 오무릉의 말과 표정은 격렬하고도 엄숙하였다. 이에 최언도 응락하고 말았다.

"시험에 참가한 많은 사람들이 두목은 성격이 소광疏曠하여 세행細行에는 얽매임이 없다 하더이다. 그러나 그대의 지시를 받들어 두목을 급제시키겠습니다. 이 말은 변함이 없을 터이니 안심하십시오!"

뒤에 두목은 현량방정과賢良方正科에도 합격하였다. 그리고 심전사沈傳師의 추천으로 강서단련사江西團練使 부순관府巡官이 되었으며 다시 회남절도사淮南節度使 우승유牛僧孺 막하의 장서기掌書記를 지내기도 하였다. 두목은 시어사侍御史를 배수拜授받고, 좌보궐左補闕을 거쳐 황주자사黃州刺史·지주자사池州刺史·목주자사睦州刺史 등을 역임하였으며, 고공랑중지제고考功郎中知制誥로써 중서사인中書舍人으로 승진되기도 하였다.

두목은 강직한 성격에 기절奇節이 있어 소근小謹에 악착스럽게 굴지 않았고, 감히 대사大事를 논하고 이해 득실을 진설陳說하는 데에 아주 뛰어났다.

게다가 병법과 전술에 있어서도 평소 깊은 연구가 있었다. 두목은 일찍이 그의 종형인 두종杜悰에 의해 여러 차례 장상將相을 역임하기도 하였으나 자신의 적성에 맞지 않아 마음속에 많은 불편을 느끼기도 하였다.

그는 50세에 생을 마쳤다. 죽기 전에 자신의 묘지명墓誌銘을 쓰고는 그 밖의 많은 작품은 모두 태워버렸다.

두목의 시정은 호매豪邁하고 시어는 솔직하여 사람을 놀라게 한다. 식자들은 그의 시가 두보杜甫와 비슷하다고 여겨 '대두大杜'·'소두小杜'로 구별하고 있으며 뒷사람들이 두목의 시를 이렇게 평하였다.

"구리 구슬을 동판에 굴리는 것 같고, 준마가 언덕을 내달리는 것 같다."(如銅丸走坂, 駿馬注坡)

따라서 원만함과 급함이 잘 구비되어 조화를 이루고 있다고 볼 수 있다.

두목은 얼굴도 잘생겼고 가무歌舞를 좋아하였으며 풍취의 정이 자못 활달하여 스스로 막힘이 없었다.

당시는 회남淮南 지역이 번성하여 서울에 못지않았다. 그 때문에 남쪽에 명희절색名姬絶色이 많았다. 두목은 그 분위기에 빠져 방자하게 놀았고 우승유牛僧儒는 관가官街를 순시하면서 사서기社書記들이 기관妓館의 기생들에게 평안함을 묻는 편지들을 보낸 것들을 보고받았는데 그 문서가 상자에 가득할 정도였다.

뒤에 두목은 동도東都 낙양洛陽의 어사분사御史分司에 벼슬을 하게 되었다. 그 때 사도司徒 이원李愿이란 자가 마침 낙양에 한거閑居하고 있었다. 그런데 그 이원의 집에 있는 기녀들이 천하 제일이었다. 이원은 조야의 선비들을 불러모아 잔치를 열면서 두목은 어사대御史臺에 관직을 가지고 있어 감히 초청하지 않았다. 두목은 사람을 보내어 자신도 초청해 주도록 암시를 하였다. 그리고 잔치에 이르러 이렇게 물었다.

"들건대 자운紫雲이란 여자가 가무에 뛰어나다던데 누구요?"

그러고는 자운에게 이런 시를 읊어 주었다.

"이 좋은 집에 오늘 멋진 잔치 열렸네   華堂今日綺筵開
  누가 나 이 분사어사를 불러 주었는고   誰喚分司御史來
  갑자기 미친 질문하니 온 사람이 놀라고   忽發狂言驚四座
  예쁜 화장한 여인들이 동시에 고개 돌려 나를 보네." 兩行紅袖一時回

이처럼 두목은 의기가 한일閑逸하고 방약무인하여 자리하였던 모든 사람들이 기이하다 칭하지 않는 이가 없었다.

대화大和 말년, 그가 호주湖州에 갔을 때 한 여자의 아름다움에 눈이 팔리고 말았다. 그런데 그 여자는 겨우 십여 세에 불과하였다. 이에 두목은 이렇게 약속하였다.

"내 10년 후에 이곳 호주로 벼슬 와서 너를 맞이하리라."

그러고는 금폐金幣까지 주면서 결약結約하였다. 그러다가 주지周墀가 재상이 되자 두목은 재상에게 표를 올려 스스로 호주자사湖州刺史로 나가겠다고 청하였다. 그가 결국 호주자사로 부임하였을 때 세월은 14년이 흘렀고 옛날의 그 여인은 이미 시집을 가서 두 아이까지 낳은 뒤였다. 실망을 느낀 두목은 이렇게 읊었다.

"꽃을 보고 떠났다가 너무 늦게 돌아왔구나　　　　自恨尋芳去較遲
꽃답던 옛날 그리워하면 슬퍼할 일도 아니더라　　不須惆恨怨芳時
지금 이미 바람은 그 꽃 낭자하게 흔들어 놓았고　如今風擺花狼藉
푸른 잎 녹음을 이루어 가지 가득 열매일세!"　　　綠葉成陰子滿枝

이것이 이 사건의 대체적인 내용이다. 무릇 정에 얽매어 그 아름다운 사건이 시어 속에 들어 있다. 두목은 번천樊川에 별업別業을 짓고 살았다. 《번천집樊川集》20권과 《손자주孫子注》가 모두 전하고 있다.
두목과 동시대 인물로 엄운嚴惲이란 자가 있었다. 자는 자중子重이며 시에 뛰어났고 두목과는 아주 친한 사이였다.
그는 〈문춘問春〉이란 시로 이름을 얻었으며 옛날에 문집이 있다고 들었으나 지금은 전하지 않는다.

杜牧: 附, 嚴惲

牧, 字牧之, 京兆人也. 善屬文. 太和二年, 韋籌榜進士, 與屬玄同年. 初, 末第, 來東都, 時主司侍郎崔郾, 太學博士吳武陵策蹇進謁曰:「侍郎以峻德偉望, 爲明君選才, 僕敢不薄施塵露. 向偶見文士十數輩, 揚眉抵掌, 其讀一卷文書, 覽之, 乃進士杜牧〈阿房宮賦〉. 其人, 王佐才也」

因出卷, 搢笏朗誦之, 郾大加賞. 曰:「請公與狀頭!」

郾曰:「已得人矣.」

曰:「不得, 卽請第五人. 更否, 則請以賦見還!」

辭容激厲. 郾曰:「諸生多言, 牧疏曠不拘細行, 然敬依所教, 不敢易也」

後又擧賢良方正科. 沈傳師表爲江西團練府巡官. 又爲牛僧孺淮南節度府掌書記. 拜侍御史, 累遷左補闕, 歷黃·池·睦三州刺史, 以考功郞中知制誥, 遷中書舍人. 牧剛直有奇節, 不爲齪齪小謹, 敢論列大事, 指陳利病尤切. 兵法戎機, 平昔盡意. 嘗以從兄悰更歷將相, 而己困躓不振, 怏怏難平. 卒年五十, 臨死自寫墓誌, 多焚所爲文章. 詩情豪邁, 語率驚人. 識者以擬杜甫, 故呼「大杜」·「小杜」以別之.

後人評牧詩:『如銅丸走坂, 駿馬注坡.』謂圓快奮急也. 牧美容姿, 好歌舞, 風情頗張, 不能自遏. 時淮南稱繁盛, 不減京華, 且多名姬絶色, 牧恣心賞, 牛相收街吏報 杜書記平安帖子至盈篋. 後以御史分司洛陽, 時李司徒閒居, 家妓爲當時第一, 宴朝士, 以牧風憲, 不敢邀, 牧因遣諷李使召己, 旣至, 曰:「聞有紫雲者 妙歌舞, 孰是?」

卽贈詩曰:『華堂今日綺筵開, 誰喚分司御史來. 忽發狂言驚四座, 兩行紅袖一時回.』

意氣閒逸, 傍若無人, 座客莫不稱異. 太和末, 往湖州, 目成一女子, 方十餘歲, 約以「十年後吾來典郡, 當納之」結以金幣. 洎周墀入相, 上牋乞守湖州, 比至, 已十四年, 前女子從人, 兩抱雛矣.

賦詩曰:『自恨尋芳去較遲, 不須惆悵怨芳時. 如今風擺花狼藉, 綠葉成陰子滿枝.』

此其大槪一二. 凡所牽繫, 情見於辭. 別業樊川.

有《樊川集》二十卷, 及註《孫子》, 幷傳.

同時有嚴惲, 字子重, 工詩, 與牧友善, 以《問春》詩得名, 昔聞有集, 今無之矣.

【厲玄】唐 文宗 때 壯元하여 監察御使·員外郎 등을 지낸 人物. 본책 150의 注 참조.

【崔郾】中書舍人·禮部侍郎·觀察使 등을 지냈다. 兩《唐書》에 傳이 있다.

【吳武陵】唐 敬宗·文宗 때 翰林學士·韶州刺史 등을 지냈다. 《新唐書》에 傳이 있다.

【峻德】높은 德. 大德. 《禮記》大學에 "帝典曰: 克明峻德"이라 하였다.

【塵露】티끌이나 이슬. 하찮은 것. 曹子建의 〈求自試表〉에 "翼以塵露之微, 補益山海, 螢燭末光, 增輝日月"이라 하였다.

【阿房宮賦】杜牧의 賦 作品. 널리 알려진 作品이다.

【沈傳師】文宗 때 江西觀察使를 지냈다. 兩《唐書》에 傳이 있다.

【牛僧孺】唐 穆宗 때의 宰相. 兩《唐書》에 傳이 있다.

【黃州】지금의 湖北省 黃岡縣.

【池州】지금의 安徽省 貴池縣.

【睦州】浙江省 桐廬縣·淳安縣·建德縣 지역.

【杜悰】京兆尹·鳳翔節度使·左僕射 등을 지냈으며 兩《唐書》에 傳이 있다.

【李司徒】李愿. 唐나라 때의 名將 李晟의 아들로 節度使를 지냈으며 죽은 후 司徒로 추증받았다. 兩《唐書》에 傳이 있다.

【華堂今日綺筵開】이 시는 《全唐詩》(卷524)에 실려 있으며 제목은 〈兵部尙書席上作〉이다. 이 故事는 《本事詩》高逸 第三에서 옮겨 온 것이다. (참고)

【周墀】唐 禪宗 때 兵部侍郎同中書門下平章事를 역임한 人物. 兩《唐書》에 傳이 있다.

【自恨尋芳去較遲】이 시는 《全唐詩》(卷525)에 실려 있으며 제목은 〈歎花〉이다. 이 故事는 《唐闕史》·《唐語林》(卷7), 《苕溪漁隱叢話》(後集, 卷5) '杜牧之'條에 引用된 《麗情集》 등에 실려 있으며 이는 小說家의 허구로 보고 있다. (참고)

【樊川】지금의 陝西省 長安縣. 漢나라 때의 樊噲의 封地였다.

【嚴惲】字는 子重이며 〈問春〉이란 詩로 유명하나 失傳되었다. 《全唐詩》에 〈落花〉 詩 1首가 전한다.

참고 및 관련 자료

1. 두목(杜牧: 803~852)

字는 牧之이며 杜甫에 대칭하여 小杜라 불리었다. 본 《唐才子傳》(〈四庫全書本〉)은 문장 끝에 "두목의 아들은 두순학이다 杜荀鶴"라는 네 글자가 더 실려 있다. 杜牧의 文集은 《新唐書》(藝文志, 4)에 《樊川集》20卷이 著錄되어 있고 《郡齋讀書志》와 《直齋書錄解題》에는 그밖에 《外集》 1卷이 기록되어 있으며 北宋 때 田槩가 집록한 《樊川別集》 1卷이 있다. 한편 《全唐詩》에는 杜牧의 詩를 8卷(520~527)으로 편집하였으나 그 중에는 다른 사람의 作品이 잘못 들어간 詩가 상당량이 있다. 《全唐詩外編》 및 《仝唐詩續拾》에 詩 9首가 補入되어 있으며 《新唐書》(藝文志, 3)에는 "杜牧注《孫子》三卷"이 있으며 이는 뒤에 曹操·李筌·杜牧·梅堯臣 등 11명의 注를 합한 《十一家注孫子》 속에 들어 지금도 전한다. 《唐詩紀事》(卷56) 등 唐·五代의 기록에 소설가의 허구 기록도 매우 많다.

2. 《舊唐書》 卷190(下) 참조.

3. 《新唐書》 卷201 참조.

4. 《唐詩紀事》 卷56

李義山作〈杜司勳〉詩云:『高樓風雨歎斯文, 短翼差池不及羣. 刻意傷春復傷別, 人間唯有杜司勳.』又云:『杜牧司勳字牧之, 淸秋一首杜秋詩. 前身應是梁江總, 名總還曾字總持. 心鐵已從干鏌利, 鬢絲休嘆雪霜垂. 漢江遠弔西江水 羊祜韋丹盡有碑.』(時杜撰韋碑)

5. 《全唐詩》 卷520

杜牧, 字牧之, 京兆萬年人. 太和二年, 擢進士第. 復擧賢良方正, 沈傳師表爲江西團練府巡官. 又爲牛僧孺淮南節度府掌書記, 擢監察御使. 移疾, 分司東都, 以弟顗病棄官. 復爲宜州團練判官, 拜殿中侍御史·內供奉. 累遷左補闕·史館修撰, 改膳部員外郞. 歷黃·池·睦三州刺史, 入爲司勳員外郞. 常兼史職, 改吏部. 復乞爲湖州刺史. 踰年, 拜考功郞中·知制誥, 遷中書舍人卒. 牧剛直有奇節, 不爲齦齦小謹. 敢論列大事, 指陳病利尤切. 其詩情致豪邁, 人號爲小杜, 以別甫云.
《樊川詩》四卷,《外集詩》一卷, 今編爲八卷.

6.〈兵部尚書席上作〉(《全唐詩》卷525)

『華堂今日綺筵開, 誰喚分司御史來. 偶發狂言驚滿坐, 三重粉面一時回.』

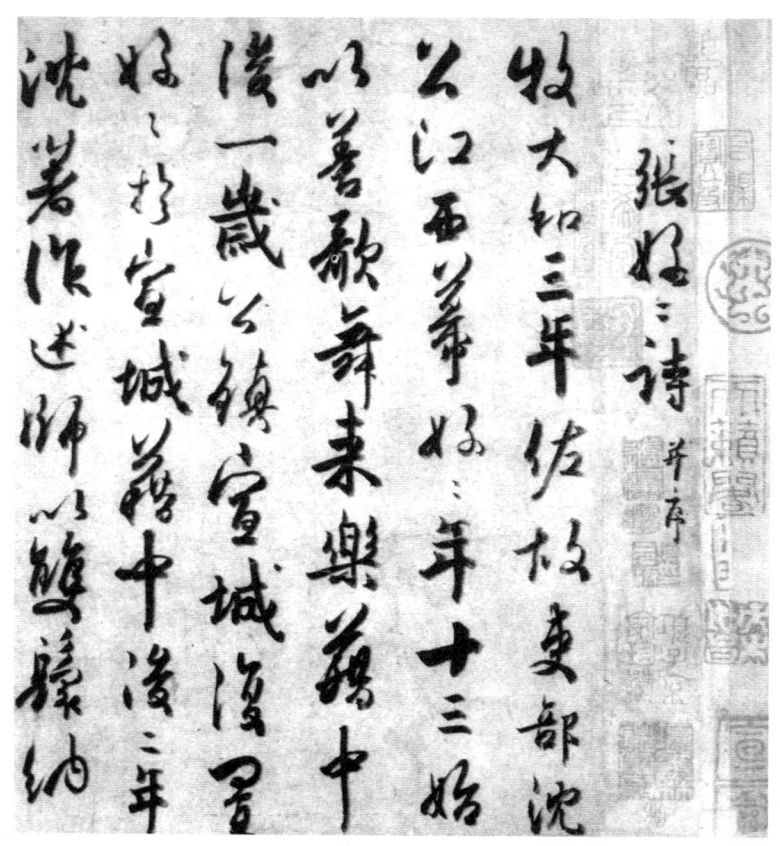

두목〈張好好詩〉잔권

磁州窯〈白釉黑花嬰戲瓷罐〉부분 (元) 1994 遼寧 綏中 출토

당재자전 唐才子傳

卷七(169 – 194)

〈竹林道人圖〉

169(7-1)
양발楊發

양발楊發은 대화大和 4년에 예부시랑禮部侍郎 정한鄭澣 아래에서 2등으로 급제하였다. 시에 뛰어난 자로서 역시 당시 성운聲韻에 뛰어난 시인이었다. 양발의 시 〈숙황화관宿黃花館〉은 다음과 같다.

"외로운 여관 쓸쓸하고 괴나무 잎도 드문데　　　　孤館蕭條槐葉稀
저녁 내내 냇물 너머로부터 희미하게 들려오네　　暮蟬聲隔水聲微
해마다 나그네 되어 먼길 떠돌고　　　　　　　　年年爲客路長在
날마다 보낸 사람 돌아오지 않네　　　　　　　　日日送人身未歸
그 어느 곳 길 잃은 고니 갯가 달빛 속을 나는고　何處離鴻迷浦月
그 누구 집 수심 속의 아낙 겨울옷 다듬질 소리　誰家愁婦擣寒衣
밤 깊어 잠 못 이루어 주렴을 걷어올리니　　　　夜深不臥簾猶捲
몇 마리 반딧불 문으로 날아드네."　　　　　　　數點殘螢入戶飛

이처럼 모두가 유량청신溜亮淸新하여 듣는 사람으로 하여금 자못 놀라움을 금치 못하게 한다. 그러나 아깝게도 그의 출처나 사적을 알아 볼 길이 없다.

양발의 시는 세상에 아직도 많이 전하고 있다.

楊發:

　發, 太和四年, 禮部侍郎鄭澣下第二人及第, 工詩, 亦當時聲韻之偉者.

　略擧一篇, 〈宿黃花館〉云: 『孤館蕭條槐葉稀, 暮蟬聲隔水聲微. 年年爲客路長在, 日日送人身未歸. 何處離鴻迷浦月, 誰家愁婦搗寒衣. 夜深不臥簾猶捲, 數點殘螢入戶飛.』

　俱溜亮清新, 頗驚凡聽, 恨其出處事蹟不得而知也.

　有詩傳世尚多.

【鄭澣】 文宗 때 禮部侍郎·刑部尙書 등을 지냈다. 兩《唐書》에 傳이 있다.

【宿黃花館】 이 詩는《全唐詩》(卷517)에 실려 있으며 제목도 같다. 詩 全文이다.

【出處事蹟不得而知】 이에 대해서는 作家가 資料를 충분히 활용하지 못한 것이다.

【有詩傳世尚多】《四庫全書本》에는 원문 끝에 "論曰: ……"일부 문장이 더 실려 있다. (참고)

참고 및 관련 자료

1. 양발(楊發)

字는 至之. 同州 馮翊(지금의 陝西省 大荔縣) 출신이다. 그의 詩는 역대 書目에는 보이지 않고 다만《全唐詩》(卷517)에 詩 13首가 실려 있으며《全唐詩外編》에 詩 1首가 補入되어 있다.

2.《全唐詩》卷517

楊發, 字至之, 馮翊人. 以父遺直客蘇州, 因家焉. 登太和四年進士第, 歷太常少卿, 出爲蘇州刺史, 卽其鄉里也. 後爲嶺南節度使, 以嚴爲治. 軍亂, 貶婺州刺史. 詩十三首.

3.『論曰』부분(《四庫全書本》《唐才子傳》卷5)

論曰:「禮樂之學, 何世無之? 周羅睺, 虎將也. 而能不失事舊主之儀: 楊發, 健吏也, 而能抗改作神主之議. 楊收博學精辨, 其議音律之變與旂常之藏, 誠不謬於古. 然運丁叔季, 制行出處, 皆不能盡合中道, 位愈高則禍愈大, 古稱知禮樂之情者能作; 知禮樂之文者能述. 夫皆知禮樂之文者歟!」

4. 기타 참고자료

《舊唐書》卷177 참조.

《新唐書》卷184 참조.

170(7-2)
이원李遠

　　이원李遠은 자가 구고求古이며 대화大和 5년, 두척杜陟과 동방同榜으로 진사에 급제한 촉蜀 땅 사람이다. 그는 어려서부터 큰 뜻을 품고 범속한 무리들과는 벗어나 있었다. 그리하여 그의 시는 일기逸氣한 것이 많고, 오채五彩가 빛나는 문채를 이루었다. 이원은 젊어서 지방의 작은 관리를 하였으며 시로서 큰 이름을 날리기 시작하였다.

　　당唐 선종宣宗 때에 재상 영호도令狐綯는 이원에게 항주자사杭州刺史의 자리를 줄 것을 상주上奏하였다. 그러자 임금은 이렇게 말하였다.

　　"내 듣기를 이원이란 자는,

'청산 속에 묻히니 천 잔 술이 싫지 않고	靑山不厭千杯酒
날마다 바둑 두느라 세월 가네.'	白日惟銷一局棋

라는 시가 있다면서요? 소방疏放함이 이와 같고서야 어찌 벼슬자리에 나가 사람을 다스릴 수 있겠소?"

　　영호도는 이렇게 설명하였다.

　　"시인이란 시에 의탁하여 자신의 즐거움을 표현할 뿐, 반드시 그 내용처럼 행동하는 것은 아닙니다."

　　임금이 이렇게 허락하였다.

　　"그렇다면 어디 시험 삼아 보내 놓고 어찌하나 봅시다."

이원은 항주에 이르러 과연 치적을 올려 명성이 나게 되었다.

이원은 성품이 간검簡儉하였으며 오리 고기를 즐겨 먹었다. 귀한 손님이 항주를 경과할 때면 이원이 주는 선물이란 다른 것이 아니라 귀한 손님일수록 바로 머리 푸른 오리 한 쌍일 뿐이었다.

뒤에 그는 충주忠州·건주建州·강주江州 등지의 자사刺史를 역임하였으며 어사중승御史中丞으로 벼슬을 마쳤다.

당초 그는 분성湓城의 목사牧使로 있을 때, 천보天寶 연간 안사지란安史之亂 때의 유물을 찾았다. 그런데 마침 진秦 땅의 스님이 가지고 있던 양귀비楊貴妃의 버선 한 쌍을 얻게 되었다. 그는 이것을 아주 귀한 것으로 소장하고 때때로 호사가好事家들에게 보여 주곤 하였다. 그 때 마침 이군옥李群玉이 호상湖湘으로부터 그가 있는 구강九江을 경과하게 되었다. 이원은 이군옥을 후하게 접대하였고 두 사람은 해가 지는 줄을 모르고 담소를 나누었다. 이에 이군옥이 과거 자신이 지은 〈황릉묘黃陵廟〉라는 시를 떠올리며 조운모우朝雲暮雨의 흥미 있는 이야기를 들려주자 아주 재미있어하였다.

〈楊貴妃像〉

이에 이원은 이렇게 자랑하였다.

"저는 능파편옥凌波片玉이라는 여자 신발을 얻었습니다. 보드랍고 향기가 납니다. 매번 볼 때마다 마치 마외파馬嵬坡 아래에 있는 것처럼 느끼지 않을 때가 없습니다."

이에 두 사람은 서로 신나게 웃고 즐기며 각각 시를 짓기로 하였다. 이 일로 뒤에 두 사람은 근엄한 사람들로부터 비난을 받기도 하였다. 이는 아마 서로 다정하여 구속됨이 없는데다가 역시 한갓 재미있는 말로 서로 즐겁게 놀기 위한 것일 뿐이리라.

시집 1권이 있어 지금 전하고 있다.

李遠:

遠, 字求古, 太和五年, 杜陟榜進士及第, 蜀人也. 少有大志,夸邁流俗, 爲詩多逸氣, 五彩成文. 早歷下邑, 詞名卓然.

宣宗時, 宰相令狐綯進奏擬遠杭州刺史, 上曰:「朕聞遠詩有『靑山不厭千杯酒, 白日惟銷一局碁.』是疏放如此, 豈可臨郡理人?」

綯曰:「詩人託此以寫高興耳, 未必實然.」

上曰:「且令往觀之.」

至, 果有治聲. 性簡儉, 嗜啗鳧鴨. 貴客經過, 無他贈, 厚者綠頭一雙而已. 後歷忠·建·江三州刺史, 仕終御史中丞.

初, 牧湓城, 求天寶遺物, 得秦僧收楊妃襪一補, 珍襲, 呈諸好事者. 會李群玉校書自湖湘來, 過九江, 遠厚遇之, 談笑永日. 群玉話及向賦〈黃陵廟詩〉, 動朝雲暮雨之興, 殊亦可怪. 遠曰:「僕自獲凌波片玉, 軟輕香窄, 每一見, 未嘗不在馬嵬下也.」

遂更相戲笑, 各有賦詩. 後來頗爲法家所短. 蓋多情少束, 亦徒以微辭相感勤耳.

有詩集一卷, 今傳.

【令狐綯】宰相 令狐楚의 아들로 考功郎中·中書舍人·戶部侍郎 등을 지냈으며 趙國公에 봉해졌다. 兩《唐書》에 傳이 있다.

【靑山不厭千杯酒】이는 《全唐詩》(卷519)에 수록된 斷句이다. 《唐語林》에서 채록된 것이다.

【未必實然】이 故事는 唐 張固의 《幽閑鼓吹》, 五代 孫光憲의 《北夢瑣言》 (卷7), 宋 王讜의 《唐語林》(卷2), 宋 計有功의 《唐詩紀事》(卷56) 등에 모두 실려 있으며 司馬光도 《資治通鑑》(卷249)에 채록해 싣고 있다. (참고)

【忠州】지금의 四川省 忠縣.

【建州】지금의 福建省 建甌縣.

【湓城】潯陽縣으로 江州의 州治이다. 隋나라 때 湓城이라 불리었다. 지금의

江西省 九江市.

【李群玉】 本卷 194 참조.

【黃陵廟】 고대 舜임금의 두 부인 娥皇·女英의 祠堂. 지금의 湖南省 湘陰縣 북쪽에 있다. 李群玉의 〈黃陵廟〉 詩는 《全唐詩》(卷570)에 실려 있다. 원 제목은 〈題二妃廟〉이다. (참고)

【朝雲暮雨】 남녀의 사랑. 巫山의 사랑. '雲雨之情'과 같다. 《文選》 宋玉의 〈高唐賦〉序에 "昔者, 楚襄王與宋玉游於雲夢之臺. 望高唐之觀, 其上獨有雲氣. 崒兮直上, 忽兮改容, 須臾之間, 變化無窮. 王問玉曰: '此何氣也?' 玉對曰: '所謂朝雲者也.' 王曰: '何謂朝雲?' 玉曰: '昔者, 先王嘗游高唐, 怠而晝寢. 夢見一婦人, 曰: 妾巫山之女也, 爲高唐之客. 聞君游高唐, 願薦枕席. 王因幸之. 去而辭曰: 妾在巫山之陽, 高丘之阻. 旦爲朝雲; 暮爲行雨, 朝朝暮暮, 陽台之下.'"라 하였다.

【凌波片玉】 여인의 신발. '凌波'는 여인의 걷는 모습을 뜻한다. 《文選》 曹子建의 〈洛神賦〉에 "凌波微步, 羅襪生塵"이라 하였다.

【馬嵬】 馬嵬坡. 지금의 陝西省 興平縣 馬嵬鎭. 唐 玄宗이 安祿山의 난으로 피난하면서 군부의 압력에 못 견뎌 이 곳에서 楊貴妃를 죽였다. 白居易 〈長恨歌〉에 "馬嵬坡下泥土中, 不見王顔空死處"라 하였다.

【法家】 근엄하게 正道와 법을 지키는 사람. 즉 근엄한 사람. 《孟子》 告子(下)에 "入則無法家拂士, 出則無敵國外患者, 國恒亡"이라 하였다.

【法家所短】 이 역시 宋 劉斧의 《青瑣高議》(卷6)에 실려 있는 故事로 꾸며낸 이야기이다.

【微辭】 그저 즐기기 위한 재미있는 이야기. 宋玉의 〈登徒子好色賦〉에 "蓋徒以微辭相感動, 精神相依憑"이라 하였다.

참고 및 관련 자료

1. 이원(李遠)

字는 求古. 四川 雲陽 출신. 《新唐書》(藝文志, 4)에 《李遠詩集》 1卷이 著錄되어 있으며 《全唐詩》(卷519)에 詩 1卷, 그리고 《全唐詩外編》에 詩 1首가 실려 있다. 《唐詩紀事》(卷56), 《全唐詩話》(卷4)에 관련 기록이 실려 있다.

2.《唐詩紀事》卷56,《全唐詩話》卷4

遠, 字求古(一作承古). 大中時, 爲建州刺史.

3.《全唐詩》卷519

李遠, 字求古, 蜀人. 第太和進士, 歷忠·建·江三州刺史, 終御使中丞. 集一卷.

4. 張固〈幽閑鼓吹〉(《唐詩紀事》卷56)

張固〈幽閑鼓吹〉云: 宣宗朝, 令狐綯薦遠爲杭州. 宣宗曰:「我聞遠有詩云:
『長日唯銷一局棋』, 豈可以臨郡哉!」對曰:「詩人之言, 非有實也.」仍薦遠廉察
可任, 乃兪之. 宣宗視遠到郡謝上表, 左右曰:「不足煩聖慮也.」上曰:「遠到郡
無非時奏章, 只有此謝上表, 安和不有情懇乎? 吾不敢忽也.」

5. 李群玉〈黃陵廟〉(원제목은〈題二妃廟〉이다.《全唐詩》卷570)

『黃陵廟前春已空, 子規啼血滴松風. 不知精爽歸何處, 疑是行雲秋色中.』

171(7-3)
이경방李敬方

이경방李敬方은 자가 중건中虔으로 장경長慶 3년, 정관鄭冠과 동방으로 진사에 급제하였으며 대화大和 연간에는 흡주자사歙州刺史를 지냈다. 뒤에 어떤 사건에 연루되어 태주자사台州刺史로 좌천되었다.

시집 1권이 세상에 전한다.

李敬方:

敬方, 字中虔, 長慶三年, 鄭冠榜進士. 太和中, 仕爲歙州 刺史. 後坐事左遷台州刺史.

有詩一卷, 傳世.

【歙州】지금의 安徽省 歙縣.
【台州】지금의 浙江省 臨海縣.

<u>참고 및 관련 자료</u>

1. 이경방(李敬方)

字는 中虔이며 그의 孫子 李琪(《舊五代史》 李琪傳)의 기록에 의하면 幷州

文水(지금의 山西省 文水縣) 출신이다. 그의 詩는 《新唐書》(藝文志, 4)에
《李敬方詩》1卷이 著錄되어 있으며 《全唐詩》(卷508)에 詩 1卷이 편집되어
있고 《全唐詩外編》 및 《全唐詩續拾》에 詩 2首가 補入되어 있다. 《唐詩
紀事》(卷58),《全唐詩話》(卷4)에 관련 기록이 실려 있다.

2.《唐詩紀事》卷58 (《全唐詩話》卷4도 같다.)

李敬方, 字中虔, 登長慶進士第. 大和中, 爲歙州刺史. 大中時, 顧陶集《唐詩
類選》云:「李歙州敬方, 才力周備, 興比之間, 獨與前輩相近. 家集三百首,
簡擇律韻八篇而已. 雖前後夐絶, 或畏多言; 而典刑具存, 非敢避棄.」

3.《全唐詩》卷508

李敬方, 字中虔, 登長慶進士第. 大和中, 爲歙州刺史, 詩一卷, 今存八首.

172(7-4)
허혼許渾

허혼許渾은 자는 중회仲晦이며 윤주潤州의 단양丹陽 사람으로 허어사許圉師의 후손이다. 대화大和 6년, 이규李珪와 동방으로 진사에 올라 당도當塗 · 태평太平 두 현縣의 현령縣令을 지냈다.

허혼은 어려서부터 노심고학勞心苦學하였으며 몸이 쇠약하여 이 때에는 병으로 몸져누워 사직하고 말았다. 시간이 흐른 후, 그는 다시 윤주사마潤州史馬로 기용되었고 대중大中 3년에는 감찰어사監察御史를 배수받았다. 그리고 나서 우부원외랑虞部員外郎과 목주자사睦州刺史 · 영주자사郢州刺史를 역임하였다.

허혼은 분사分司가 주방朱方이란 곳에 생기자 그 곳에 땅을 사서 집을 지었다. 그 뒤에 병으로 벼슬에서 물러나 그 곳 정묘간교丁卯澗橋에 촌사村舍를 마련하여 한가한 틈을 이용, 자신의 글들을 모아 사는 곳을 이름으로 《정묘집丁卯集》이라 하였다.

허혼은 자연을 좋아하였으며 역시 강개비가慷慨悲歌를 읊은 선비로서 그의 등고회고登高懷古의 시들은 이미 그 장대한 심회를 나타내고 있다. 그 까닭으로 격조가 호려豪麗하며 마치 강한 활을 처음 당겼을 때처럼 아천현급牙淺弦急하여 모두가 뜻을 멈춤이 없이 직선적이다. 이에 지금까지 그를 숭모하는 자가 많아 누구나 여룡驪龍이 밤에 비추는 것 같다고들 한다.

허혼은 어린 나이에 천태산天台山에 놀러 갔다가 쏟아지는 폭포도 구경하고 그 곁의 적성산赤城山을 조망하기도 하였다. 그리고 신기한 비연非煙

속에 방광사方廣寺를 보고 끊어진 듯한 절벽을 타고 석교石橋를 밟아보기도 하였으며, 이른 새벽에 산에 올라 유심幽深한 승경을 두루 살펴보기도 하였다. 그러면서 손작孫綽의 고부古賦를 낭송하며, 오연傲然히 사귀지상 思歸之想을 품기도 하였다. 이에 허혼은 그 뜻을 굳힌 채, 재삼 그 곳에 머물면서 방황 속에 그 곳을 떠나지 못하였다. 그러나 임금의 부름으로 그 뜻을 실현하지 못하고 늘 초지初志에 대해 부담을 가지고 살았다. 그 뒤 허혼은 낮에 산에 오르는 꿈을 꾸었다. 꿈속에 능허凌虛 속에 궁궐이 있어 물었더니 꿈속에서 이러한 대답을 들었다.

"여기가 곤륜산崑崙山입니다."

잠시 후, 멀리 마침 몇 사람이 술을 마시다가 자신에게 앉도록 부르는 모습을 보고, 함께 저물도록 놀다가 돌아왔다. 그 때 한 가인佳人이 종이를 꺼내어 시詩를 요구해 시를 짓다가 이루지 못한 채 꿈이 깨고 말았다.

뒤에 그는 이렇게 읊었다.

"새벽에 요대에 들러보니 이슬 기운 청숙하고　　　曉入瑤臺露氣淸
그 뜰에는 오직 허비경만 보이네　　　　　　　　庭中惟見許飛瓊
진애에 얽힌 마음 속세의 인연을 끊지 못하니　　塵心未斷俗緣在
십리 산 아래 밝은 달만 덩그렇네."　　　　　　十里下山空昄月

다른 날, 그는 또 다시 산중으로 들어가는 꿈을 꾸었다. 그 때 미인이 다시 나타나 이렇게 묻는 것이었다.

"그대는 어찌하여 나의 이름을 인간 세계에 써놓았는가?"

이에 허혼이 "庭中惟見許飛瓊"의 구절을

"하늘 바람 불어오니 보허성이 들리네."　　　　天風吹下步虛聲

라 고치자 그 미인은 그제야 이렇게 말하는 것이었다.

"훌륭하오."

허혼은 이처럼 재사才思가 펄펄 날아 신선들이 좋아하였으며 선녀조차 꿈속에 그를 그리워함이 이와 같았던 것이다.

옛날 조자건曹子建이 〈낙신부洛神賦〉를 짓자 사람들은 거짓말이라 하였다. 마찬가지로 허혼이 신선을 만났다는 앞의 이야기도 우탄迂誕하여 믿을 것이 못 된다. 그 후 얼마 지나지 않아 허혼은 죽었다.

시집 2권이 지금 전하고 있다.

許渾:

渾, 字仲晦, 潤州, 丹陽人. 圉師之後也. 太和六年, 李珪榜進士, 爲當塗·太平二縣令. 少若學勞心, 有淸羸之疾, 至是以伏枕免. 久之, 起爲潤州司馬. 大中三年, 拜監察御史, 歷虞部員外郎, 睦·郢二州刺史. 嘗分司朱方, 買田築室, 後抱病退居丁卯橋, 每邸舍暇日, 綴錄所作, 因以名集. 渾樂林泉, 亦慷慨悲歌之士, 登高懷古, 已見壯心. 故其格調豪麗, 猶强弩初張, 牙淺弦急, 俱無留意耳. 至今慕者極多, 家家自謂得驪龍之照夜也. 早歲嘗遊天台, 仰看瀑布, 旁眺赤城, 辨方廣於非煙, 躡石橋於懸壁, 登陟兼晨, 窮覽幽勝, 朗誦孫綽古賦, 傲然有思歸之想. 志存不朽, 再三信宿, 彷徨不能去. 以王事不果, 有負初心. 後晝夢登山, 有宮闕凌虛, 問, 曰:「此崑崙也」

少頃, 遠見數人方飮, 招渾就坐, 暮而罷. 一佳人出箋求詩, 未成, 夢破. 後吟曰:『曉入瑤臺露氣淸, 庭中惟見許飛璚. 塵心未斷俗緣在, 十里下山空月明.』

他日, 復夢至山中, 佳人曰:「子何題余姓名於人間?」

遂改爲「天風吹下步虛聲」曰:「善矣」渾才思翩翩, 仙子所愛, 夢寐求之, 一至於此. 昔子建賦〈洛神〉, 人以徒聞虛語,以是謂迂誕不信矣. 未幾, 遂卒.

有詩二卷, 今傳.

【丹陽】 지금의 江蘇省 丹陽縣.

【圉師】 唐나라 초 開國功臣인 許紹의 아들이며 唐 高宗 때 宰相을 ㅈ냈다. 兩《唐書》에 傳이 있다.

【李珪】 大和 6年 進仕에 壯元한 人物.

【當塗】 지금의 安徽省 富塗縣.

【太平】 지금의 安徽省 太平縣.

【朱方】 地名. 春秋時代 吳나라 朱方邑. 지금의 江蘇省 丹徒縣.

【丁卯集】 이는 許渾의 〈烏絲欄詩自序〉에서 밝힌 것이며 송나라 미불(米芾) 의 《書史》 卷下에도 실려 있다.

【驪龍照夜】 夜光珠·夜明珠를 말한다. 《莊子》 列禦寇篇에 "夫千金之珠, 必在 九重之淵, 而驪龍頷下"라 하였다.

【赤城山】 天台山의 남문에 해당하는 곳이다.

【非煙】 상서로운 雲彩. 《史記》 天官書에 "若煙非煙, 若雲非雲, 鬱鬱紛紛, ……是謂卿雲, 卿雲, 喜氣也"라 하였다.

【方廣寺】 天台山에 있는 절로 奇觀 중의 하나. 폭포와 절벽 가에 세워져 있다.

【孫綽】 晉나라 때의 文人. 그의 〈游天台山賦〉가 유명하다.

【昆侖山】 전설상의 仙人이 산다고 믿었던 산.

【夢破】 이 故事는 孟棨의 《本事詩》 '事感'에 근거한 것이다.

【曉入瑤臺露氣淸】 이 詩는 《全唐詩》(卷538)에 실려 있으며 제목은 〈記夢〉이다. 그러나 卷542에 역시 許瀍의 詩 〈記夢(紀夢)〉이 있다. 따라서 이상의 사건은 唐 盧肇가 847년에 쓴 《逸史》에 최초로 보이며 이것이 《本事詩》를 거쳐 널리 퍼진 것으로 여겨진다. (참고)

【瑤臺】 神話 속 崑崙山에 있는 宮闕 樓臺.

【許飛瓊】 西王母의 侍女.

【步虛聲】 원래 道士가 誦經하는 소리를 말한다. 南朝 宋 劉敬叔의 《異范》 卷5에 "陳思王游山, 忽聞空裏誦經聲, 淸遠遒亮, 解音者則而寫之, 爲神仙聲; 道士效之, 作步虛聲"이라 하였다.

【洛神賦】洛神은 洛水의 女神인 宓妃. 옛날 伏羲의 딸이 洛水에 빠져 죽어 神이 되었다 한다. 魏나라 曹植(子建)이 이를 두고 지은 것이 〈洛神賦〉이며 《文選》(卷19)에 실려 있다.

1. 허혼(許渾)

字가 仲晦라 하였으나 《新唐書》(藝文志, 4), 《直齋書錄解題》(卷19), 《唐詩紀事》(卷56) 등에는 모두 자를 '用晦'라 하였다. 그밖에 《全唐詩》(卷51)의 張祜 詩에 '訪許用晦'라 하였다. 한편 北宋 賀鑄의 〈丁卯集跋文〉에 許渾 자신이 그 책을 '三卷五百編'이라 하였다 하였으며 《新唐書》(藝文志, 4)에는 《丁卯集》2卷이라 되어 있다. 《全唐詩》에는 그의 詩를 11卷(528~538)으로 싣고 있으며, 《全唐詩外編》 및 《全唐詩續拾》에 詩 4首와 斷句 2句가 실려 있다. 《唐詩紀事》(卷56) 및 《全唐詩話》(4)에 관련 기록이 실려 있다.

2. 《唐詩紀事》 卷56 및 (《全唐詩話》 卷4도 같다.)

渾, 字用晦, 睦州人, 圉師之後. 大中三年, 任監察御史, 以疾乞東歸, 終郢·睦二州刺史.

3. 《全唐詩》 卷528

許渾, 字用晦, 丹陽人. 故相圉師之後, 太和六年進士第, 爲當塗·太平二縣令. 以病免, 起潤州司馬. 大中三年, 爲監察御史, 歷虞部員外郎, 睦·郢二州刺史. 潤州有丁卯橋, 渾別墅在焉. 因以名其集, 集二卷, 今編詩十一卷.

4. 許渾의 〈紀夢〉(一作〈夢入瓊臺〉) (《全唐詩》 卷542)

(逸史, 灃游河中, 忽大病. 親友環守三日, 蹶起取筆, 大書於壁, 第二句云. 坐中惟有許飛瓊, 明日驚起, 又取筆改第二句, 兀然如醉. 良久漸言. 曰:「昨夢到瑤臺, 有仙女三百餘人. 一人自云許飛瓊.」遣賦詩, 及成, 又令改, 曰:「不欲世間人知有我也.」既畢, 甚被賞歎, 若有人導引, 得回.)

『晚入瑤臺露氣淸, 天風飛下步虛聲. 塵心未盡俗緣在, 十里下山空月明.』(此首 《本事詩》及《唐詩紀事》並作許渾.)

173(7-5)

옹도雍陶

옹도雍陶는 자가 국균國鈞이며 성도成都 사람이다. 사부詞賦에 뛰어났다. 어릴 때 집이 가난한데다가 촉蜀의 난을 겪은 후 사방을 떠돌았으며 이런 시를 읊었다.

"가난 속에 병도 많은 나날들　　　　　　　　貧當多病日
　겨르롭게 소년시절 보냈다오."　　　　　　閑過少年時

그러던 중 대화大和 8년, 옹도가 진관陳寬과 동방으로 진사에 급제하자 일시의 명류들이 모두 그의 작품을 뛰어나다고 칭찬하였다. 그러나 옹도는 자기 재능을 믿고 남을 깔보아 친척과 족당에게조차 박대를 당하였다. 그의 외삼촌인 운안雲安의 이흠지李欽之가 진사에 낙방하고 삼협三峽으로 돌아오면서 옹도에게 이런 시를 주었다.

"그 곳이 형양과 가까워 비록 기러기 적다 해도　　地近衡陽雖少雁
　물이 파촉에 이어졌는데도 물고기조차 없겠느냐?"　水連巴蜀豈無魚

옹도는 이 시를 보고 대단히 부끄럽게 여기고 이에 친척들과 왕래를 끊지 않고 계속하게 되었다. 대중大中 6년, 옹도는 국자감國子監 교수教授 로서 모시박사毛詩博士가 되었으며, 그때부터 가도賈嶋·은요번殷堯藩·무가無可·

서응徐凝·장효표章孝標 등과 친하게 지내면서 금준시한琴樽詩翰으로 사귀며 장안長安에 머물렀다.

대중 말년, 옹도는 간주자사簡州刺史로 출입하게 되었고 그 때 이름이 더욱 알려져 스스로를 사선성謝宣城이나 유오흥柳吳興에 비기며 당나라 초기의 시인들에 대해서는 서노書奴에 불과하다고 깔보기도 하였다. 옹도는 손님이 찾아오면 반드시 거짓 미친 체하면서 모욕을 주어 그에게 선물을 가져가도 직접 그를 만나볼 수 있는 자가 아주 적었다.

그런데 풍도명馮道明이라는 뛰어난 인물이 있었다. 당시 사람들이 풍도명을 민첩하고 기지가 있다고 알아주었다. 이에 풍도명은 과거에 떨어지자 옹도를 찾아와서는 문지기에게 이렇게 속였다.

"나는 태수 옹도와 친구 사이이다."

옹도는 놀라 신을 거꾸로 하고 뛰쳐나가 만나보고는 이렇게 질책하였다.

"내 그대와 평소 전혀 아는 바가 없는데 어찌 친구라 하는가?"

이에 풍도명은 이렇게 둘러댔다.

"귀하의 시도 읽어보고 실이인원室邇人遠함을 느꼈는데 어찌 서로 모른다 하오!"

그러고는 도옹의 시 몇 편을 읽어 내려갔다.

"백로는 서 있을 땐 먼저 눈에 띄지만 立當青草入先見
다닐 때면 흰 연꽃 옆이니 물고기도 모르더라." 行近白蓮魚未知

"문을 닫고 있으니 손님이 와도 늘 병져 누운 것 같으나 閉門客到常如病
뜰에 가득 꽃핀 것 보니 가난한 건 아니로군." 滿院花開未是貧

"강물 소리 가을이 삼협 속으로 들어오고 江聲秋入峽
비 색깔은 밤중에 누대까지 파고드네." 雨色夜侵樓

옹도는 그가 자기를 그토록 선모한다고 여겨 후한 선물을 주어 보냈다. 옹도의 자부심은 이와 같았던 것이다. 뒤에 옹도는 아주자사雅州刺史가 되었다. 그곳 교외에 '정진교情盡橋'라는 다리가 있었으니 서로 이별하는 장소였다. 옹도는 그 곳에 가서 손님을 보내면서 그 다리 이름이 괴이하다고 여겨 그 옆에 관사館舍를 새로 짓고 오는 손님을 기다리는 장소로 삼고, 그 다리 이름을 '절류교折柳橋'라 바꾸어 버렸다. 이는 고악부古樂府의 〈절양류折楊柳〉에서 따온 것이다. 그러고는 이렇게 제시題詩하였다.

"옛날부터 정이란 다하기가 어려운 법　　　　從來只有情難盡
그런데 무슨 일로 다리이름이 정진교란 말인가　何事呼爲情盡橋
지금부터 절류교라 그 이름 고치노라　　　　自比改名爲折柳
그로 하여금 이별의 한이 가지가지 맺히도록!"　任它離恨一條條

이 시는 당시의 인구人口에 아주 많이 회자膾炙되었다. 옹도는 끝으로 영화로운 관직을 사직하고 여산廬山에 한적히 살면서 자신의 병을 돌보며 세상을 거들떠보지 않아, 진사塵事에 대해서는 날이 갈수록 멀어졌다.
《당서唐書》예문지藝文志에 그의 시집 5권이 있다 하였으며 지금 전하고 있다.

雍陶:
陶, 字國鈞, 成都人. 工於詞賦. 少貧, 遭蜀中亂後, 播越羈旅, 有詩云: 『貧當多病日, 閒過少年時.』
大和八年, 陳寬榜進士及, 第一時名輩, 咸偉其作. 然恃才傲睨, 薄於親黨. 其舅雲安劉欽之下第, 歸三峽, 卻寄陶詩云: 『地近衡陽雖少雁, 水連巴蜀豈無魚?』
得詩頗愧赧, 遂通問不絕.
大中六年, 授國子毛詩博士. 與賈嶋·殷堯藩·無可·徐凝·章孝標友善, 以琴樽詩翰相娛, 留長安中.

大中末, 出刺簡州, 時名益重, 自比謝宣城·柳吳興; 國初諸人, 詩奴耳. 賓至, 必佯狂挫辱, 投贄者, 少得通. 秀才馮道明, 時稱機捷, 因罷擧詩謁, 紿閽者曰:「與太守有故」

陶倒屣, 及見, 呵責曰:「與足下素昧平生, 何故之有?」

馮曰:「誦公詩文, 室邇人遠, 何隔平生?」

吟陶詩數聯, 如『立當青草人先見, 行近白蓮魚未知.』又『閉門客到常如病, 滿院花開未是貧.』又『江聲秋入峽, 雨色夜侵樓』等句. 陶多其慕己, 厚贈遣之. 自負如此.

後爲雅州刺史, 郭外有情盡橋, 乃分衿祖別之所. 因送客, 陶怪之, 遂於上立候館, 改名「折柳橋」, 取古樂府〈折楊柳〉之義. 題詩曰:『從來只有情難盡, 何事呼爲情盡橋? 自此改名爲折柳, 任它離恨一條條.』

甚膾炙當時. 竟辭榮, 閒居廬嶽, 養疴傲世, 與塵事日冥矣. 有《唐志》集五卷, 今傳.

【蜀中亂】唐 文宗 大和 3年(830)에 蜀에서 일어난 亂을 말한다.
【播越】'사방을 유랑하다'의 뜻.《國語》晉語(二)에 "隱悼播越, 託在草莽, 未有所依"라 하였다.
【貧當多病日】이 詩는《全唐詩》(卷518)에 실려 있으며 제목은〈自述〉(一作〈下第〉)이다. (참고)
【陳寬】文宗 大和 8年(835)에 壯元한 人物.
【薄於親黨】이 故事는《唐詩紀事》(卷56)와《雲溪友議》(卷上)에 실려 있다.
【雲安】地名. 지금의 四川省 雲陽縣.
【李欽之】雍陶의 외삼촌. 그러나 다른 기록에는 '劉敬之'로 되어있다.
【地近衡陽雖少雁】이 詩는 역시 劉敬之의 作으로 되어 있으며《全唐詩》卷795에 斷句로 수록되어 있다.

【衡陽】지금의 湖南省 衡陽市. 그곳에 衡山 72峰 중 하나인 回雁峰이 있으며 기러기가 이곳을 통과하지 못해 소식이 두절된다는 전설이 있다.

【無魚】이는 古詩(일설에 漢代 蔡邕의 作)〈飮馬長城窟行〉(《玉臺新詠》卷1)에 "客從遠方來, 遺我雙鯉魚, 呼兒烹鯉魚, 中有尺素書"라 하였다.

【簡州】지금의 四川省 簡陽縣.

【謝宣城】南朝 齊나라 詩人인 謝朓. 宣城太守를 지냈다. 謝靈運과 대칭하여 小謝라고도 부르며 《南齊書》에 傳이 있다.

【柳吳興】南朝 梁나라 때의 시인 柳惲. 吳興太守를 지냈으며 《梁書》에 그 傳이 실려 있다.

【書奴】다른 本에는 '詩奴'로 되어 있다.

【馮道明】당시의 人物. 事跡은 알 수 없다.

【室邇人遠】볼 수만 있을 뿐 가까이 할 수는 없는 그리움을 뜻한다. 《詩經》 鄭風 東門之墠에 "其室則邇, 其人甚遠"이라 하였다.

【立當靑草人先見】이는 《全唐詩》(卷518)에 실려 있으며 제목은 〈詠雙白鷺〉이다. (참고)

【閉門客到常如病】이는 《全唐詩外編》에 본문 2句가 斷句로 실려 있을 뿐이다.

【江聲秋入峽】이 역시 《全唐詩外編》에 본문 2句가 斷句로 실려 있을 뿐이다.

【陶多其慕己, 厚贈遣之】이는 《雲溪友議》(卷上)를 근거로 한 것이며 《唐詩紀事》(卷56)에도 실려 있다.

【雅州】지금의 四川省 雅安縣.

【折楊柳】樂府詩 의 제목. 六朝부터 唐代 에 이르기까지 이 제목으로 많은 詩를 썼으며 이별을 주제로 노래한 것이 대부분이다.

【從來只有情難盡】이 詩는 《全唐詩》(卷518)에 실려 있으며 제목은 〈題情盡橋〉이다. (참고)

【膾炙當時】이상의 이야기는 五代 蜀의 何光遠 《詩話總龜》(卷15)에 인용된 《江南野錄》을 잘못 근거한 것으로 보인다.

참고 및 관련 자료

1. 옹도(雍陶)

字는 國鈞으로 《郡齋讀書志》(卷4, 中)에 "《雍陶詩》五卷, 右唐雍陶國鈞, 大和

八年進士, 大中六年自國子毛詩博士出刺簡州.《唐志》集十卷, 今亡其半"이라
하였다.《全唐詩》에는 그의 詩가 1卷(518)으로 편집되어 있고《全唐詩外篇》
및《全唐詩續拾》에 詩 3首와 斷句 2聯이 補入되어 있다.《唐詩紀事》(卷56)
및《全唐詩話》(卷4)에 관련 기록이 실려 있다.

2.《唐詩紀事》卷56

陶, 蜀川人也. 上第後, 稍薄親黨. 其舅雲安劉敬之, 罷擧歸三峽, 素事篇章, 責陶
不寄書曰:「山近衡雖少鴈, 水蓮巴蜀豈無魚.」陶得詩愧赧, 乃有狐首之思. 後爲
簡州牧, 自比謝宣城·柳吳興, 賓至則折挫之; 閽者亦怠, 投贄者稀得見. 有馮
道明下第請謁云:「與員外故舊. 閽者以道明言啓之」及引進, 陶訶曰:「與公昧
平生, 何云相識?」道明云:「誦員外之言, 仰員外之德, 詩集中日得相見, 何隔
平生也! 遂吟曰:『立當青草人先見, 行傍白蓮魚未知.』又曰:『江聲秋入寺, 雨氣
夜侵樓.』又曰:『閉門客到常疑病, 滿院花開不似貧.』」陶聞吟, 欣狎待道明如
曩昔之友. 君子以雍君矜誇而好媚, 馮子匪藝而求知.

3.《全唐詩話》卷4

陶, 字國鈞. 大中八年, 自國子毛詩博士出刺簡州.

4.《全唐詩》卷518

雍陶, 字國鈞, 成道人, 太和間第進士. 大中八年, 自國子毛詩博士出刺簡州,
詩一卷.

5.〈自述〉(《全唐詩》卷518)

『萬誰能問, 一名猶未知. 貧當多累日, 閒過少年詩. 燈下和愁睡, 花前帶酒悲.
無謀常委命, 轉覺命堪疑.』

6.〈詠雙白鷺〉(《全唐詩》卷518,《唐詩紀事》卷56에도 실려 있다.

『雙鷺雁憐水滿池, 風飄不動頂絲垂. 立當青草人先見, 行傍白蓮魚未知. 一足
獨拳寒雨裏, 數聲相叫早秋時. 林塘得爾須增價, 況與詩家物色宜.』

7.〈題情盡橋〉(《全唐詩》卷518)

〈題情盡橋〉(陶典陽安, 送客至情盡橋, 問其故, 左右曰:「送迎之地止此.」
陶命筆題其柱曰『折柳橋』, 爲詩云云.)

『從來只有情難盡, 何事名爲情盡橋. 自此改名爲折柳, 任他離恨一條條.』

174(7-6)
가치賈馳

가치賈馳는 대화大和 9년, 정확鄭確과 동방으로 진사에 급제한 인물이다. 처음 그는 자신의 재질을 자부하였으나 과거 시험에 고통을 당하였다. 경공들과 교유하면서 책 보따리를 메고 짚신을 신은 채 헤매고 다녔다. 그러나 끝내 자신의 뜻을 펴지 못하는 불운을 겪었다.

일찍이 가치는 동관潼關으로 들어가 이런 시를 읊었다.

"황하에서 미풍은 불어오고　　　　　　　河上微風來
동관 귀퉁이 나무에는 물이 오르네　　　關頭樹初濕
오늘 아침 관의 관리가 일러주었네　　　今朝關城吏
또 외로운 나그네 하나 왔다고　　　　　又見狐客入
장안에 누구와 약속한 게 있다고　　　　上國誰與期
서쪽 멀리 와 있어도 내 마음 급할까?"　西來徒自急

고시관考試官이 이 소문을 듣고 그의 재주를 안타까이 여겨 가치를 진사에 급제시켜 주었다. 그러나 그의 관직 생활은 드러나지 못하였다. 그는 시와 문에 모두 훌륭한 명성을 얻어 뒤e에 나타난 문사들은 누구나 자신의 문집에서 그를 '가선배賈先輩'라 불렀으며 그 명예가 당시에도 존중을 받았다고 한다.

문집이 세상에 전한다.

賈馳:

馳, 太和九年, 鄭確榜進士. 初, 負才質, 蹭蹬名場. 往來公卿間, 擔簦躡屩, 莫伸其志.

嘗入關, 賦詩云:『河上微風來, 關頭樹初濕. 今朝關城吏, 又見孤客入. 上國誰與期, 西來徒自急.』

主司聞之, 有怜才之意, 遂放第. 不甚顯宦. 詩交俱得美聲. 後來文士集中, 多稱「賈先輩」, 其名譽爲時所重云.

有集, 傳世.

【鄭確】 다른 기록에는 '鄭璀'로 되어 있다. 당시 壯元及第한 人物.
【潼關】 關中으로 들어가는 관문의 하나. 지금의 陝西省 臨潼縣.
【河上微風來】 이 시는《全唐詩》(卷726)에 실려 있으며 제목은 〈西入關〉이다. 詩의 全文이며《唐詩紀事》(卷60)에도 실려 있다.
【賈先輩】《全唐詩》(卷592)에 曹鄴의 〈寄賈馳先輩〉詩가 있다. '先輩'는 唐 李肇의 〈國史補〉에 "得第謂之前進士, 互相推敬, 謂之先輩"라 하였다.

┌─ 참고 및 관련 자료 ─┐

1. 가치(賈馳)
唐宋이래 여러 書目에 그의 文集에 대한 기록은 없으며《全唐詩》(卷726)에 詩 2首가 실려 있고《全唐詩續拾》에 斷句 1聯이 실려 있다.《唐詩紀事》(卷60)에 관련 기록이 실려 있다.
2.《唐詩紀事》卷60
馳, 唐末人. 會昌間, 陸貞洞. 王滌輩題 〈三鄉〉詩, 馳後留贈云:『壁古字末滅, 聲長響不絶. 蕙質本如雲, 松心應耐雪. 耿耿離幽谷, 悠悠望甌越. 杞婦哭夫時, 城崩無此說.』
3.《全唐詩》卷729
賈馳, 與曹鄴同年, 詩二首.

175(7-7)

오교伍喬

　　오교伍喬는 젊어서 여산廬山에 은거하며 독서하여 시에 뛰어났고, 두목지杜牧之와 동시에 급제한 인물이다. 처음 오교는 장계張洎란 자와 어려서부터 친한 사이였다. 뒤에 장계는 한림학사翰林學士가 되어 황제의 사랑을 받고 있었다. 그러나 오교는 그 때 겨우 흡주사마歙州司馬로써 스스로 관운이 순조롭지 못함을 괴롭게 여겨, 그에게 시를 전해 주었다. 그 때 오교는 시를 전달할 종에게 이렇게 일렀다.

　　"장계가 잔치 속에 즐겁게 놀 때 이 편지를 던져주어라!"

　　그리하여 장계가 과연 그 편지를 받아 읽어보니 이렇게 씌어 있었던 것이었다.

"그 어디가 근심을 삭이기 좋은 곳인가?	不知何處好銷憂
공무 끝나면 술동이 들고 누대에 오르노라.	公退携樽卽上樓
오랫동안 후백의 막료 일만 받들면서	職事久參侯伯幕
꿈속엔 언제나 제왕 곁에서 일했으면 하고 맴돌았네	夢魂長達帝王州
황산이 저물면 수레 같은 봉우리 푸르고	黃山向晚盃軒翠
이수는 봄기운 머금은 채 이 벽촌 감돌아 흐르네.	黟水含春遶郡流
아득히 생각건대 그대 옥당은 좋은 날도 많을 텐데	遙想玉堂多暇日
꽃피는 계절 누구와 짝을 지어 성 밖에 놀이 갈 텐가?"	花時誰伴出城遊

장계는 오랫동안 감동의 얼굴빛을 감추지 못하고 있다가 드디어 임금에게 오교를 추천하였다. 이리하여 오교는 고공원외랑考功員外郎으로 승진되어 그 관직을 수행하다가 죽었다.

지금 시 20여 편이 세상에 전한다.

伍喬:

喬, 少隱居廬山讀書, 工爲詩, 與杜牧之同時擢第. 初, 喬與張泊少友善, 泊仕爲翰林學士, 眷寵優異. 喬時任歙州司馬, 自傷不調, 作詩寄泊, 戒去僕曰:「俟張游宴, 卽投之!」

泊得緘云:『不知何處好銷憂, 公退携樽卽上樓. 職事久參侯伯幕, 夢魂長達帝王州. 黃山向晚盈軒翠, 黟水含春繞郡流. 遙想玉堂多暇日, 花時誰伴出城遊?』

泊動容久之, 爲言於上, 召還爲考功員外郎. 卒官.

今有詩二十餘篇, 傳於世.

【杜牧之】杜牧. 본책 卷6(168) 참조.
【伍喬】五代 南唐의 人物이다. 南唐의 中主 때 金陵으로 가서 壯元及第한 人物로 杜牧之와는 전혀 시대적으로 관계가 없다(100여 년 차이가 난다).
【張泊】南唐 後周 때 工部員外郎·中書舍人 등을 역임하였으며 宋이 들어서자 參知政事를 지냈다. 馬令의 《南唐書》와 《宋史》에 傳이 있다.
【黟水】安徽省 黟縣의 吉陽山에서 발원하여 浙水로 흘러드는 물.
【不知何處好銷憂】이 시는 《全唐詩》(卷744)에 실려 있으며 제목은 〈寄張學士泊〉이다. 시 全文이다.
【卒官】이상의 이야기는 《詩話總龜》(前集5)에 引用된 宋 蔡居厚의 《詩史》를 바탕으로 한 것이다.

1. 오교(伍喬)

南唐 때의 人物로《周易》에 능통하였으며 詩에 뛰어났다. 그의 文集은《直齋書錄解題》(卷20)에 "《伍喬集》一卷"이 著錄되어 있고《全唐詩》(卷744)에 詩 1卷, 總 21首 및 殘句 2句가 실려 있다.

2.《南唐書》참조.

3.《十國春秋》卷31(《新五代史》부록) 참조.

4.《全唐詩》卷744

伍喬, 廬江人, 南唐時, 擧進士第一. 仕至考功員外郎, 詩一卷.

176(7-8)
진상미陳上美

　　진상미陳上美는 개성開成 원년, 예부시랑禮部侍郎 고개高鍇 밑에서 제 2등
으로 진사에 급제하였다. 당시 시로써 이름을 날렸으며 시를 많이 쓰지는
않았지만 간혹 훌륭한 작품이 있다. 진상미의 시를 논한다면 골격은
준수하나 기가 조금 약하다고 할 수 있다.
　　문집이 지금 전하고 있다.

　　◎ 무릇 힘써 경서經書를 연구하면서 그 뜻을, 몸은 죽어도 이름은 남기
겠다는 데에 둔 자가 있으나, 하늘의 뜻은 그 소원대로 이루어 주지 못하는
경우가 있어 결국 꼭 성취시키지는 못할 수도 있다. 가끔 석유碩儒라 해도
그 몸이 죽고 나면 이름도 사라지는 경우가 있고, 또는 별것 아닌 사람이
라도 청사靑史에 올라 그 이름이 깎이지 아니하는 일도 있다. 그러나
만약 지위가 높고 돈이 많아 편안히 살면서 살도 쪘으면서 부귀하다고
해서 남에게 교만하게 굴거나, 그 문장이 ㅁㅁ하고 훌륭한 업적을 쌓아
칭찬을 받으면서도 혼암한 행위를 한다면 이런 자는 썩은 풀 속의 반딧불
만도 못한 것이다. 지금 사람들이 둘러앉아 옛날 일을 종일토록 토론하되,
그 토론 대상의 인물이 아주 먼 옛날 사람이며 그 시신도 이미 다 썩었는
데도 다행히 그 자의 작품이 빛나는 것이 있다고 하자. 그러나 역사를 기록
하는 사람이 꼭 모두가 양웅揚雄이나 반고班固·사마천司馬遷처럼 충분히
기록해 주리라고 기대할 수 없는 경우도 있다. 더구나 그 사람의 일생에

그 족성族姓도 알려진 망족望族이 아니며, 관직도 높지 아니 하되 그의 작품 하나가 세월과 다투면서 전해 오는 경우는 아주 많으니, 어찌 작품이라는 것이 소도小道라고 홀시할 수 있겠는가?

여기 백벽白璧 하나를 한 자쯤은 땅에 묻히게 하고 조금만 겉으로 드러나게 놓아둔다면, 비록 변화卞和로 하여금 그 곳을 오가게 한다고 해도 이를 놓치지 않고 발견해 내기란 그리 쉬운 일이 아니다. 이것이 곧 소위 말하는 행幸과 불행不幸이라는 것이다.

陳上美:

上美, 開成元年, 禮部侍郎高鍇放榜, 第二人登科. 以詩鳴當時, 間作悉佳製. 論其骨格本峭, 但少氣耳. 有集今傳.

◎ 夫矻矻窮經, 志在死而不亡者, 天道良難, 無固必也. 或稱碩儒, 而名偶身喪; 或酒頹然, 而青編不削. 又若以位高金多, 心廣體胖, 而富貴驕人, 文□□稱功業, 黯黯則未若腐草之有螢也. 今群居論古終日, 其人旣遠, 骨已朽矣, 幸而炤灼簡牘, 未必皆揚雄·班·馬之流耳. 於茲傳中, 族非聞望, 官不隆重, 俱以一詠爭長歲月者亦多, 豈曰小道而忽之? 設有白璧, 入地不滿尺, 出土無膚寸, 雖卞和憧憧往來其間, 不矢者亦鮮矣. 幸不幸之謂也.

【高鍇】知貢擧·禮部侍郎 등을 지낸 人物. 兩《唐書》에 傳이 있다.
【文□□稱功業】다른 本에는 缺字 없이 '文稱工業'으로 되어 있다.
【小道】詞章이나 文學 등을 小道라 불렀다. 大道인 經學에 상대되는 말.
【卞和】春秋時代의 楚나라 사람으로 玉石을 발견하고 厲王·武王을 찾아

갔다가, 팔다리가 잘린 다음 文王에 의해 인정을 받아 결국 '和氏璧'을 낳게 한 人物.《韓非子》和氏篇 참조.

참고 및 관련 자료

1. 진상미(陳上美)
唐나라 이래로 그의 文集에 대한 저록은 보이지 않는다. 다만《全唐詩》(卷542)에 詩 1首가 실려 있으며《唐詩紀事》(卷50)에 관련 기록이 실려 있다.
2.《唐詩紀事》卷50
上美, 登開成進士第.
3.《全唐詩》卷542
陳上美, 開成二年登進士第, 詩一首.

177(7-9)

이상은李商隱

　　이상은李商隱은 자가 의산義山이며 회주懷州 사람이다. 영호초令狐楚가 이상은의 재능을 발견하고 그로 하여금 자신의 문하에 드나들게 하여 문장 짓는 법을 가르쳐주며 아주 후하게 대우해 주었다.

　　개성開成 2년, 고개高鍇가 지공거知貢擧였다. 영호초는 고개와 가까운 사이로 이상은을 적극 추천, 결국 이상은을 진사에 급제시키게 되었으며 이어 이상은은 서판발췌과書判拔萃科에도 합격하였다. 그러자 영호초는 다시 그를 추천, 집현전교리集賢殿校理를 삼아줄 것을 상주하였다. 영호초가 재상 직을 물러나 있는 동안, 왕무원王茂元이 하양절도사河陽節度使였다. 이번에는 왕무원이 이상은의 재능을 아껴 불러 장서기掌書記로 삼고, 나아가 자신의 딸을 주어 사위로 삼기까지 하였다. 그리하여 이상은은 시어사侍御史 까지 제수

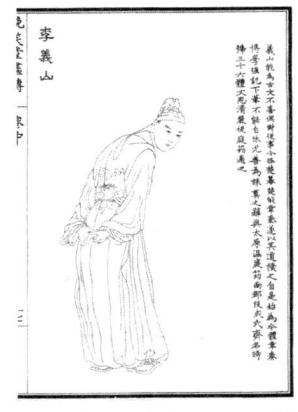

李義山(李商隱)《晚笑堂畫傳》

받았다. 그런데 왕무원은 이덕유李德裕와 같은 당이어서 선비들이 이상은을 유배시켜야 한다고 들고일어났다. 그의 성품이 궤박詭薄하고 행동이 그르다고 여기며, 모두가 나서서 이상은을 배척하였다. 이리하여 이상은은 경도京都에 돌아와서도 오랫동안 벼슬에 나서지 못하였다.

　　이상은은 할 수 없이 계림총관桂林總管인 정아鄭亞에게 의지하여 그의

판관判官이 되었다가, 다시 정아를 따라 순주循州로 가게 되었다.

3년 후, 이상은이 다시 돌아와서 이번에는 궁한 나머지 재상 영호도令狐綯를 찾아가자, 영호도는 이상은이 자신 집안의 은혜를 저버렸으며, 방종히 굴어 이익에 투합하는 소인의 무리라고 여겨, 미워하면서 사절하고는 더 이상 거들떠보려 하지 아니하는 것이었다. 중양절重陽節에 이상은은 영호도의 관청을 찾아가 이런 시를 남겼다.

"10년 동안 자연에 묻혀 소식 전치 못하다가   十年泉下無消息
중양절 술동이 앞에서 이 일 저 일 생각합니다."   九日樽前有所思

그리고 또 이어 이렇게 읊었다.

"그대께서 직위 높아 행마行馬를 설치하였건만   郎君官重施行馬
동각으로 다시는 그대를 엿볼 기회 주지 않네"   東閣無因許再窺

영호도는 이를 보고 측은히 생각하여, 그를 다시 태학박사太學博士를 시켜주었다. 그 뒤에 유중영柳仲郢이 검남동천절도사劍南東川節度使가 되자 이상은은 그에게 불려가 그의 낙부판관幕府判官이 되었다.

이상은은 성격이 강직하여 남이 감히 그에게 범접을 하지 못하였다. 그가 광주도독廣州都督으로 있을 때, 어떤 사람이 황금을 뇌물로 가져오자 이상은은 이렇게 거절하였다.

"내 본래부터 타고난 성품을 바꿀 수 없다. 남이 알까 두려워 거절하는 것이 아니다."

그 뒤 얼마 후, 이상은은 검교이부원외랑檢校吏部員外郎이 되었다가 이를 사직하고 형양滎陽의 나그네로 떠돌다가 죽었다.

이상은은 시에 뛰어나 그 문장이 괴매기고瑰邁奇古하고 문사文辭가 어렵고 전고典故도 은밀하였다. 그가 영호초로부터 학문을 배운 다음, 여우儷偶와 장단長短은 그 화려함이 영호초를 넘어설 정도였다. 이상은은 매 번 글을 지을 때마다 많은 서적을 검열하고 좌우에 이를 수북이 쌓아놓아 '달제어

獺祭魚'라 호를 부를 정도였다. 그러면서 그 문지文旨가 사람을 감동시켜 이를 두고 사람들은 전후前後를 가로로 잘랐다고 말하였다. 당시 온정균溫庭筠·단성식段成式도 각기 자신들의 문장을 자랑하면서, 사람들은 이상은과 함께 셋을 '삼십육체三十六體'라 부르고 있었다. 뒤에 평론가들이 이상은의 시를 두고 이렇게 평하였다.

"마치 백 가지 보물이 늘여져 있고, 천 가지 비단과 철망이 얽혀 있으며, 아름답고 고와 어디에도 적용시킬 수 없는 것이다."

이 말이야말로 믿을 만한 것이로다.

이상은은 처음 큰 이름을 얻고 나서 장안長安을 박유薄游할 때는, 오히려 사람들이 그를 알아보지 못하였다. 그가 여관에 투숙하자 많은 사들이 술이 취해 〈목란화木蘭花〉를 부르면서 자리를 함께 하여 놀자고 하면서도, 그가 이상은인 줄을 모르는 것이었다.

이에 이상은이 그 시의 뒤편을 완성하여 이렇게 들려주었다.

"동정호 물결 찬데 새벽기운 구름에 뻗치네   洞庭波冷曉侵雲
날마다 돛을 올려 멀리 가는 이 보내도다   日日征帆送遠人
그 몇 번 목란선에서 보고 또 보려나   幾度木蘭船上望
원래 그 꽃이 그렇게 기다리는 몸인 줄 모르고 있네."   不知元是比花身

그러자 객이 그의 이름을 물어 보고는 크게 놀라 몰라보았다고 죄를 빌었다.

당시 백낙천白樂天은 이미 늙어 물러나 있었지만 이상은의 문장을 지극히 좋아하여 이렇게 말하였다.

"내 죽은 후에 자네 같은 인물이 있는 것으로 만족한다."

이에 백낙천이 죽은 후 몇 년 뒤 이상은은 아들을 낳자 이름을 '백로白老'라 하여 백낙천을 추모하여 붙여주었다. 그 아이가 자라면서 심히 우둔하자 비경飛卿 온정균溫庭筠이 이렇게 놀렸다.

"너는 시랑 백거이의 후신後身이라면서 너무 심한 것 아니냐?"

그 뒤 이상은은 다시 아들을 낳자, 이번에는 곤사袞師라 하였다. 이 아들은 총명하고 준수하였다. 이에 이상은은 이런 시를 지었다.

"곤사는 내 귀여운 아들 녀석   袞師我嬌兒
아주 뛰어나 필적할 자가 없지."   英秀乃無匹

아마 이 곤사가 바로 백거이의 후신이 아닌가 한다.

이상은은 글로써 스스로 하나의 격식을 완성하여 후학들의 존중을 받으며 이를 '서곤체西崑體'라 한다.

이상은의 문집으로는 《번남갑집樊南甲集》20권·《번남을집樊南乙集》20권, 그리고 《옥계생집玉谿生集》3권이 있었다. 당초 이상은은 스스로를 '옥계자玉谿子'라 하였기 때문에 그 이름을 취한 것이다.

그 외에 부賦 1권·문文 1권이 있어 모두 함께 세상에 전한다.

李商隱:

商隱, 字義山, 懷州人也. 令狐楚奇其才, 使遊門下, 授以文法, 遇之甚厚. 開成二年, 高鍇知貢擧, 楚善於鍇, 獎譽甚力, 遂擢進士. 又中拔萃. 楚又奏爲集賢校理. 楚出, 王茂元鎭興元, 素愛其才, 表掌書記, 以子妻之. 除侍御史. 茂元爲李德裕黨, 士流嗤謫商隱, 以爲詭薄無行, 共排擯之. 來京都, 久不調. 更依桂林總管鄭亞府爲判官, 後隨亞謫循州, 三年始回. 歸窮於宰相綯, 綯惡其忘家恩, 放利偸合, 從小人之辟, 謝絶, 殊不展分. 重陽日, 因詣廳事, 留題云:『十年泉下無消息, 九日樽前有所思.』

又云:『郞君官貴施行馬, 東閣無因許再窺.』

綯見之, 惻然, 迺補太學博士. 柳仲郢節度中州, 辟爲判官. 商隱兼介可畏, 出爲廣州都督, 人或袖金以贈, 商隱曰:「吾自性分不可易, 非畏人知也.」

未幾, 入拜檢校吏部員外郎. 罷, 客滎陽卒. 商隱工詩, 爲交瑰邁其古, 辭難事隱及從楚學, 儷偶長短, 而繁縟過之. 每屬綴多檢閱書冊, 左右鱗次, 號「獺祭魚」. 而旨能感人, 人謂其橫絶前後. 時溫庭筠·段成式各以穠緻相夸, 號「三十六體」.

後評者謂其詩:「如百寶流蘇, 千絲鐵網, 綺密瑰姸, 要非適用之具」斯言信哉!

初得大名, 薄遊長安, 尚希識面, 因投宿逆旅. 有衆客方酣飲, 賦〈木蘭花〉詩, 就呼與坐, 不知爲商隱也.

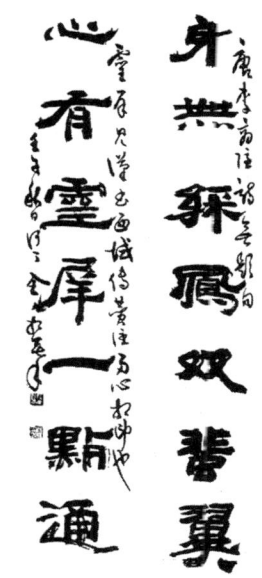

李商隱시 河丁 全相羣(현대)

後成一篇云:『洞庭波冷曉侵雲, 日日征帆送遠人. 幾度木蘭船上望, 不知元是此花身.』

客問姓名, 大驚稱罪. 時白樂天老退, 極喜商隱文章, 曰:「我死後, 得爲爾兒足矣」

白死數年, 生子, 遂以「白老」名之. 旣長, 殊鄙鈍, 溫飛卿戲曰:「以爾爲侍郎後身, 不亦忝乎?」

後更生子, 名「袞師」, 聰俊. 商隱詩云:「袞師, 我嬌兒. 英秀乃無匹」

此或其後身也.

商隱文自成一格, 後學者重之, 謂「西昆體」也. 有《樊南甲集》二十卷,《乙集》二十卷,《玉溪生詩》三卷.

初自號「玉溪子」, 又賦一卷, 文一卷, 竝傳於世.

【懷州】 지금의 河南省 沁陽縣.

【高鍇】 앞장 注 참조. 前出.

【王茂元】 文宗·武宗 때 여러 곳의 節度使를 지낸 인물. 兩《唐書》에 傳이 있다.

【李德裕】 本冊 卷3(081) 참조. '牛李黨爭'은 中唐 이후 관리들의 宗派鬪爭으로 牛僧孺·李宗閔·令狐綯 등을 중심으로 한 牛黨과 李吉甫·李德裕 父子를 중심으로 한 李黨이 40여 년을 다툰 사건이다.

【桂林】 지금의 廣西 桂林市.

【鄭亞】 武宗 때 給事中·循州刺史 등을 지낸 人物로서 兩《唐書》에 傳이 있다.

【循州】 지금의 廣東省 惠州市.

【令狐綯】 宰相 令狐楚의 아들. 본책 170 참조.

【放利】 '방종하게 굴며 이익에 투합하다'의 뜻. 《論語》里仁篇에 "放於利而行, 多怨"이라 하였다. (참고)

【行馬】 관청 앞에 말을 타고는 더 이상 들어오지 못하도록 설치한 목책.

【東閣】 宰相府의 동쪽 문. 宰相이 賓客을 접대하는 곳으로 통하는 문.

【十年泉下無消息】 아래의 두 구절과 함께 《全唐詩》(卷541)에 실려 있으며 제목은 〈九一〉이다.

【酒補太學博士】 이상의 이야기는 《唐摭言》(卷11), 《北夢瑣言》(卷2), 《唐詩紀事》(卷52) 등에 실려 있으며, 이는 小說家가 꾸며낸 이야기로 여기고 있다. (참고)

【柳仲郢】 吏部郎中·諫議大夫·京兆尹·劍南東川節度使 등을 역임하였다. 兩《唐書》에 傳이 있다.

【東川】 원래는 '中州'로 되어있다.

【榮陽】 지금의 河南省 滎陽縣.

【繁縟】 문사가 화려함을 말한다.

【獺祭魚】 《禮記》月令에 "孟春之月, 魚上冰, 獺祭魚, 鴻雁來"라 하였으며 봄에 水獺이 고기를 잡아 물가에 진열해 놓은 것이 마치 제사를 지내려고 차려 놓은 것 같다고 한 것을 '獺祭魚'라 하며, 뒤에는 이 典故로써 '나열하여 이루어진 文章'을 일컫는 말로 쓰였다.

【溫庭筠】 본책 卷8(202) 참조.

【段成式】 宰相 段文昌의 아들. 太常少卿·江州刺史 등을 역임하였으며 詩에 뛰어났다. 그의 저술 《酉陽雜俎》30卷이 지금도 전한다. 兩《唐書》에 傳이 있다.

【三十六體】 세 명의 16排行이 16번째의 문체. 《小學紺珠》藝文類에 "李商隱,

溫庭筠, 段成式三人, 皆行十六"이라 하였다. (참고)

【如百寶流蘇, 千絲鐵網, 綺密瑰姸, 要非適用之具】이 評語는 《詩人玉屑》 (卷2)에 引用된 〈矑翁詩評〉을 옮긴 것이다. (참고)

【木蘭船】木蘭舟, 南朝 梁, 任昉의 《述異記》下에 "木蘭洲在潯陽江中, 多木 蘭樹. 昔吳王闔閭植木蘭於此, 用構宮殿也. 七里洲中, 有魯般刻木蘭爲舟, 舟至 今在洲. 詩家云木蘭舟, 出於此"라 하였다.

【木蘭花】이 시는 《全唐詩》(卷541)에 실려 있으며 제목은 〈木蘭花〉이다. (참고)

【大驚稱罪】이 내용은 《唐詩紀事》(卷23)를 근거로 한 것이며 《詩話總龜》 (前集 卷20)의 《古今詩話》에도 실려 있다.

【袞師我嬌兒】이 詩는 《全唐詩》(卷541)에 실려 있으며 제목은 〈嬌兒詩〉이다. (참고) 한편 이상의 이야기는 《苕溪漁隱叢話》(前集) 卷16에 引用된 〈蔡寬 夫詩話〉에 근거한 것이며 白老와 袞師는 다른 사람이다.

【西昆體】北宋初 楊億·劉筠·錢惟演 등이 詩를 모아 이를 《西昆酬唱集》 이라 하여 생긴 이름. 이들은 李商隱·溫庭筠을 추앙하여 詩法의 宗으로 여겼다.

참고 및 관련 자료

1. 이상은(李商隱: 813?~858?)

字는 義山이다. 《新唐書》(藝文志, 4)에 《樊南甲集》 20卷·《乙集》20卷·《玉谿生詩》3卷·《賦》1卷·《文》 1卷이 著錄되어 있으며 《全唐詩外編》 및 《全唐詩續 拾》에 詩 4首, 斷句 5句, 그리고 《全唐文》에 그의 文 章 12卷, 《唐文拾遺》에 文章 1편이 실려 있다. 한편 《唐詩紀事》(卷53), 《全唐詩話》(卷4)에 관련 기록이 실려 있다.

〈李商隱〉

2. 《舊唐書》卷190(下) 참조.

3. 《新唐書》卷203 참조.

4. 《唐詩紀事》卷53

商隱, 字義山, 懷州人, 英國公世勣裔孫. 令狐楚帥河陽, 奇其文, 使與諸子游.

楚歷鎭, 表爲巡官, 卒於工部侍郎. (商隱累佐王茂元·鄭亞·柳仲郢, 故《樊南甲乙》之集作焉.) 溫庭筠·段成式俱以儷偶相誇, 號『三十六體』.

5.《全唐詩》卷539

李商隱, 字義山, 懷州河內人. 令狐楚帥河陽, 奇其文, 使與諸子游. 楚徙天平·宣武, 皆表署巡官. 開成二年, 高鍇知貢擧. 令狐綯雅善鍇, 獎譽甚力, 故擢進士第. 調弘農尉, 以忤觀察使, 罷去. 尋復官, 又試拔萃中選, 王茂元鎭河陽, 愛其才, 表掌書記, 以子妻之, 得侍御史. 茂元死, 來游京師. 久不調, 更依桂管觀察御使鄭亞府爲判官, 亞謫循州, 商隱從之. 凡三年乃歸, 茂元與亞皆李德裕所善, 綯以商隱爲忘家恩, 謝不通. 京兆尹盧弘正表爲府參軍, 典箋奏, 綯當國, 商隱歸. 窮自解, 綯憾不置, 弘正鎭徐州. 表爲掌書記. 久之, 還朝, 復干綯, 乃補太學博士. 柳仲郢節度劍南東川, 辟判官·檢校工部員外郎, 府罷, 客榮陽卒. 商隱初爲文, 瑰邁奇古, 及在令狐楚府, 楚本工章奏, 因授其學. 商隱儷偶長短而繁縟過之, 時溫筠·段成式俱用是相誇, 號『三十六體』.《樊南甲集》二十卷·《乙集》二十卷,《玉溪生詩》三卷, 今合篇詩三卷.

6.〈九日〉(《全唐詩》卷541)

(商隱爲令狐楚從事, 楚旣歿, 子綯繼有韋平之拜. 惡商隱從鄭亞之辟, 疏之. 重陽日, 商隱有詩於其廳事, 綯覩之慚恨, 扃閉此廳, 終身不處.)
『曾共山翁把酒時, 霜天白菊繞階墀. 十年泉下無人問, 九日樽前有所思. 不學漢臣栽苜蓿, 空敎楚客詠江蘺. 郞君官貴施行馬, 東閣無因再得窺.』

7.《詩人玉屑》卷2(《朣翁詩評》)

「李義山, 如百寶流蘇, 千絲鐵綱, 綺密環姸, 要非適用.」

8.〈木蘭花〉(《全唐詩》卷541)

『洞庭波冷曉侵雲, 日日征帆送遠人. 幾度木蘭舟上望, 不知元是此花身.』

9.《唐詩紀事》卷53 (《全唐詩話》卷4도 같다.)

義山少遊, 投宿逆旅, 主人會客, 召與坐, 不知其爲義山也. 酒酣, 度客賦木蘭花詩, 義山後就, 曰:『洞庭波冷曉侵雲, 日日征帆送遠人. 幾度木蘭舟上望, 不知元是此花身.』坐客覽之大驚, 詢之, 乃義山也. 商隱爲彭陽公從事, 彭陽之子綯, 繼有韋平之拜, 惡商隱從鄭亞之辟, 以爲忘家恩, 疎之. 重陽日, 商隱留詩於其廳事曰:『曾共山翁把酒巵, 霜天白菊遶堦墀. 十年泉下無消息, 九日樽前有所思. 不學漢臣栽苜蓿, 空敎楚客詠江蘺. 郞君官貴施行馬, 東閣無因再得窺.』綯乃補太學博士. 尋爲東川柳仲郢判官, 府罷, 客榮陽, 卒.

10.〈嬌兒詩〉（《全唐詩》卷541）

『衰師我驕兒, 美秀乃無匹. 文葆未周晬, 固已知六七. 四歲知名姓, 眼不視梨栗.
交朋頗窺觀, 謂是丹穴物. 前朝尙器貌, 流品方第一. 不然神仙姿, 不爾燕鶴骨.
安得此相謂, 欲慰衰朽質. 靑春妍和月, 朋戲渾甥姪. 繞堂復穿林, 沸若金鼎溢.
門有長者來, 造次請先出. 客前問所須, 含意下吐實. 歸來學客面, 闒敗秉爺笏.
或謔張飛胡, 或笑鄧艾吃. 豪鷹毛嶄屼, 猛馬氣佶傈. 截得靑筼篞, 騎走恣唐突.
忽復學參軍, 按聲喚蒼鶻. 又復紗燈旁, 稽首禮夜佛. 仰鞭胃蛛網, 俯首飮花蜜.
欲爭蛺蝶輕, 未謝柳絮疾. 階前逢阿姊, 六甲頗輸失. 凝走弄香奩, 拔脫金屈戌.
抱持多反側, 威怒不可律. 曲躬牽窗網, 衉唾拭琴漆. 有時看臨書, 挺立不動膝.
古錦請裁衣, 玉軸亦欲乞. 請爺書春勝, 春勝宜春日. 芭蕉斜卷箋, 辛夷低過筆.
爺昔好讀書, 懇苦自著述. 顦顡欲四十, 無肉畏蚤虱. 兒愼勿學爺, 讀書求甲乙.
穰苴司馬法, 張良黃石術. 便爲帝王師, 不假更纖悉. 況今西與北, 羌戎正狂悖.
誅赦兩未成, 將養如痌疾. 兒當速成大, 探雛入虎穴. 當爲萬戶侯, 勿守一經帙.』

178(7-10)

유부喻鳬

附: 설영薛瑩

　　유부喻鳬는 비릉毗陵 사람으로 개성開成 5년, 이종실李從實과 동방으로 진사에 급제하여 오정현령烏程縣令을 지냈으며 시로써 유명하였다.

　　당나라 말기에는 시가 변아變雅를 일으켜, 유부 역시 그러한 풍조에 휩쓸렸다. 그래서 그의 시는 소교小巧에만 깊고 고고高古한 기세는 비로 쓸어버린 듯 구경할 수가 없고 다만 그의 시작詩作에 있어서 진부陳腐한 언어를 배제하는 데에 힘썼을 뿐이다.

　　뒤의 재자들은 그를 '유선배喻先輩'로 부르는 것으로 보아 그를 향모向慕하는 정이 어느 정도인가를 알 수 있다.

　　유부와 동시대 인물로 설영薛瑩이란 자가 있어, 역시 시에 뛰어났었다.

　　유부의 시집 1권과 설영의《동정집洞庭集》1권이 지금 함께 전한다.

喻鳬: 附, 薛瑩

　鳬, 毗陵人. 開成五年, 李從實榜進士, 仕爲烏程縣令. 有詩名, 晩歲變雅, 鳬亦風靡, 專工小巧, 高古之氣掃地, 所畏者務陳言之是去耳. 後來才子, 皆稱「喻先輩」, 向慕之情足見也. 同時薛瑩亦工詩.

　鳬詩一卷, 瑩詩《洞庭集》一卷, 今竝傳.

【毘陵】郡治는 常州. 지금의 江蘇省 常州人.

【李從實】당시 壯元한 人物.

【烏程】지금의 浙江省 紹興縣.

【變雅】《詩經》의 大雅·小雅는 '正變'의 구분이 있으며 變雅는 쇠퇴와 변질을 뜻한다. 〈毛詩序〉에 "至於王道衰, 禮義廢, 政敎失, 國異政, 家殊俗, 而變風, 變雅作矣"라 하였다.

【薛瑩】唐 文宗 때의 人物로 蜀에서 쓴 詩가 많으며 《洞庭集》을 남겼다 한다. 《全唐詩》에 그의 詩 11首, 斷句 2聯이 실려 있다.

참고 및 관련 자료

1. 유부(喩鳧)

《新唐書》(藝文志, 4) 및 《宋史》(藝文志, 7)에 喩鳧의 詩 1卷, 薛瑩의 詩 1卷이 著錄되어 있으며 《宋史》에는 따로 薛瑩의 《洞庭集》 1卷도 著錄되어 있다. 《全唐詩》(卷543)에 詩 1卷이 편집되어 있으며 《全唐詩逸》에 斷句 3聯, 그리고 《全唐詩續捨》에 2句가 실려 있다. 《全唐詩話》(卷4)에 관련 기록이 실려 있다.

2. 《全唐詩》 卷543

喩鳧, 毘陵人. 登開成五年進士第, 終烏程尉. 詩一卷.

3. 《全唐詩話》 卷4

喩鳧, 毘陵人, 開成進士也. 卒于烏程令.

179(7-11)
설봉薛逢

설봉薛逢은 자가 도신陶臣이며 포주蒲州 사람이다. 회창會昌 원년에 최현崔峴과 동방으로 진사에 3등으로 급제하여 만년위萬年尉를 조임받았다. 얼마 지나지 않아 하중절도사河中節度使 막부의 막료가 되었다.

그리고 최현崔峴이 재상이 되자 그에게 불려가 홍문관弘文館이 되었으며 계속해서 시어사侍御史, 상서랑尙書郎을 역임하였다.

설봉은 논리가 굳세어 스스로 모책을 세우는 데에 뛰어났다고 여겼다. 또한 벼슬길에 오르기 전에 유전劉瑑과 친구 사이였다. 그런데 글 솜씨에 있어서 유전이 자신의 아래라고 여겨 언제나 그 유전을 쉽게 대하였다. 유전이 재상이 되자 어떤 이가 유전에게 설봉을 지제고知制誥에 추천해 왔다. 유전은 불쾌히 여기며 이렇게 거부하였다.

"선대 이래 제도로 보아 중서성中書省·문하성門下省에서 급사중給事中이나 중서사인中書舍人의 벼슬을 주려면 주현州縣을 다스려 본 경험이 있어야 한다. 그러나 설봉은 그러한 경험이 없으니 불가하다."

이리하여 설봉은 파주자사巴州刺史가 되었다.

당초 설봉이 진사에 급제할 때 양수楊收·왕탁王鐸과 동년同年이었으며 그 중 설봉의 글 솜씨가 제일이었다. 그런데 양수가 먼저 재상이 되자 설봉은 이런 시를 썼다.

"누가 알았으랴, 금인 차고 천자를 뵈러 가는 나그네가　誰知金印朝天客
　동년 과거가 사제 길에서 사람을 피하게 할 줄이야!"　同是沙堤避路人

　　이를 본 양수는 불쾌히 여겨 그를 봉주蓬州·면주綿州 두 곳의 자사刺史로
내쫓아 버렸다. 다시 이번에는 왕탁이 재상이 되자 설봉은 또 이런 시를
읊었다.

"어제는 그대는 홍모, 나는 만 권 무게　　　昨日鴻毛萬鈞重
　오늘 아침 신세 그대는 산, 나는 터럭"　　今朝山嶽一毫輕

　　이를 본 양탁도 크게 화를 내었으며 내외의 모든 사람들도 모두가
설봉의 편벽되고 오만함을 들어 비루한 자라 하였다. 그 뒤 그는 비서감
秘書監으로 옮겨가서 죽었다.
　　설봉은 만년에도 벼슬길이 순탄치 않았다.
　　일찍이 비쩍 마른 말을 타고 조정에 들어가다가 마침 새로 진사 시험의
급제자 방榜을 내거는 모습을 보게 되었다. 그 새로 진사에 오른 이들이
하나씩 줄을 지어 나오는데 아주 태도가 정연하였다. 그런데 그들은 설봉의
꾸밈이 썰렁한 것을 보고 급제자의 행렬을 안내하던 자가 이렇게 말하였다.
　　"새로운 낭군들이 나오니 길을 비키시오!"
　　설봉은 씁쓸히 웃으면서 사람을 보내어 이렇게 말을 전하도록 하였다.
　　"그렇게 말한 놈 궁상떨지 말라! 시어머니 격인 나도 열다섯 살쯤에도
역시 제멋대로 문장을 갈겨 쓴 적이 있다."
　　그러자 그 사람은 놀라 도망쳐 버렸다.

　　◎ 설봉은 천자天資가 본래 높고 학력學力 역시 섬부贍富하였다. 그 까닭
으로 심한 고사苦思없이 스스로 호일毫逸한 성과를 거둘 수 있었던 것이다.
그의 시는 장단長短에 관계없이 모두가 쉽게 성취한 것으로 천한 데에 빠져
누속陋俗함을 면하지는 못하였으니 이는 아마 당시 시풍이 그러하였으려
니와 이군절속離群絶俗하려는 의지도 없었기 때문이리라.

무릇 도가道家에 삼보三寶가 있으니, 그 중 하나가 "감히 천하보다 앞서지 않는 것"不敢爲天下先이다. 남보다 앞선 사람이 어찌 뒤진 사람을 인정하겠으며 남보다 나은 자가 어찌 남을 수용하겠는가? 설봉을 보건대 그는 자신의 재능을 믿고 거만하게 굴며 자신의 직위가 낮다고 치욕을 느껴 입만 열면 불평을 털어놓았으니 이는 바로 "오취이강주"惡醉而强酒, 즉 취하는 것을 싫어하면서 억지로 술을 마시는 경우와 같다. 그리하여 여러 차례 변방으로 쫓겨났으니 한 발 나가서 열 발 물러나는 꼴이었다. 그러면서 거친 모습에 스스로 분함을 참지 못하였으니 대개 "화복禍福이란 그 어느 경우도 스스로 짓지 않는 것이 없다"(禍福無不自己求者)라고 한 것이 이에 해당하리라.

시집 10권과 《별지別紙》 13권, 그리고 《부집賦集》 14권이 지금 모두 전하고 있다.

薛逢:

逢, 字陶臣, 蒲州人. 會昌元年, 崔嶰榜第三人進士. 調萬年尉. 未幾, 佐河中幕府. 崔鉉入相, 引直弘文館. 歷侍御士·尙書郎. 持論鯁切, 以謀略高自標顯. 布衣中, 與劉瑑交, 而文辭出逢下, 常易瑑. 及當國, 有薦逢制誥者, 瑑猥言:「先朝以兩省官給事舍人, 治州縣, 乃得除·逢未試州, 不可」乃出爲巴州刺史. 初, 及第與楊收·王鐸同年, 而逢文藝最優. 收輔政, 逢有詩云:『誰知金印朝天客, 同是沙堤避路人.』

收御之, 斥爲蓬·綿二州刺史. 及鐸相, 逢又賦詩云:『昨日鴻毛萬鈞重, 今朝山岳一毫輕.』

鐸怒, 中外亦鄙逢褊傲. 遷秘書監, 卒. 逢晚年岨峿宦塗, 嘗策羸赴朝, 値新進士榜下, 綴行而出, 呵殿整然, 見逢行李蕭條, 前導曰:「回避新郞君!」

逢勃然, 因遣一介語之曰:「報道莫貧相! 阿婆三五少年時, 也會東塗西抹來」

其人辟易.

◎ 逢天資本高, 學力亦贍, 故不甚苦思, 而自有豪逸之態, 第長短皆率然而成, 未免失淺露俗, 蓋亦當時所尙, 非離群絶俗之詣也. 夫道家三寶, 其一「不敢爲天下先」前人者, 孰肯後之? 加人者, 孰能受之? 觀逢恃才怠傲, 恥在喧卑而喋喋脣齒, 亦猶「惡醉而强酒」也. 累擯遠方, 寸進尺退, 至龍鍾而自憤不已, 蓋禍福無不自己求者焉. 有詩集十卷, 又《別紙》十三卷, 賦集十四卷, 今竝行.

【蒲州】 지금의 山西城 永濟縣.
【崔峴】 河中節度使・宰相・淮南節度使 등을 지낸 人物. 兩《唐書》에 傳이 있다.
【萬年】 長安縣과 함께 京兆 내에 있던 縣. 지금의 陝西省 西安市.
【劉瑑】 中書舍人・刑部侍郞・河南尹・宰相 등을 역임한 人物. 兩《唐書》에 傳이 있다.
【巴州】 지금의 四川省 巴中縣.
【楊收】 楊發의 아우이며 中書舍人 등을 역임하였다. 兩《唐書》에 傳이 실려 있다.
【王鐸】 宰相을 지냈던 人物. 兩《唐書》에 傳이 실려 있다.
【沙堤】 唐 玄宗 때 만든 甬道. 車馬가 다닐 수 있게 하였으며 모래를 깔았다.
【誰知金印朝天客】 이 시는 《全唐詩》(卷548)에 실려 있으며 제목은 〈賀楊收作相〉이다. (참고)
【蓬州】 지금의 四川省 儀隴縣.

【綿州】지금의 四川省 綿楊縣.

【昨日鴻毛萬鈞重】이 詩는 《全唐詩》(卷548)에 斷句로 수록되어 있다. (참고)

【貧相】가난하다가 갑자기 부자가 되었지만 그 초라한 때를 벗지 못한 모습을 말한다.

【東塗西抹】'文章을 여기저기서 마음대로 쓰다'의 뜻.

【辟易】疊韻連綿語이다. '놀라 물러서다', '길을 비켜주다'의 뜻.《史記》項羽本紀에 "項王嗔目叱之, 赤泉侯人馬俱驚, 辟易數里"라 하였다.

【道家三寶】《老子》(67章)에 "我有三寶, 持而寶之, 一慈, 二儉, 三不敢爲天下先"이라 하였다.

【加人】'남에게 부담을 주거나 능멸하다'의 뜻.《論語》公冶長에 "我不欲人之加諸我也, 吾亦欲無加諸人"이라 하였다.

【惡醉强酒】취하는 고통은 싫어하면서도 억지로 술을 마심.《孟子》離婁章(上)에 "今惡死亡而樂不仁, 是猶惡醉而强酒"라 하였다.

【禍福】《孟子》公孫丑(上)에 "禍福無不自己求之者"라 하였다.

【참고 및 관련 자료】

1. 설봉(薛逢)
字는 陶臣이며, 《新唐書》(藝文志, 4)에 《詩集》10卷, 《別紙》13卷, 《賦集》14卷이 著錄되어 있으며 《郡齋讀書志》에는 다만 《薛逢歌詩》2卷, 《直齋書錄解題》에는 《薛逢集》1卷 및 《四六集》1卷만이 著錄되어 있다. 《全唐詩》에는 그의 詩 1卷(548)이 실려 있고 《全唐詩續拾》에 詩 2首, 斷句 1句가 실려 있다. 《唐詩紀事》(卷59)에 관련 기록이 실려 있다.

2. 《舊唐書》卷190 참조.

3. 《新唐書》卷203 참조.

4. 《唐詩紀事》卷59
逢, 字陶臣, 蒲州人, 會昌進士. 初與劉瑑交, 會瑑當國, 有薦逢知制誥者. 瑑猥曰:「先朝以兩省官給事舍人, 先治州縣.」乃得除. 逢未試州, 執不可. 乃出刺巴州. 而楊收·王鐸同牒署, 收輔政, 逢有詩, 微辭譏訕. 收銜之, 復斥逢·綿二州刺史. 鐸爲相, 又以詩訾鐸云:「昨日鴻毛萬鈞重, 今朝山嶽一毫輕.」遂不見齒. 終祕書監.

5. 《全唐詩》卷548

薛逢, 字陶臣, 蒲州河東人. 會昌初, 擢進士第, 授爲萬年尉, 直弘文館. 歷侍御史·尙書郎, 出爲巴州刺史. 復斥蓬州, 尋以太常少卿召還, 歷給事中. 遷祕書監, 卒. 集十卷, 今編詩一卷.

6. 〈賀楊收作相〉(《全唐詩》卷548)

『闕下憧憧車馬塵, 沈浮相次宦遊身. 須知金印朝天客, 同是沙堤避路人. 威鳳偶時因瑞聖, 應龍無水謾通神. 立門不是趨時客, 始向窮途學問津.』

7. 斷句 (《全唐詩》卷548)

『昨日鴻毛萬鈞重, 今朝山岳一朝輕.』(《舊唐書》本傳: 王鐸作相, 逢有詩云云. 鐸怨之.)

180(7-12)
조하趙嘏

　　조하趙嘏는 자는 승우承祐이며 산양山陽 사람으로 회창會昌 2년, 정언鄭言과 동방으로 진사에 올랐다. 대중大中 연간에는 벼슬이 위남위渭南尉에 올랐고 일시에 명사 대부들의 극진한 칭찬을 받았다. 그러나 조하는 관직이 낮아 자못 자신의 뜻을 펼 수가 없었다. 선종宣宗이 그의 이름을 알고 재상에게 이렇게 물었다.

　　"조하라는 시인은 좋은 관직을 맡아 본 적이 있는가! 그의 시를 찾아서 내게 가져오라!"

　　그러고 나서 그 시권詩卷의 첫 수인 〈제진시題秦詩〉를 읽어보았다.

　　"진시황은 한갓 무력으로 육국을 멸망시킬 줄만 알았지　徒知六國隨斤斧
　　　여러 선비들의 시비에 대한 논의는 들으려 하지 않았네."　莫有群儒定是非

　　임금은 이를 보고 불쾌히 여기며 그를 등용하려던 뜻을 포기해 버렸다. 조하는 일찍이 〈조추부早秋賦〉 시에서 이렇게 읊었다.

　　"별 몇 점 반짝이고 기러기 북쪽으로 가로 뻗쳐 나는데　殘星數點雁橫寒
　　　긴 피리 소리에 사람하나 누대에 기대섰노라."　　　　　長笛一聲人倚樓

　　두목지杜牧之가 이를 보고 조하를 '조의루趙倚樓'라 부르며 상탄賞嘆을 아끼지 않았다. 또 그의 초기 시 마지막 구절에 이렇게 읊었다.

> "거친 봉록의 일 머지않아 끝내면   早晩粗酬身事了
> 물가로 돌아가 한가한 사람 되리라."   水邊歸去一閒人

조하의 일생 관운이 순탄치 못하였으니 설마 이 시 구절이 시참詩讖이
된 것은 아닐까 한다.

조하는 성격이 호매상달豪邁爽達하여 주로 경상卿相들을 모시면서 관각
館閣을 출입하되, 마치 그들의 친척인 것처럼 친하게 다녔다. 조하는 단지
하나의 서생書生으로써 원근에 그 이름이 널리 퍼지게 하였으니 이것이
소위 "하루 만에 그 이름이 서울에 퍼지고 3일 만에 온 천하에 알려졌다"
라는 경우로, 이는 그 스스로가 그렇게 만든 것이다.

그러나 그의 운명은 겨우 선위仙尉에 그치면서 매시梅市를 찾아다니게
하였으니 역시 악운惡運이 아니겠는가?

앞서 조하가 절서浙西에 살고 있을 때 그의 집에 예쁜 여종이 하나
있었다. 조하는 이를 아주 사랑하였으나 계해計偕, 즉 과거를 위해 장안으로
가게 되자 그녀를 남겨두고 어머니를 봉양토록 하였다. 그런데 그 여종은
중원절中元節에 학림사鶴林寺에 놀러 갔다가 그만 절서절도사浙西節度使의
눈에 띄고 말았다. 절도사는 그의 미모에 반해 데려가 버렸고 이듬해
조하가 급제하고 나서 이 소식을 듣고는 괴로움을 견디지 못해 이런
시를 지어 자신을 달랬다.

> "적막한 집 앞에 햇빛만 따뜻하네   寂寞堂前日又曛
> 양대를 떠나고는 돌아올 수 없는 사랑   陽臺去作不歸雲
> 그 당시 사타리沙吒利의 고사를 듣긴 하였지만 當時聞說沙吒利
> 지금에 예쁜 여자를 그대에게 맡기다니." 今日靑娥屬使君

절도사가 이 소식을 듣고는 자신도 매우 안타깝게 여기며 그 여자를
장안長安으로 보내어 조하와 만나도록 해주었다. 그 때 조하는 마침 동관

潼關의 관문을 나서 횡수역橫水驛을 지나다가 그 여자를 말 위에서 서로 만나게 되었다. 여자는 조하를 끌어안고 통곡하다가 이틀 지난 후 그만 죽어버리고 말았다. 조하는 횡수의 북쪽 양지바른 곳에 그 여인을 묻어 주었다. 조하는 그 여인에 대한 그리움을 끊지 못하고, 임종 때에 눈에 그 모습을 보게 되었다. 그 나이 겨우 마흔이 넘었을 때였다.

지금 《위남집渭南集》과 《편년시編年詩》 2권, 그리고 13대의 사적을 모아 태어나서부터 100세를 기약하며 한 해에 한두 수씩 쓴 총 110장의 시가 모두 세상에 전한다.

趙嘏:

嘏, 字承祐, 山陽人. 會昌二年, 鄭言榜進士. 大中中, 仕爲 渭南尉. 一時名士大夫極稱道之. 卑官頗不如意.

宣宗雅知其名, 因問宰相:「趙嘏詩人, 會爲好官否? 可取 其詩進來!」

讀其卷首〈題秦詩〉云:『徒知六國隨斤斧, 莫有群儒定是非.』

上不悅, 事寢. 嘏嘗〈早秋賦〉詩云:『殘星數點雁橫塞, 長笛 一聲人倚樓.』杜牧之呼爲「趙倚樓」, 賞歎之也.

又, 初有詩, 落句云:『早晚粗酬身事了, 水邊歸去一閒人.』

仕塗屹机, 豈其讖也? 嘏豪邁爽達, 多陪接卿相, 出入館閣, 如親屬然. 能以書生, 令遠近知重, 所謂『一日名動京師, 三日 傳滿天下』, 有自來矣. 命霧仙尉, 追蹤梅市, 亦不惡耳?

先, 嘏家浙西, 有美姬, 溺愛, 及計偕, 留侍母. 會中元遊鶴 林寺, 浙帥窺見, 悅之, 奪歸. 明年嘏及第, 自傷, 賦詩曰:『寂寞 堂前日又曛, 陽臺去作不歸雲. 當時聞說沙吒利, 今日靑娥 屬使君.』

帥聞之, 殊慘慘, 遣介送姬入長安. 時郾方出關, 途次橫水驛, 於馬上相遇, 姬因抱郾痛哭, 信宿而卒, 遂葬於橫水之陽. 郾思慕不已, 臨終目有所見, 時方四十餘.

今有《渭南集》及《編年詩》二卷, 悉取十三代史事迹, 自始生至百歲, 歲賦一首·二首, 總得一百一十章, 今竝行於世.

【山陽】지금의 江蘇省 淮安縣.

【鄭言】會昌 4年에 進士에 壯元한 人物. 본문의 會昌 2年은 4年의 잘못. 本卷 185 馬戴傳에 "會昌四年, ……與項斯, 趙郾同榜"이라 하였다.

【渭南】지금의 陝西省 渭南縣.

【題秦詩】이 시는 《全唐詩》(卷550)에 斷句로 수록되어 있으며 《北夢瑣言》(卷7)에는 그 제목을 〈題秦皇〉이라 하였다.

【早秋賦】《全唐詩》(卷549)에 실려 있으며 제목은 〈長安晚秋〉이다. (참고)

【趙倚樓】이 사건은 《唐摭言》(卷7) '知己'條를 근거로 한 것이다. (참고) 시는 《全唐詩》(卷549)에 실려 있으며 제목은 〈寄歸〉이다. (참고)

【寂寞堂前日又曛】이 시는 《唐摭言》(卷15)의 '雜記'를 참고한 것이다.

【仙尉】梅福이 南昌縣尉로 있다가 神仙이 되어 떠났다고 하여 後世 사람들이 縣尉를 仙尉로 바꾸어 불렀다 한다.

【梅市】《漢書》梅福傳 참조. 梅福이 官職을 버리고 隱居 하였는데 뒤에 어떤 사람이 吳市에 있는 것을 보았다고 한다. 後世 사람들은 높은 官職을 버리고 낮은 직책으로 隱居하는 것을 '梅市隱'이라 하였다. 本卷 卷4(087) 참조. 市는 '불'로 읽는 것이 옳을 듯하다.

【浙西】지금의 江蘇省 鎭江市.

【計偕】사람을 청하여 시험에 응하도록 권유함을 말한다.

【中元節】음력 7월 15일.

【鶴林寺】晉나라 때 건축된 절로 지금의 江蘇省 丹徒縣 黃鶴山 아래에 있다.

【早晚粗酬身事了】이 시는 《全唐詩》(卷550)에 실려 있으며 제목은 〈座上獻之相公〉이다. (참고)

【陽臺】高唐·巫山·雲雨之情의 故事. 本卷 170 참조.

【沙吒利】투루판의 將軍 이름. 唐 숙종 때 詩人 韓翃이 애첩 柳氏를 蕃將 沙吒利에게 빼앗겼다. 唐 許堯佐의 《柳氏傳》 및 孟棨의 《本事詩》 '情感', 《唐摭言》 등을 참조할 것.

【使君】刺史의 別稱.

【時方四十餘】이상의 이야기는 《唐摭言》(卷15) 및 《唐詩紀事》(卷56) 참조. (참고)

【十三代史】唐나라 때까지의 《史記》·《漢書》·《後漢書》·《三國志》·《晉書》· 《宋書》·《南齊書》·《梁書》·《陳書》·《魏書》·《北齊書》·《周書》·《隋書》를 말 한다. 《舊唐書》 經籍志(上)를 참조할 것.

> 참고 및 관련 자료

1. 조하(趙嘏)

字는 承祐이다. 그의 文集은 《新唐書》(藝文志, 4)에 《渭南集》 3卷, 《編年詩》 2卷이 저록되어 있다. 《全唐詩》에는 그의 詩 2卷(549·550)이 편집되어 있고 《全唐詩外編》 및 《全唐詩續拾》에 詩 5首, 斷句 7句가 실려 있다. 《唐詩紀事》 (卷56), 《全唐詩話》(卷4)에 관련 기록이 실려 있다.

2. 《唐詩紀事》 卷56

嘏, 字承祐. 大中間終於渭南尉.

3. 《全唐詩話》 卷4

嘏, 字承祐.

4. 《全唐詩》 卷549

趙嘏, 字承祐, 山陽人. 會昌二年, 登進士第. 大中間, 仕至渭南尉卒, 嘏爲詩贍美, 多興味, 杜牧嘗愛其『長笛一聲人倚樓』之句, 吟歎不已. 人因目爲『趙倚樓』, 有 《渭南集》三卷, 《編年詩》二卷, 今合編爲二卷.

5. 〈長安晚秋〉(《全唐詩》 卷549)

『雲物淒涼拂曙流, 漢家宮闕動高秋. 殘星幾點雁橫塞, 長笛一聲人倚樓. 紫豔 半開籬菊靜, 紅衣落盡渚蓮愁. 鱸魚正美不歸去, 空戴南冠學楚囚.』

6. 『趙倚樓』 故事 (《唐摭言》 卷7, 『知己』) (《唐詩紀事》·《全唐詩話》도 같다.)
① 社紫微覽趙渭南卷〈蚤秋詩〉云: 『殘星幾點雁橫塞, 長笛一聲人倚樓.』吟味 不已, 因目嘏爲『趙倚樓』, 復有贈嘏詩曰: 『今代風騷將, 誰登李杜壇. 灞陵鯨

海動, 翰苑鶴天寒. 今日訪君還有意, 三條冰雪借矛看.』紫微更寄張祜畧曰:『睫在眼前長不見道, 非身外更何求? 誰人得似張公子, 千首詩輕萬戶侯.』

②《唐詩紀事》56

杜紫微覽葭〈早秋〉詩云:『殘星幾點鴈橫塞, 長笛一聲人倚樓.』吟味不已, 因目葭爲趙倚樓. 復有贈葭詩曰:『今代風騷將, 誰登李杜壇. 灞陵鯨海動, 翰苑鶴天寒. 今日訪君還有意, 三條冰雪獨來看.』

趙葭 시 摩河 宣杜善(현대)

7.〈寄歸〉(《全唐詩》卷549)

『三年踏盡化衣塵, 只見長安不見春. 馬過雪街天未曙, 客迷關路淚空頻. 桃花塢接啼猿寺, 野竹庭通畫鶺津. 早晚相酬身事了, 水邊歸去一閒人.』

8.〈座上獻元相公〉

(初葭嘗家于浙西, 有美姬, 惑之. 計偕, 會中元鶴林之遊, 浙帥窺其姬, 遂奄有之. 明年, 葭及第, 因以一絕箴之云.)

『寂寞堂前日又曛, 陽臺去作不歸雲. 從來聞說沙吒利, 今日青娥屬使君.』

9.《唐摭言》卷15『雜記』

趙渭南葭嘗有詩曰:『蚤晚粗酬身事了, 水邊歸去一閑人.』果渭南一尉耳. 葭嘗家于浙西, 有美姬. 葭甚溺惑, 泊計偕, 以其母所阻, 遂不攜去. 會中元爲鶴林之遊, 浙帥窺之, 遂爲其人奄有. 明年, 葭及第, 因以一絕箴之曰:『寂寞堂前日又曛, 陽臺去作不歸雲. 當時聞說沙吒利, 今日青娥屬使君.』浙帥不自安, 遣一介歸之于葭. 葭時方出關, 途次橫水驛. 見兜舁人馬甚盛. 偶訊, 其左右對曰:「浙西尚書差送新及第, 趙先輩娘子入京.」姬在舁中亦認葭, 葭下馬揭簾視之, 姬抱葭, 慟哭而卒, 遂葬于橫水之陽.

10.《唐詩紀事》卷56(《全唐詩話》4四도 같다.)

葭曾有詩曰:『早晚粗酬身事了, 水邊歸去一閑人.』果卒於渭南尉. 葭嘗家于浙西, 有美姬, 葭甚溺惑, 泊計偕, 以其母所阻, 遂不攜去. 會中元爲鶴林之遊, 浙帥窺其姬, 遂奄有. 明年, 葭及第, 因以一絕箴之曰:『寂寞堂前日又曛, 陽臺去作不歸雲. 當時聞說沙吒利, 今日青娥屬使君.』浙帥不自安, 遣一介歸之. 葭方出關, 逢於橫水驛, 姬抱葭, 慟哭而卒, 遂葬於橫水之陽.

181(7-13)
설능薛能

설능薛能은 자가 대졸大拙이며 분주汾州 사람이다. 회창會昌 6년, 그는 적신사狄愼思와 동방으로 급제하였으며 대중大中 말년에 서판書判으로 뽑혀 주질위盩厔尉를 보임補任받았고, 다시 태원太原·섬곽陝虢·하양河陽 등 방진方鎭의 막부에 종사從事를 지냈다. 그리고 이복李福이 활대절도사滑臺節度使였을 때, 표를 올려 그를 과찰판관觀察判官으로 삼았다. 그리하여 설능은 어사御史, 도관都官, 형부원외랑刑部員外郎 등을 역임하게 되었고 이복이 서촉절도사西蜀節度使로 옮겨가자 다시 그를 부사副使로 삼아 달라고 상주上奏하였다.

함통咸通 연간에는 가주자사嘉州刺史를 대리하였고 조정으로 불려 와서는 주객랑중主客郎中·탁지랑중度支郎中·형부랑중刑部郎中 등을 거쳐 잠시 후 동주자사同州刺史가 되었다가 경조대윤京兆大尹에 올랐다. 이어서 감화군절도사感化軍節度使가 되었다.

광명廣明 원년에 서주徐州를 지키던 군대가 은수濄水를 지키러 가는 길에 허주許州를 경과하게 되었다. 설능은 서주 군대에 대해 옛정이 있어 그 군대들을 성 안의 숙소에서 머물게 하였다. 그런데 허주의 군대는 서주 군대가 자신들을 공격할까 두려워 대장군 주급周岌이 이런 의혹을 이용하여 난을 일으켜 버렸다.

그리고 설능의 군대를 몰아내고 허주를 점령, 스스로 유후留后라 자칭하였다. 며칠 후 반란군은 설능은 물론 그의 가족까지 모두 죽여버렸다.

설능은 정치에 있어 엄격하여 청탁을 받지 않았다. 그리고 시에 탐닉하여 하루에 부 한 편씩 짓는 것을 과제로 삼았다.

설능의 성품은 남을 능멸하기를 좋아하였으며 문장은 낮고 브잘것 없어 고론高論함은 찾아 볼 수가 없다. 그런데도 그는 스스로 일류 시인으로 자부하면서 다른 시인을 칭찬한 적도 없다. 당시 유득인劉得仁이 시로써 이름을 날렸다. 그러한 그가 시권詩卷을 가지고 설능을 찾아와 평론을 청하자 설능은 두 구절로 사양하였다.

"천수가 모두 하나같고　　　　　　　千首如一首
권초가 곧 권말 같네."　　　　　　　卷初如卷終

그의 평함이 이와 같았으니 후덕한 군자라 할 수 없다.

설능은 만년에 불교에 심취하여 오직 불법佛法을 받들기에만 전념하였다. 타고난 성품이 오홀傲忽하여 세상을 가볍게 보았으며 번진藩鎭의 책임을 맡고도 제멋대로 군대 관리를 바꾸었다. 일찍이 그는 자신의 아들로 하여금 활과 활통을 짊어지고 새로 진사에 오른 사람들을 찾아다니게 하였다. 이를 이상히 여겨 물었더니 이렇게 대답하는 것이었다.

"이 아이로 하여금 재앙을 면하게 하고자 할 뿐이오!"

지금 문집 10권과 《번성집繁城集》 1권이 전한다.

薛能:

能, 字太拙, 汾州人. 會昌六年, 狄愼思榜登第. 大中末, 書判入等中選, 補盩厔尉. 辟太原·陝虢·河陽從事. 李福鎭滑臺, 表置觀察判官. 歷御史·都官·刑部員外郎. 福徙帥西蜀, 奏以自副. 咸通中, 攝嘉州刺史. 造朝, 遷主客·度支·刑部郎中. 俄爲同州刺史·京兆大尹. 出帥咸化, 入授工部尚書. 復節度徐州,

徙鎮忠武. 廣明元年, 徐軍戍溵水, 經許, 能以軍多懷舊惠,
館待於城中, 許軍懼見襲, 大將周岌乘衆疑怒, 因爲亂, 逐能,
據城自稱留后. 數日, 殺能, 幷屠其家. 能治政嚴察, 絶請謁.
耽癖於詩, 日賦一章爲課. 性喜凌人, 格律卑卑, 且亦無甚高論.
嘗以第一流自居, 罕所拔拂. 時劉得仁擅雅稱, 持詩卷造能,
能以句謝云:『千首如一首, 卷初如卷終.』蓋譏其無變體也.

　量人如此, 非厚德君子. 晚節尚浮屠, 奉法唯謹. 資性傲忽,
又多佻輕忤世, 及爲藩鎭, 每易武吏. 嘗命其子屬橐鞬, 雅拜
新進士, 或問其故, 曰:「渠消弭災咎耳」

　今有集十卷及《繁城集》一卷傳焉.

【汾州】지금의 山西城 汾陽縣.
【盩厔】지금의 陝西省 周至縣.
【太原】河東節度使가 있던 곳 지금의 山西城 太原市.
【陝虢】陝虢觀察使가 있던 곳. 지금의 河南省 陝縣.
【河陽】河陽節度使의 治所. 지금의 河南省 孟縣.
【李福】宰相 李石의 아우. 여러 곳의 節度使를 역임하였다. 兩《唐書》에 傳이
　있다.
【滑臺】義成軍節度使의 治所이며 지금의 河南省 滑縣.
【同州】지금의 陝西省 大荔縣.
【咸化】다른 本에는 '感化'로 되어 있다. 感化軍節度使가 있던 곳으로 지금의
　江蘇省 徐州市.
【忠武】忠武軍節度使의 治所. 지금의 河南省 許昌市.
【溵水】唐나라 때의 縣. 지금의 河南省 周口市.
【留后】官職 이름. 中唐 이후 藩鎭이 강해지자 이를 막기 위해 唐 皇室의
　친인척을 파견하여 머물게 하였다. 이를 '留后'라 하였다.
【劉得仁】본책 卷六(167) 참조.

【千首如一首】이 시는 《全唐詩》(卷561)에 斷句로 수록되어 있다. 이는 《北夢瑣言》(卷6)에서 채록한 것이다. (참고)

【渠消弭災咎耳】이 사건은 《北夢瑣言》(卷4)에 실려 있다. 경박함을 말한다.

참고 및 관련 자료

1. 설능(薛能)

字는 大拙(혹 太拙)이다. 그의 文集은 《新唐書》(藝文志, 4)에 《繁城集》1卷이 저록되어 있으나 南宋 때의 《郡齋讀書志》나 《直齋書錄解題》 등에는 보이지 않는다. 《全唐詩》에는 그의 詩가 4卷(558~561)이 편집되어 있고 《全唐詩續拾》에 詩 1句, 斷句 2句, 詩序 1편이 실려 있다. 《唐詩紀事》(卷60)에 관련 기록이 있다. 《全唐詩話》(卷5)에도 기록이 실려 있다.

2. 《唐詩紀事》 卷60(《全唐詩話》 卷5도 같다.)

能, 字大拙, 汾州人. 會昌六年進士. 大中八年, 書判入等, 補盩厔尉, 辟太原陝虢河陽從事. 李福鎮滑州, 表觀察判官, 歷侍御史都官·刑部員外郎. 福徙西川, 取爲節度副使. 咸通中, 攝嘉州刺史, 歸朝遷主客度支刑部郎中. 俄刺同州. 京兆尹溫璋貶, 命權知尹事. 出領感化節度, 入授工書, 復節度徐州, 徙忠武. 廣明元年, 徐兵赴溵水, 經許, 能以前帥徐軍吏懷恩, 舘之州内. 許軍懼徐人見襲, 大將周岌因衆怒逐能, 自稱留後. 能全家遇害.

3. 《全唐詩》 卷558

薛能, 字太拙, 汾州人. 登會昌六年進士第. 大中末, 書判中選, 補盩厔尉. 李福鎮滑, 表署觀察判官. 歷御史·都官刑部員外郎. 福徙西蜀, 奏以自副. 咸通中, 攝嘉州刺史, 遷主客·度支·刑部郎中. 權知京兆尹事, 授工部尚書. 節度徐州. 徙忠武. 廣明元年, 徐軍戍溵水. 經許, 能以舊軍. 館之城中, 軍懼見襲. 大將周岌乘衆疑逐能. 自稱留後(后), 因屠其家. 能僻于詩, 日賦一章. 有集十卷, 今編詩四卷.

4. 斷句(《全唐詩》 卷561)

『百首如一首, 卷初如卷終.』(《北夢瑣言》: 能以詩自負, 遷劉得仁卷, 題詩云云.)

182(7-14)
이선고李宣古

附: 이선원李宣遠

　　이선고李宣古는 자가 수후垂後이며 예양澧陽 사람이다. 회창會昌 3년, 노조盧肇와 동방으로 진사에 급제하였으며 다시 박학굉사과博學宏辭科에도 합격하였다. 이선고는 문장에 뛰어났으며 기지가 출중하여 시로서 이름을 날렸다.

　　그러나 성품이 학랑謔浪하여 늘 남을 기롱하고 못살게 굴기를 잘 하였다. 당시 두종杜悰은 기양공주岐陽公主의 남편으로서 예양에 자사刺史로 나와 있었다. 그런데 이선고가 그 두종의 관사에 자녀를 가르치러 드나들게 되었고 자주 연회석상에서도 두종을 모시게 되었다. 그러나 이선고는 그 자리에서 너무 제멋대로 하여 두종은 참아낼 수가 없었다. 게다가 자신을 희롱하는 데 격분하여 그에게 모욕을 주려고 이선고를 진흙탕에 눕힌 다음, 의관까지 마구 짓밟아 버렸다. 공주는 평소 이선고의 재주를 아끼고 있던 터라 이렇게 말렸다.

　　"상서尙書께서는 우리 아이들의 공부에 대해서는 생각지 않으십니까? 선비를 이렇게 대하면 어찌 제가 평양공주平陽公主와 같은 명예를 얻을 수 있겠습니까?"

　　그러고는 사람을 시켜 이선고를 부축해 새로운 옷으로 갈아입힌 다음 좌중에 앉도록 하였다. 그리고 이선고로 하여금 시를 짓도록 하였다. 이선고는 감사히 여기며 이런 시를 읊었다.

"붉은 등을 둥근 달만큼 높이 달아　　　　紅鐙初上月輪高
　뜰 앞을 비치니 만 타래의 복숭아 꽃　　照見堂前萬朶桃
　필율 악기 소리는 은빛 관을 통해 맑게 퍼지고　觱栗調淸銀字管
　비파 소리는 자단조紫檀槽에 청량하네　琵琶聲亮紫檀槽
　노래 잘하는 소녀들 얼굴색 옥과 같고　能歌姹女顔如玉
　술자리의 소랑은 그 눈빛 날카롭네　　解飮蕭郞眼似刀
　깊은 밤 어찌하여 술안주 뒤엎어　　　爭奈夜深抛要合
　춤추며 노는 사람 노고롭게 하는고?"　舞來捘去使人勞

　두종은 이를 보고 칭찬하였다. 그 뒤 이선고에게 배운 두종의 두 아들,
두예휴杜裔休와 두유휴杜儒休가 모두 과거에 급제하자 사람들은 이렇게
말하였다.
　"어진 어머니가 그 선생님을 잘 대접하지 않았더라면 두 아들을 이렇게
잘 키우지는 못하였을 것이다."
　지금 여러 문집들 속에 왕왕 이선고의 작품이 실려 있다. 그 시들은
영준호매英俊豪邁한 기개를 가지고 있고 격조 또한 청려淸麗하나 아깝게도
수량이 많지 않다.
　이선고의 아우 이선원李宣遠도 시에 뛰어나 당시에 이름을 날렸으나
지금까지 전해오는 작품은 그저 몇 수 셀 수 있을 정도일 뿐이다.

　李宣古: 附, 李宣遠
　宣古, 字垂後, 澧陽人. 會昌三年, 盧肇榜進士. 又試中宏辭.
工文, 極俊, 有詩名. 性謔浪, 多所譏誚. 時杜悰尙主, 出守澧陽,
宣古在館下, 數陪宴賞, 諧慢旣深, 悰不能忍, 忿其戲己, 辱之,
使臥於泥中, 衣冠顚倒. 長林公主素惜其才, 勸曰:「尙書獨
不念諸郞學文, 待士如此, 那得平陽之譽乎?」

遣人扶起, 更以新服, 赴中座, 使宣古賦詩, 謝曰:『紅鐙初
上月輪高, 照見堂前萬朵桃. 觱栗調清銀字管, 琵琶聲亮紫
檀槽. 能歌姹女顔如玉, 解飮蕭郎眼似刀. 爭奈夜深抛要合.
舞來按去使人勞』

杜公賞之. 後悰二子裔休·儒休皆中第, 人曰:「非毋賢待師,
不足成其子」

今諸集中往往載其作, 有英氣, 調頗淸麗, 惜不多見. 竟簿
命無印綬之譽, 落寞自終.

弟宣遠, 亦以詩鳴, 今傳者, 可數也.

【澧陽】 지금의 湖南省 澧縣.
【盧肇】 字는 子發. 會昌 3年에 李德裕의 추천으로 知貢擧를 壯元으로 등용
하였으며 정치적 명성이 높았다.
【杜悰】 宰相 杜佑의 손자로 憲宗의 장녀인 岐陽公主와 결혼하여 뒤에 京兆尹·
宰相에까지 올랐다. 兩《唐書》에 傳이 있다.
【尙】 公主를 아내로 맞이한 남자에게만 쓰는 말.
【長林公主】 岐陽公主를 잘못 쓴 것.《新唐書》(卷83)를 볼 것. 長林公主는
代宗의 딸로 沈明에게 시집갔다.
【平陽公主】 唐 高祖 李淵의 셋째 딸. 柴紹에게 시집갔으며 아버지가 唐을
세우기 전 反隋 작전을 벌이자 軍隊를 모아 娘子軍을 引率하였다. 兩《唐書》
에 傳이 있다.
【紅鐙初上月輪高】 이 詩는《全唐詩》(卷552)에 실려 있으며 제목은 〈杜司空
席上賦〉이다. (참고)
【觱栗】 고대의 樂器. 西域 龜玆國에서 전래되었다 한다.
【蕭郎】 春秋時代의 蕭史. 피리를 잘 불어 秦 穆公이 자신의 딸 弄玉을 주어
사위로 삼자 어느 날 피리를 불어 鳳凰을 모은 다음 이를 타고 승천하였다
한다. 후에 蕭郎은 여성의 선모 대상인 남자를 뜻하게 되었다.《列仙傳》
참조.

【耍令】다른 本에는 '耍合'으로 실려 있다. '耍合'은 술상에 차려진 음식들을 말한다. 耍는 쇄(사)로 읽는다.

【杜公賞之】이 사건은 《雲溪友議》卷中 '澧陽宴'을 근거로 한 것이다.

【李宣遠】李宣古의 아우이며 《唐詩紀事》(卷43)에 그에 관한 기록이 실려 있으며, 그는 貞元 年間에 進士에 급제하였다. 이로 보아 그는 李宣古보다 40여 년이나 앞선 人物로 兄弟 사이인지는 확실치 않다. 《全唐詩》에 그의 詩 2首가 실려 있다.

참고 및 관련 자료

1. 이선고(李宣古)

字는 垂後이다. 그의 詩는 五代 韋谷의 《才調集》에 古詩 1首가 실려 있으며 《全唐詩》(卷552·870)에 詩 5首와 斷句가 실려 있다. 《唐詩紀事》(卷55)에 관련 기록이 실려 있다.

2. 《唐詩紀事》卷55

宣古, 字垂後.

3. 《全唐詩》卷552

李宣古, 字垂後, 會昌三年進士第, 詩四首.

4. 〈杜司空席上賦〉(《全唐詩》卷552)

(《紀事》云: 杜司空悰自忠武軍節度使出鎭澧陽, 宣古數陪游宴, 乘醉慢侮, 悰欲辱之. 長林公主曰:「豈有飮而擧人細過耶?」謂宣古請爲詩, 冀彌縫也. 宣古得韻立成此詩.)

『紅燈初上月輪高, 照見堂前萬朵桃. 觱栗調清銀象管, 琵琶聲亮紫檀㯺. 能歌姹女顏如玉, 解引蕭郎眼似刀. 爭奈夜深抛耍令, 舞來按去使人勞.』

183(7-15)

요곡姚鵠

요곡姚鵠의 자는 거운居雲이며 회창會昌 4년, 예부상서禮部尙書 왕기王起 아래에서 진사에 급제하였다. 요곡은 항상 대관 공경이 된 자들의 막부에 드나들기를 좋아하였으나 그는 관리로서의 재능이나 문장으로서의 가치를 모두 제대로 드러내 보이지는 못하였다. 그저 하나의 이름이 전해지는 것으로 다행을 삼을 만한 인물에 불과하다.

시집 1권이 지금 전하고 있다.

姚鵠:

鵠, 字居雲, 會昌四年, 禮部尙書王起下進士. 多出入當時 好士公卿之席幕, 然吏才文價, 俱不甚超. 一名僅爾流播, 亦多幸矣.

詩一卷, 今傳.

【王起】穆宗 때 禮部侍郞·知貢擧를 지냈으며 뒤에 兵部尙書에 올랐다. 명성이 널리 알려진 人物로 兩《唐書》에 傳이 있다.

1. 요곡(姚鵠)

字는 居雲.《新唐書》(藝文志, 4)·《宋史》(藝文志, 7)에《姚鵠詩》1卷이 著錄
되어 있으며《全唐詩》(卷553)에 그의 詩 1卷이 편집되어 있고《全唐詩外編》
에 詩 1首가 補入되어 있다.《唐詩紀事》(卷55)에 관련 기록이 실려 있다.

2.《唐詩紀事》卷55

鵠, 字居雲.

3.《全唐詩》卷553

姚鵠, 字居雲, 登會昌三年進士第, 詩一卷.

184(7-16)
항사項斯

    항사項斯는 자는 자천子遷이며 강동江東 사람으로 회창會昌 4년, 왕기王起 아래에서 2등으로 진사에 급제하였다. 항사는 윤주潤州 단도현위丹徒縣尉를 제수받자마자 그 임소에서 세상을 뜨고 말았다. 개성開成 연간에 그의 성가는 심히 높았고 특히 수부원외랑水部員外郞 장적張籍에게 큰 칭찬을 받았다. 그 때문에 항사의 시는 격조가 장적과 서로 유사하며 청묘기절淸妙奇絕하다. 소사少師 정훈鄭薰이 항사에게 이런 시를 주었다.

> "항사가 장적을 만났으니   項斯逢水部
> 그 누가 정이 들지 못하게 하리오!"   誰道不關情

    항사는 성격이 소광疏曠하였으며 따뜻이 배불리 먹고사는 일은 그의 본심이 아니었다.

    처음에 그는 조양봉朝陽峰 앞에 초려를 짓고 수도하는 스님들과 교왕하면서 자연 속에서 형적形迹에 구애를 받지 않았다. 그리하여 이끼나 꽃으로 모자를 만들어 쓰고, 학의 깃털로 옷을 해 입고는 소나무 그늘에 쉬면서 흰 돌을 베개로 삼고 맑은 샘을 마시면서 길이 시를 읊고 자세히 자연을 관조하였다. 이렇게 하기를 30년, 그만 늘그막에 세속에 나가 이름을 더럽혀 자신의 맑은 운치를 잃고 말았다. 이에 스스로 자신을 경책하는 시를 읊었다.

"병이란 바로 산약을 찾아 헤매는 것	病嘗山藥遍
　가난 때문에 초당은 낮게 지었었지."	貧起草堂低

그리고 또,

"손님 오니 달 빛 속에 자려고	客來因月宿
　침상을 산 쪽으로 옮겼지."	床勢向山移

라 하였으며 〈하제下第〉 시에서는

"낙제하고 오는 길 홀로 말 타고 강을 건너	獨在過江馬
　꽃보고 싶은 옷깃 억지로 털어 버렸네."	强拂看花衣

라 하였다. 그리고 〈병승病僧〉 시에서는

"몸이 죽은 다음 일은 말하지도 않고	不言身後事
　병든 몸 그대로 참선을 하네."	猶坐病中禪

라고 읊었다. 그 외에도 이런 시들이 있다.

"호수와 산은 만 겹으로 푸른데	湖山萬疊翠
　문 앞 나무에 봄 한 줄기 지나가네."	門樹一行春

"외로운 등불 하나 근심 속에 꾸는 꿈	一燈愁裏夢
　아홉 이랑 머나먼 길 병든 속에 봄 오겠지."	九陌病中春

"달 밝은 옛 절에 손이 되어 찾아오니	月明古寺客初到
　바람만 한문閑門을 드나들 뿐 스님은 오지도 않았네."	風度閑門僧未歸

그리고 그의 〈궁인입도宮人入道〉에서는

"벽락을 두드리니 새로 재올리는 풍경소리　　　　　將敲碧落新齋磬
　도리어 소양전昭陽殿에는 옛 음악소리 아름답다."　却進昭陽舊賜箏

라 하였으니, 모두가 다 이런 것으로 더 이상 보지 않아도 당시 사람들이
얼마나 칭송하였을지 충분히 알 수 있다. 한편 국자좨주國子祭酒 양경지
楊敬之는 항사에게 이런 시를 주었다.

"몇 번을 보아도 그 시 참으로 좋습니다　　　　　幾度見詩詩總好
　게다가 생긴 모습 보면 시보다 낫지　　　　　　及觀標格過於詩
　평생 남을 어떻게 칭찬해야 할지 모르고 있는 터에　平生不解藏人善
　가는 곳마다 만나는 이 모두 항사 자랑 가득하네."　到處逢人說項斯

항사의 이름은 이 시로 인해 더욱 드날리게 되었다.
문집 1권이 세상에 전한다.

項斯:

斯, 字子遷, 江東人也. 會昌四年, 王起下第二人進士. 官潤州,
丹徒縣尉. 卒於任所. 開成之際, 聲價藉甚, 特爲張水部所知賞,
故其詩格頗與水部相類, 淸妙奇絶. 鄭少師薰贈詩云: 『項斯
逢水部, 誰道不關情!』

斯性疏曠, 溫飽非其本心.

初, 築草廬於朝陽峯前, 交結靜者, 槃礴巖林, 戴薜化冠,
披鶴氅, 就松陰, 枕白石, 飮淸泉, 長哦細酌, 凡如此三十餘年.

晚汚一名, 殊屈淸致. 其警聯如『病嘗山藥徧, 貧起草堂低.』

如『客來因月宿, 牀勢向山移.』

〈下第〉云:『獨存過江馬, 強拂看花衣.』

〈病僧〉云:『不言身後事, 猶坐病中禪.』

又『湖山萬疊翠, 門樹一行春.』

又『一燈愁裡夢, 九陌病中春.』

如『月明古寺客初到, 風度閒門僧未歸.』

又〈宮人入道〉云:『將敲碧落新齋磬, 卻進昭陽舊賜箏』之類, 不一而足, 當時盛稱.

楊敬之祭酒贈詩云:「幾度見君詩總好, 及觀標格過於詩. 平生不解藏人善, 到處逢人說項斯」

其名以此益彰矣.

集一卷, 今行.

【丹徒】 지금의 江蘇省 鎭江市.

【張籍】 본책 卷五(138) 참조.

【鄭薰】 字는 子溥. 翰林學士·吏部侍郎 등을 역임하였다. 《新唐書》에 傳이 있다.

【項斯逢水部】 이 詩는 《全唐詩》 卷547에 斷句로 실려 있다.

【朝陽峰】 지금의 浙江省 杭州 徑山의 봉우리.

【淨者】 僧侶를 말한다.

【病嘗山藥遍】 이 시는 《全唐詩》(卷554)에 실려 있으며 제목은 〈題令狐處士溪居〉이다. (참고)

【客來因月宿】《全唐詩》(卷554) 〈宿胡氏溪亭〉. (참고)

【下第】《全唐詩》(卷554) 〈落第後寄江南親友〉. (참고)

【病僧】《全唐詩》(卷554) 〈日本病僧〉. (참고)

【湖山萬疊翠】《全唐詩》(卷554) 〈聞友人會裴明府縣樓〉. (참고)

【一燈愁裏夢】《全唐詩》(卷554) 〈長安書懷呈知己〉.

【月明古寺客初到】《全唐詩》(卷554)〈宿山寺〉

【宮人入道】《全唐詩》(卷554)〈送宮人入道〉.

【楊敬之】文宗 때 國子祭酒를 지낸 人物.《新唐書》에 傳이 있다.

【幾度見詩詩總好】이 시는 唐나라 張洎의 《項斯詩集序》에 실려 있다.

참고 및 관련 자료

1. 항사(項斯)

字는 子遷이다.《新唐書》(藝文志, 4)에《項斯詩》1卷이 著錄되어 있으며
《全唐詩》(卷554)에 1卷이 편집되어 있고《全唐詩續拾》에 詩 1首가 補入
되어 있다.《唐詩紀事》(卷49)와《全唐詩話》(卷4)에 관련 기록이 실려 있다.

2.《唐詩紀事》卷49 (《全唐詩話》卷4도 같다.)

斯, 字子遷, 江東人. 始末爲聞人, 因以卷謁楊敬之, 楊苦愛之, 贈詩云:『幾度
見詩詩盡好, 及觀標格過於詩. 平生不解藏人善, 到處逢人說項斯.』未幾詩達
長安, 明年擢上第.

3.《全唐詩》卷554

項斯, 字子遷, 江東人. 會昌四年擢第, 終丹徒尉, 詩一卷.

4.〈題令狐處士谿居〉(《全唐詩》卷554)

『白髮已過半, 無心離此溪. 病嘗山藥徧, 貧起草堂低. 爲月窗從破, 因詩壁重泥.
近來常夜坐, 寂寞與僧齊.』

5.〈宿胡氏溪亭〉(《全唐詩》卷554)

『獨住水聲裏, 有亭無熱時. 客來因月宿, 牀勢向山移. 鶴睡松枝定, 螢歸葛葉垂.
寂寥猶欠伴, 誰爲報僧知.』

6.〈落第後寄江南親友〉(《全唐詩》卷554)

『古巷槐陰合, 愁多晝掩扉. 獨存過江馬, 强拂看花衣. 送客心先醉, 尋僧夜不歸.
龍鍾易惆悵, 莫遣寄書稀.』

7.〈日本病僧〉(《全唐詩》卷554)

『雲水絶歸路, 來時風送船. 不信身後事, 猶坐病中禪. 深壁藏燈影, 空窗出艾煙.
已無鄉土信, 起塔寺門前.』

8.〈聞友人會裴明府縣樓〉(《全唐詩》卷554)

『閒閣雨吹塵, 陶家揖上賓. 湖山萬疊翠, 門樹一行春. 景遍歸簷燕, 歌喧已醉身.
登臨興不足, 喜有數來因.』

9.〈長安書懷呈知己〉(《全唐詩》卷554)

『江湖歸不易, 京邑計長貧. 獨夜有知己, 論心無故人. 一燈愁裏夢, 九陌病中春.
爲問清平日, 無門致出身.』

10.〈宿山寺〉(《全唐詩》卷554)

『栗葉重重復翠微, 黃昏溪上語人稀. 月明古寺客初到, 風度閒門僧未歸. 山果
經霜多自落, 水螢穿竹不停飛. 中宵能得幾時睡, 又被鐘聲催著衣.』

11.〈送宮人入道〉(《全唐詩》卷554)

『願隨仙女董雙成, 王母前頭作伴行. 初戴玉冠多誤拜, 欲辭金殿別稱名. 將敲
碧落新齋磬, 卻進昭陽舊賜箏. 旦暮焚香繞壇上, 步虛猶作按歌聲.』

185(7-17)
마대馬戴

　　마대馬戴는 자가 우신虞臣이며 화주華州 사람이다. 마대는 회창會昌 4년, 좌복야左僕射 왕기王起 밑에서 진사에 급제하였으며 항사項斯·조하趙嘏와 동년同年으로 세 사람 모두 시로써 그 이름을 날렸다.

　　당초 마대는 대동군막부大同軍幕府의 막료가 되어 가도賈嶋·허당許棠 등과 창답唱答한 시를 남길 정도였다. 집이 가난하였지만 봉록은 농사 짓는 일을 대신할 뿐, 매년 관부에서 주는 봉록이 아주 적었다. 그러나 마대는 종일토록 시를 읊으며 청허자여淸虛自如한 생활로 만족하게 여겼다. 그의 〈추사秋思〉 시 일절은 다음과 같다.

　　"모든 나무 가을 장마 겪고 난 후에　　　　　　萬木秋霖後
　　　외로운 산엔 석양빛이 남았네　　　　　　　　孤山夕照餘
　　　농촌엔 그 해 바칠 세금조차 없으니　　　　　田園無歲計
　　　추위 다가오면 초동 어부 어찌할꼬?"　　　　寒近憶樵漁

　　마대의 시풍은 대개 이와 같다. 뒤에 마대는 벼슬이 국자박사國子博士에 올랐다가 생을 마쳤다.

　　◎ 마대의 시는 장려壯麗하여 만당晚唐의 시인들 중에 으뜸에 해당한다. 우유優游하되 불박不迫하고 침착沈着하되 통쾌하여 두 가지가 서로 상해傷害

함이 없는 훌륭한 작품들을 남겼다.

마대는 젊은 나이에 그윽한 곳에 심거深居하기를 즐겼으며 그 고향도 역시 유명한 화산華山을 바라보고 있었다. 산 위에서 진천秦川을 일망하면 황애黃埃와 적일赤日 속에 능운지조凌雲之操의 기상이 생겨날 수밖에 없었다. 마대는 옥녀봉玉女峰 세두분洗頭盆 아래에 초당을 지었다. 창문도 모두 편벽하게 만들어 바로 앞에 30 길의 폭포를 마주하고 있었다. 그리고 때때로 산 속의 은사들과 내왕하면서 살았던 것이다. 그러니 그 누가 흰머리에 그 때서야 관직에 나가겠다 하겠는가? 그 봉록으로 가난과 병을 치료할 수도 없을뿐더러, 한갓 원숭이나 학의 조롱거리만 되고 말 일이었을 것이로다.

그의 시집 1권이 세상에 전한다.

馬戴:

戴, 字虞臣, 華州人. 會昌四年, 左僕射王起下進士, 與項斯·趙嘏同榜, 俱有盛名. 初, 應辟佐大同軍幕府, 與賈嶋·許棠唱答. 苦家貧, 爲祿代耕, 歲廩殊薄, 然終日吟事, 淸虛自如.

〈秋思〉一絶云:『萬木秋霖後, 孤山夕照餘. 田園無歲計, 寒近憶樵漁.』

調率如此. 後遷國子博士, 卒.

◎ 戴詩壯麗, 居晚唐諸公之上, 優游不迫, 沈著痛快, 兩不相傷, 佳作也. 早耽幽趣, 旣鄕里當名山, 秦川一望, 黃埃赤日, 增起凌雲之操. 結茅堂玉女洗頭盆下, 軒窗甚僻, 對懸瀑三十仞, 往還多隱人. 誰謂白頭從宦, 俸不醫貧, 徒興猿鶴之誚, 不能無也?

有詩一卷, 今傳.

【王起】前出.

【大同軍】玄宗 開元 19年에 지금의 山西省 大同市에 설치한 軍府.

【許棠】본책 卷9(222) 참조.

【秋思】이 詩는 《全唐詩》(卷556)에 실려 있으며 제목도 같다. 2首 중 제1首.
 (참고).

【華山】원문 "旣鄉里當名山"은 〈三間本〉 校語에 "此句不明, 當有脫誤"라
 하였다. 여기에서 名山은 지역으로 보아 華山을 가리킨다.

【秦川】地名. 古代 秦나라의 땅으로 지금의 陝西·甘肅의 넓은 평원 지역.

【玉女峰洗頭盆】華山의 玉女峰 玉女祠 앞에 5개의 石臼가 있어 이를 선녀가
 세수한 盆이라 여겨 부른 이름이다.

【猿鶴之誚】南朝 齊나라 孔稚珪의 〈北山移文〉에 "蕙帳空兮夜鵠怨, 山人去兮
 曉猿驚, 昔聞投簪逸海岸, 今見解蘭縛塵纓, 於是南嶽獻嘲. 北壟騰笑, 列壑爭譏.
 攢峰竦誚"라 하였다.

> ### 참고 및 관련 자료

1. 마대(馬戴)

字는 虞臣이며 詩集은 지금도 전한다(楊軍《馬戴詩注》참고).《新唐書》(藝文志,
4)에 著錄되어 있으며 《全唐詩》에는 詩 2卷(555·556)이 편집되어 있고 《唐詩
紀事》(卷54) 및 《全唐詩話》(卷4)에 관련 기록이 실려 있다.

2. 《唐詩紀事》卷54

《金華子》云: 戴大中初掌書記於太原李司空幕, 以正言被斥, 貶龍陽尉. 行道
興詠以自傷. 其〈方城懷古〉云:『申胥任向秦庭哭, 靳尙終貽楚國羞.』〈新春聞赦〉
云:『道在猜讒息, 仁深疾苦除, 堯聰能下聽, 湯網本來疎.』

3. 《全唐詩》卷555

馬戴, 字虞臣. 會昌四年進士第, 宣宗大中初, 太原李司空辟掌書記, 以正言被
斥爲龍陽尉. 懿宗咸通末, 佐大同軍幕, 終太學博士. 詩集一卷, 今編二卷.

4. 〈秋思〉(《全唐詩》卷556)

『萬木秋霖後, 孤山夕照餘. 田園無歲計, 寒近憶樵漁. 亭樹霜霰滿, 野塘鳧鳥多.
蕙蘭不可折, 楚老徒悲歌.』

186(7-18)

맹지孟遲

    맹지孟遲는 자는 달지達之이며 평창平昌 사람으로 회창會昌 5년에 이중易重과 동방으로 진사에 급제하였다. 맹지는 시에 이름이 났으며 특히 절구絶句에 뛰어났고 풍류가 무미嫵媚하여 모두가 궁상금석宮商金石과 같은 소리를 내는 것들이었다.

    맹지는 성정性情이 고배웅顧非熊과 투합하였고 더구나 둘 사이는 동년同年이었다.

    시집 1권이 있어 세상에 전한다.

孟遲:

遲, 字達之, 平昌人. 會昌五年, 易重榜進士. 有詩名, 尤工絶句, 風流嫵媚, 皆宮商金石之聲. 情與顧非熊甚相得, 且同年.

有詩一卷, 行於世.

【平昌】지금의 山東省 商河縣.

【易重】人名.《唐詩紀事》(卷52) 易重傳에 "會昌五年陳商下進士, 張瀆第一, 重次之. 後詔白敏中重考, 覆落瀆等八人, 而重居牓首"라 하였다.

【嫵媚】雙聲連綿語. 아름답고 고움을 말함.

【宮商金石】'宮商'은 五音階인 宮·商·角·微·羽, '金石'은 樂器를 말한다.
【顧非熊】顧況의 아들. 188 참조.
【相得】'서로 의기투합하다'의 뜻.《周易》革卦에 "二女同居, 其志不相得, 曰革"
이라 하였다.

참고 및 관련 자료

1. 맹지(孟遲)

字에 대해서는 〈四庫全唐本〉에는 '達之'로 되어 있으나 혹 '升之'라고도 한다.
그런가 하면 〈三間本〉에는 '遲之'라 하였다. 그 외의 文集은《新唐書》(藝文志,
4)·《宋史》(藝文志, 7)에 모두《孟遲詩》1卷이 著錄되어 있다.《全唐詩》(卷
557)에 詩 17首가 실려 있으며《唐詩紀事》(卷54)에 관련 기록이 실려 있다.

2.《唐詩紀事》卷54

遲, 字遲之(一作升之), 登會昌五年進士第.

3.《全唐詩》卷557

孟遲, 字遲之, 平昌人, 登會昌五年進士第, 詩十七首.

187(7-19)

임번任蕃

　　임번任蕃은 회창會昌 연간의 인물로 집은 강동江東이었으나 주로 회계산 會稽山의 초계苕溪·삽계霅溪 지역을 떠돌아다녔다. 당초 임번은 진사 시험을 보려고 서울까지 갔지만 급제하지 못하였다. 그러자 그는 시험관을 찾아 가 이렇게 말하였다.

　　"저는 본래 시골 촌사람으로서 만 리를 멀다 아니하고, 손으로 햇빛을 가리며 뜻을 펴고자 하였지만 성취하지 못하고 말았습니다. 시랑께서는 강동에 임번이란 자가 있어 집은 가난하나 열심히 공부한다는 소문을 들었을 텐데, 어찌 그로 하여금 차마 집으로 돌아갈 때도 장안으로 올라 올 때와 똑같은 초라한 모습으로 놔둘 수 있겠습니까? 감히 여기서 고별 말씀 드리고 거문고나 타면서 스스로 즐거움으로 삼으며 도를 공부하는 것으로 역시 행복으로 여기겠습니다."

　　시험관은 매우 안타깝게 여기며 그를 머물게 하고 싶었지만 어쩔 수가 없었다. 임번은 자연 속으로 돌아와 오직 시 짓기에만 열중하였다. 그리고 그 곳을 떠나 천태산天台山 건자봉巾子峰에 갔다가 그곳 절의 벽에다가 이런 시를 써놓았다.

　　"절벽 끝에 가을 오니 찬 밤 기운이 일어나고　　絶頂新秋生夜凉
　　학이 퍼득이니 소나무 이슬이 옷을 적시네　　鶴翻松露滴衣裳
　　앞 봉우리 돋은 달은 온 강물을 비추는데　　前峰月照一江水

스님은 푸른 그늘 아래 죽방을 열어놓네."　　　　僧在翠微開竹房

　　그러고 나서 백여 리쯤 떠났다가 '一江水'를 '半江水'로 고치고자 다시
되돌아왔더니 누군가가 이미 '半江水'라 바꾸어 놓은 게 아닌가? 뒤에
또 다른 어떤 사람이 그 절에 이렇게 벽에다 시를 써놓았는데, 그 성명은
알려져 있지 않지만 내용은 이러하였다.

　　"임번이 글을 쓴 후 이은 사람 없다네　　　　任蕃題後無人繼
　　적막한 공산에 2백 년이 흘렀네."　　　　　　寂寞空山二百年

　　임번에 대한 재명才名이 이와 같았던 것이다. 임번은 작품을 쓸 때면
반드시 남의 이목을 바꾸어 놓고 말았다. 이를테면 그의 〈낙양도洛陽道〉
라는 시는 이러하다.

　　"동동거리며 오가는 낙양의 큰 길　　　　憧憧洛陽道
　　티끌 아래에 봄 풀 돋는다　　　　　　　塵下生春草
　　나그네라 어찌 집이 없으며　　　　　　行者豈無家
　　집에는 어찌 늙은 부모 없으랴　　　　　無人在家老
　　새벽닭 울기 전에 행장 묶어서　　　　　鷄鳴前結束
　　다투어 오가며 늦을까 걱정하네　　　　爭去恐不早
　　백 년이나 오래된 길 옆이 다 닳고　　　百年路傍盡
　　밝은 해는 수레 속까지 훤히 비추네　　白日車中曉
　　부유함을 구하자니 강해라도 좁고　　　求富江海狹
　　귀함을 취하자니 산악도 작네　　　　　取貴山嶽小
　　이단二端이 곧바로 저 길 위에 섰는데　　二端立在途
　　무엇을 위해서 저리도 분주할까?"　　　奔走何由了

　　임번의 풍도를 떠올리려면 이 정도 시는 오히려 충분한 경개가 되지
못하고 있다.

시 77수를 1권으로 한 시집이 있어 지금 전하고 있으며 이것이 그의
작품 전체는 아니다.

任蕃(任翻):

蕃, 會昌間人, 家江東, 遊會稽苕·雪間. 初亦擧進士之京,
不第, 榜罷進謁主司曰:「僕本寒鄕之人, 不遠萬里, 手遮赤日,
步來長安, 取一第榮父母, 不得. 侍郎豈不聞江東一任蕃, 家貧
吟苦, 忍令其去如來日也? 敢從此辭, 彈琴自娛, 學道自樂耳」

主司慚, 欲留不可得. 歸江湖, 專尙聲調. 去遊天台巾子峰,
題寺壁間云:『絶頂新秋生夜涼, 鶴翻松露滴衣裳. 前峰月照
一江水, 僧在翠微開竹房.』

旣去百餘里, 欲回改作「半江水」, 行到題處, 他人已改矣.
後復有題詩者, 亡其姓名, 曰:『任蕃題後無人繼, 寂寞空山
二百年.』才名類是.

凡作必使人改視易聽, 如〈洛陽道〉云:『憧憧洛陽道, 塵下
生春草. 行者豈無家, 無人在家老. 雞鳴前結束, 爭去恐不早.
百年路傍盡, 白日車中曉. 求富江海狹, 取貴山嶽小. 二端立
在途, 奔走何由了.』

想蕃風度, 此亦足擧其梗槩.

有詩七十七首爲一卷, 今傳, 非全文矣.

【苕雪】苕溪·雪溪. 浙江省 天目山에서 發源하여 吳興을 지나 太湖로 흘러
들며 이를 雪溪라 한다. 또 이 물가에 苕花가 많이 자라 苕溪라고도 한다.
【巾子峰】지금의 浙江省 寧海縣에 있는 天台山과 마주하고 있는 봉우리.

【絶頂新秋生夜凉】이 詩는 《全唐詩》(卷727)에 실려 있으며 제목은 〈宿巾子山禪寺〉이다. 시의 全文이다.

【洛陽道】이 詩도 《全唐詩》(卷727)에 실려 있으며 제목은 〈洛陽道〉로 같다. 詩의 全文이다.

【二端】氣와 魄.《禮記》祭義에 "二端旣去, 報以二禮"라 하였다.

참고 및 관련 자료

1. 임번(任蕃)

《新唐書》·《唐詩紀事》에는 모두 '任翻'으로 되어 있다. 《新唐書》(藝文志, 4)에 《任翻詩》1卷이 著錄되어 있으며 南宋 劉克莊의 《後村詩話》(卷1)에는 "唐任蕃詩存者五言十首而已, 然多佳句"라 하였다. 한편 《全唐詩》(卷727)에 그의 詩 18首가 실려 있고, 《全唐詩外編》에 斷句 1聯이 있으며 《天台集》에 그의 〈賦台州早春詩〉 1首가 수록되어 있다. 《唐詩紀事》(卷64)에 관련 기록이 실려 있다.

2. 《唐詩紀事》 卷64

〈宮怨〉云: 『淚乾紅落臉, 心盡白垂頭. 自此方知怨, 從來豈信愁.』蕃又有 『無語與春別, 細看枝上紅』之句, 張爲取作《主客圖》.

3. 《全唐詩》 卷727

任翻(一作蕃), 唐末人, 詩集一卷, 今存詩十八首.

188(7-20)

고비웅顧非熊

고비웅顧非熊은 고소姑蘇 사람으로 고황顧況의 아들이다. 어려서부터 아주 똑똑하여 한 번 보면 즉시 외울 정도였다. 시에 뛰어났으며 원근에 그 소문이 퍼졌다. 성품이 골계滑稽를 좋아하고 말솜씨가 뛰어나 우스갯소리를 잘하였다. 그 때문에 가끔 잘난 체 하는 자제들을 골탕 먹이는 일도 많았다. 그리하여 많은 사람들의 노여움을 샀으며 고비웅을 배척하는 자들이 들끓게 되었다.

고비웅은 과거 시험에 30년이나 각축전을 벌였지만 결국 압력을 받아 굴욕을 당하였을 뿐이다. 회창會昌 5년, 고비웅은 드디어 간의대부諫議大夫 진상陳商에 의해 과거에 급제하였다.

당초 황제가 고비웅의 시가詩價를 듣고 그 때까지도 급제하지 못하고 있는 것을 괴이히 여겨, 유사有司로 하여금 그를 문장으로 시험해 추가로 그를 급제시켰던 것이다.

이에 유득인劉得仁이 이를 시로써 축하해 주었다.

"내 어린 아이였을 때	愚爲童稚時
이미 그대의 시를 읽고 알았네	已解念君詩
이제 과거에 이리 늦게 급제하였으나	及得高科早
모름지기 황제의 알아줌을 만날지어다."	須逢聖主知

그리고 고비웅은 우이주부盱眙主簿가 되었지만 손님맞이에 싫증을 느낀 데다, 또한 죄인을 문초하는 일에 염증을 느껴 그만 벼슬을 버리고 은거해 버렸다.

사마司馬 왕건王建은 이에 시로써 그를 이렇게 송별하였다.

"강마을 버들 푸르고 바닷가에 안개 피네   江城柳色海門煙
모산으로 가려고 배에서 내렸네   欲到茅山始下船
알겠도다. 그대 집 폭포수 흐르고   知道君家當瀑布
창포 푸른 못이 초당 앞에 있겠지."   菖蒲潭在草堂前

이 때 함께 전별하며 시를 읊어준 자들은 모두가 당시의 명류들이었다.
그 뒤 고비웅은 어떻게 죽었는지 모른다. 혹 전하기로는 그는 모산茅山에 10년을 살다가 어느 날 아침 이인異人을 만나 함께 깊은 산 속으로 들어간 다음 다시는 나타나지 않았다고 한다.
시집 1권이 있어 세상에 전한다.

顧非熊:

非熊, 姑蘇人, 況之子也. 少俊悟, 一覽輒能成誦. 工吟, 揚譽遠近. 性滑稽好辯, 頗雜笑言, 凌轢氣焰子弟. 旣犯衆怒, 擠排者紛然. 在擧場角藝三十年, 屈聲被人耳. 會昌五年, 諫議大夫陳商放榜.

初, 上洽聞非熊詩價, 至是怪其不第, 勅有司進所試文章, 追榜放令及第. 劉得仁賀以詩曰: 『愚爲童稱時, 已解念君詩. 及得高科早, 須逢聖主知.』

授盱眙主簿, 不樂拜迎, 更厭鞭撻, 因棄官歸隱. 王司馬建送詩云: 『江城柳色海門煙, 欲到茅山始下船. 知道君家當瀑布, 菖蒲潭在草堂前.』

　一時餞別吟贈俱名流.

　不知所終. 或傳住茅山十餘年, 一旦遇異人, 相隨入深谷, 不復出矣.

　有詩一卷, 今行於世.

【顧況】 본책 卷3(075) 참조.

【陳商】 唐 武宗 때의 諫議大夫.

【追榜】 重試(재시험)를 거쳐 及第한 자를 榜으로 붙였다.《舊唐書》武宗紀에
　　의하면 會昌 5年(845) 2월 과거가 끝나고 榜을 붙여 37명을 급제시켰으나
　　의론이 분분하였다. 武宗이 이에 翰林學士 白敏中으로 하여금 重試를 실시
　　토록 하여 7명을 낙제시키고 追榜을 붙였다고 한다.

【劉得仁】 卷6(166) 참조.

【愚爲童稚時】 이 詩는《全唐詩》(卷544)에 실려 있으며 제목은 〈賀顧非熊及
　　第其年內索文章〉이다. 이는《唐摭言》(卷8)에서 채록된 것이다. (참고)

【盱眙】 지금의 江蘇省 盱眙縣.

【王建】 卷4(101) 참조.

【江城柳色海門煙】 이 詩는《全唐詩》(卷301)에 실려 있으며 제목은 〈送顧非
　　熊秀才歸丹陽〉이다. 이는 顧非熊이 登第하기 전에 王建이 준 送別詩로 본
　　문의 내용은 오류이다. (참고)

【江城】 潤州城을 가리킨다.

【海門】 산 이름. 焦山산맥의 일부. 지금의 江蘇省 鎭江市.

【茅山】 句曲山. 茅氏 兄弟 셋이 이곳에서 得道하여 茅山이라 하며 晉 이래
　　道敎의 聖地로 여겼다. 지금의 江蘇省 句容縣에 있다.

　참고 및 관련 자료

1. 고비웅(顧非熊)

顧況의 아들로 알려졌으나 사실 여부는 확실치 않다. 그의 詩는《新唐書》

(藝文志, 4)에 《顧非熊詩》 1卷이 著錄되어 있으며 《全唐詩》(卷509)에 詩 1卷, 그리고 《全唐詩續拾》에 詩 5首가 실려 있다. 《唐詩紀事》(卷63)에 관련 기록이 실려 있다.

2. 《唐詩紀事》 卷63

○ 非熊, 況之子. 段成式云:「況始喪子, 年七十. 況哭之曰:『老人喪愛子, 旦暮哭成血. 聲逐斷猿悲, 跡隨飛鳥滅. 老夫已七十, 不作多時別.』後再生子, 七歲, 其兄戱批之, 忽曰:『我爾之兄, 何故批我?』乃敍前生事, 歷歷不誤, 卽非熊也.」

○ 非熊滑稽好凌轢, 在擧場垂三十年. 長慶中登第, 劉得仁賀以詩云:『愚爲童稚時, 已解念君詩. 及得高科晚, 須逢聖主知.』成名歸茅山, 項斯送以詩曰:『吟詩三十載, 成比一名難. 自有恩門入, 全無帝里歡. 湖光愁裏碧, 巖影夢中寒. 別後杉松月, 何人共曉看?』非熊, 大中詩自盱眙簿棄官, 隱茅山.

3. 《全唐詩》 卷509

顧非熊, 況之子, 性滑稽, 好凌轢. 困擧場三十年, 穆宗長慶中, 登進士第. 累佐使府, 大中間, 爲盱眙尉, 慕父風, 棄官隱茅山, 詩一卷.

4. 劉得仁 〈賀顧非熊及第其年內案文章〉 (《全唐詩》 卷544)

『愚爲童稚時, 已解念君詩. 及得高科晚, 須逢聖主知. 花前翻有淚, 鬢上卻無絲. 從此東歸去, 休爲墜葉期.』

5. 王建 〈送顧非熊秀才歸丹陽〉 (《全唐詩》 卷301)

『江城柳色海門煙, 欲到茅山始下船. 知道君家當瀑布, 菖蒲潭在草堂前.』

189(7-21)

조업曹鄴

조업曹鄴은 자가 업지鄴之이며 계림桂林 사람이다. 여러 번 과거에 낙방하자 조업은 〈사원삼수오정시四怨三愁五情詩〉를 썼는데 전아한 도道가 심히 고박하였다.

조업은 당시 사인舍人인 위각韋慤에게 알려져 위각이 예부시랑禮部侍郎 배휴裴休에게 적극 추천하게 되었다. 대중大中 4년, 조업은 드디어 장온기張溫琪와 동방으로 급제하였다.

방榜에 이름이 붙은 날, 그는 시험관에게 이런 시를 올렸다.

"한번 내 고향 계림의 원숭이를 이별하고 나서　　一辭桂巖猿
　도성문의 달을 보고 아홉 번 울었소　　　　　　九泣都門月
　해마다 해마다 맹춘 때가 되면　　　　　　　　年年孟春至
　꽃을 보면서도 눈인가 여기며 슬퍼하였다오."　看花如看雪

또, 그의 〈행원연간정동년杏園宴間呈同年〉 시에는 이렇게 읊었다.

"험한 길 하늘에 있는 것 아닐세　　　　　　　岐路不在天
　10년을 가도 닿지 못하네　　　　　　　　　十年行不至
　그러나 하루 아침 공도가 열리기만 하면　　一旦公道開
　청운의 꿈 이루기는 평지처럼 쉽다네"　　　靑雲在平地

그런가 하면 다시 이렇게 이었다.

"급제하고 총총히 거리로 나서니   忽忽出九衢
 아이들조차도 얼굴빛이 다르네   童僕顏色異
 옛날 옷 아직 갈아입기도 전인데   故衣未及換
 그래도 지난 해 눈물은 남아 있네."   尚有去年淚

그리고 또 이렇게 이어 읊었다.

"길이 함께 할 같은 마음 가지고   永持芝濟心
 절대 호월과 같은 마음 일으키지 맙시다."   莫起胡越意

　이러한 훌륭한 구절이 심히 많다. 그는 의지가 특히 근고勤苦하였으며
벼슬은 양주자사洋州刺史에까지 올랐다.
　시집 1권이 지금 전하고 있다.

曹鄴:

　鄴, 字業之, 桂林人. 累擧不第, 爲〈四怨·三愁·五情〉詩,
雅道甚古. 特爲舍人韋慤所知, 力薦於禮部侍郎裴休, 大中四年,
張溫琪榜中第. 看榜日, 上主司詩云:『一辭桂巖猿, 九泣都
門月. 年年孟春至, 看花如看雪.』
　〈杏園宴間呈同年〉云:『歧路不在天, 十年行不至. 一旦公
道開, 青雲在平地.』
　又云:『匆匆出九衢, 童僕顏色異. 故衣未及換, 尚有去年淚.』
　又云:『永特共濟心, 莫起胡越意.』

佳句類此甚多. 志特勤苦. 仕至洋州刺史.
有集一卷, 今傳.

【四怨三愁五情詩】《全唐詩》(卷592)에 〈四怨三愁五情詩十二首〉가 있다.
【韋愨】字는 端士. 文宗 때 등제하여 禮部侍郎·知貢擧·武昌軍節度使 등을
　지냈다. 兩《唐書》에 傳이 있다.
【裴休】字는 公美로 知貢擧·戶部侍郎 등을 역임하였으며 兩《唐書》이 傳이
　있다.
【一辭桂巖猿】이 詩는 《全唐詩》(卷592)에 실려 있으며 제목은 〈成名後獻
　恩門〉이다. (참고)
【杏園】당시 長安의 曲池 서남에 있었으며 지금의 陝西省 西安市 大雁塔
　남쪽. 唐나라 때는 進士 합격 방이 붙은 후 〈曲江會〉·〈杏園宴〉·〈雁塔題名〉
　등의 자축 연회가 성행하였다.
【同年】같은 해 같은 科擧에 합격한 사람끼리 부르는 號稱.
【杏園宴間呈同年】이 詩는 《全唐詩》(卷592)에 실려 있으며 제목은 〈杏園卽
　席上同年〉이다. 그 아래 마지막의 "草起胡越意"까지 연결된 詩이다 (참고)
　이 故事는 《詩話總龜》(卷10)의 기록을 근거한 것이다.
【胡越】서로 멀리 있어서 알아주지 않는 상대.《淮南子》俶眞訓에 "是故自
　異者視之, 肝膽胡越: 自同者視之, 萬物一圈也"라 하였다.
【洋州】지금의 陝西省 洋縣.

참고 및 관련 자료

1. 조업(曹鄴)
字는 業之로 太常博士·祠部郎中·洋州刺史·吏部郎中 등을 지낸 人物이다.
그의 文集은 《新唐書》(藝文志, 4)에 《曹鄴詩》3卷이라 하였으나 《宋史》
(藝文志, 7)에 《曹鄴古風詩》2卷이라 하였다. 《全唐詩》에는 그의 詩가 2卷
(592·593)으로 편집되어 있고 《全唐詩續拾》에 詩 3首가 補入되어 있다.
《唐詩紀事》(卷60) 및 《全唐詩話》(卷5)에 관련 기록이 실려 있다.

2.《唐詩紀事》卷60

○ 鄴, 字業之, 大中進士也. 唐末, 以祠部郎中知洋州(《全唐詩話》卷5도 같다.)

○ 鄴能文, 有特操. 咸通初, 爲太常博士. 白敏中卒, 議諡, 鄴責其病不堅退, 且逐諫臣, (懿宗立, 敏中病足求避位, 不許. 補闕王譜奏, 願聽其請, 無使有特曠曠責之譏. 帝怒斥譜.) 擧怙威肆行, 諡曰醜. 高元裕子璩, 懿宗時爲相, 卒. 鄴建言, 璩爲宰相, 交游醜雜, 進取多蹊徑. 諡法: 不思妄愛曰刺, 請諡爲刺.

3.《全唐詩》卷592

曹鄴, 字業之, 桂州人. 登大中進士第, 由天平幕府遷太常博士, 歷祠部郎中·洋州刺史, 詩二卷.

4.〈四怨三愁五情詩十二首〉幷序(《全唐詩》卷592)

鬱於内者, 怨也; 阻於外者, 愁也; 犯於性者, 情也. 三者有一賊於前, 必爲顚·爲沴·爲早死人, 鄴專仁誼久矣. 有擧不得用心, 恐中斯物, 殞天命, 幸未死. 間作四怨·三愁·五情, 以望詩人救.

其一怨: 『美人如新花, 許嫁還獨守. 豈無靑銅鏡, 終日自疑醜.』

其二怨: 『庭花已結子, 巖花猶弄色. 誰令生處遠, 用盡春風力.』

其三怨: 『短鬢一如蝝, 長眉一如蛾. 相共棹蓮舟, 得花不如他.』

其四怨: 『手推嘔啞車, 朝朝暮暮耕. 未曾分得穀, 空得老農名.』

其一愁: 『遠夢如水急, 白髮如草新. 歸期待春至, 春至還送人.』

其二愁: 『澗草短短青, 山月朗朗明. 此夜目不掩, 屋頭烏啼聽.』

其三愁: 『別家鬢未生, 到城鬢似髮. 朝朝臨川望, 灞水不入越.』

其一情: 『東西是長江, 南北是官道. 牛羊不戀山, 只戀山中草.』

其二情: 『阿嬌生漢宮, 西施住南國. 專房莫相妒, 各自有顔色.』

其三情: 『蛺蝶空中飛, 夭桃庭中春. 見他夫婦好, 有女初嫁人.』

其四情: 『檳榔自無柯, 椰葉自無陰. 常羨庭邊竹, 生筍高於林.』

其五情: 『野雀空城飢, 交交復飛飛. 勿怪官倉粟, 官倉無空時.』

5.〈成名後獻恩門〉(《全唐詩》卷592)

『爲物稍有香, 心遭蠹虫嚙. 平人登太行, 萬萬車輪折. 一辭桂嶺猿, 九泣東門月. 年年孟春時, 春花不如雪. 僻居城南隅, 顔子須泣血. 沈埋若九泉, 誰肯開口說. 辛勤學機杼, 坐對秋燈滅. 織錦花不常, 見之盡云拙. 自憐孤生竹, 出土便有節. 每聽浮競言, 喉中似無舌. 忽然風雷至, 驚起池中物. 拔上靑雲巓, 輕如一毫髮. 瓏瓏金鎖甲, 稍稍城烏絶. 名字如鳥飛, 數日便到越. 幽蘭生雖晚, 幽香亦難歇. 何以保此身, 終身事無缺.』

6. 〈杏園卽席上同年〉(《全唐詩》卷592)

『岐路不在天, 十年行不至. 一旦公道開, 靑雲在平地. 枕上數聲鼓, 衡門已如市.
白日探得珠, 不待驪龍睡. 忽忽出九衢, 僮僕顔色異. 故衣未及換, 尙有去年淚.
晴陽照花影, 落絮浮野翠. 對酒時忽驚, 猶疑夢中事. 自憐孤飛鳥, 得接鸞鳳翅.
永懷共濟心, 莫起胡越意.』

190(7-22)
정우鄭嵎

정우鄭嵎는 자가 빈광賓光이며 대중大中 5년, 이고李郜와 동방으로 진사에 급제하였다. 시집 1권이 있어 이름을 《진양문시津陽門詩》라 하였다. 진양津陽이란 화청궁華淸宮의 외궐外闕이다. 정우는 그곳의 나이 많은 노인들에게 물어 일백 운韻의 장시長詩를 지었다.

모두가 당唐 현종玄宗 때의 사건을 읊은 것이다.

鄭嵎:

嵎, 字賓光, 大中五年, 李郜榜進士. 有集一卷, 名〈津陽門詩〉. 津陽, 卽華淸宮之外闕. 詢求父老, 爲詩百韻, 皆紀明皇時事者也.

【李郜】大中 5年(851)의 進士 시험에 壯元한 人物.
【津陽門詩】《全唐詩》(卷567). (참고)
【華淸宮】온천 華淸池에 있는 宮闕. 지금의 陝西省 臨潼縣 驪山 아래에 있으며, 玄宗이 양귀비를 위해 세운 別宮이다.
【一百韻】200 句의 長詩이다. (참고)

1. 정우(鄭嵎)

字는 賓光(賓先)으로 그의 詩는《全唐詩》(卷567)에 1首가 실려 있으며《全唐紀事》(卷62)에 관련 기록이 실려 있다.

2.《全唐紀事》卷62

〈津陽門詩序〉云:「津陽門者, 華淸宮之外闕, 南局禁闌, 開成中, 嵎常得群書, 下帷於石甕僧觀, 而甚聞宮中陳跡焉. 今年冬, 自虢而來, 暮及山下, 因解鞍謀飡, 求客旅邸. 而主公年且艾, 自言世事明皇. 夜闌酒餘, 復爲嵎道承平故實. 翌日, 於馬上輒裁刻俚叟之語, 爲長句七言詩, 凡一千四百字, 成一百韻止, 以艸題爲之目云耳.」

3.《全唐詩》卷567

鄭嵎, 字賓先, 大中五年進士第, 詩一首.

4.〈津陽門詩, 幷序〉(《全唐詩》卷567)

서문은 위의《唐詩紀事》기록과 같으며 그 아래 詩 일부만 전재한다.

『津陽門北臨通逵, 雪風獵獵飄酒旗. 泥寒款段蹶不進, 疲童退問前何爲.』(下略)

191(7-23)

유가劉駕

　　유가劉駕는 자는 사남司南이며 대중大中 6년에 예부시랑禮部侍郎 최서崔嶼 아래에서 진사에 급제하였다.

　　당초 유가는 조업曹鄴과 친구 사이였으며 서로 아주 친한 사이로, 둘 모두 고풍시古風詩에 뛰어났다. 그런데 조업이 먼저 과거에 급제하자 조업은 차마 유가를 그냥 둔 채 떠날 수가 없어 장안長安에서 그를 기다렸다가 유가도 급제하자 그제야 함께 팽려彭蠡의 고향으로 돌아갔다.

　　당시 나라에서는 하황河湟 일대 영토를 수복하여 귀마방우歸馬放牛의 태평 성대를 누리게 되었다. 유가는 이에 악부樂府 10장을 임금께 올리면서 그 〈서序〉에 이렇게 썼다.

　　"저 유가는 당나라에 태어나 28년을 살았으며 영명하신 천자께서 덕으로써 하황 지역을 수복함을 보게 되었습니다. 이에 저희들은 천하의 온 남녀와 같이 다시금 태평성대를 누리게 되었습니다. 한스럽기는 저는 어리석고 천하여 황제 앞에서 춤을 출 수 없어 시 10편을 지어 올리나이다. 비록 종묘의 음악으로 올릴 것은 되지 못하나 성덕을 형용한 것이오니 원컨대 농부나 자기 굽는 자, 어부들이 강호나 논밭에서 이 노래를 불러 준다면 역시 스스로 만족함을 느낄 수 있겠나이다."

　　이렇게 시를 바치자 황제는 아주 기뻐하며 유가의 관직을 높여주었다.

　　유가의 시는 주로 비흥比興을 함축하고 있으며 어떤 고정적인 시체詩體에는 얽매이지 않고 오직 자신의 뜻을 다 표현할 수 있는 형식이면 되었다.

유가는 당시 종사宗師로 추앙받았으며 문집 1권이 지금 세상에 전하고 있다.

劉駕:

駕, 字司南, 大中六年, 禮部侍郎崔嶼下進士. 初, 與曹鄴爲友, 深相結, 俱工古風詩. 鄴旣擢第, 不忍先歸, 待長安中, 駕成名, 迺同歸彭蠡故山. 時國家復河·湟故地, 有歸馬放牛之象, 駕獻樂府十章, 〈序〉曰:「駕生唐二十八年, 獲見明天子以德歸河·湟. 臣得與天下夫婦復爲太平人. 恨愚且賤, 不得拜舞上前, 作詩十篇, 雖不足貢聲宗廟, 形容盛德, 願與耕稼陶漁者, 歌江湖田野間, 亦足自快」

詩奏, 上甚悅, 累歷達官. 駕詩多比興含蓄. 體無定規. 意盡卽止, 爲時所宗.

今集一卷, 行於世.

【崔嶼】'崔璵'로도 표기된다.《舊唐詩》崔璵傳에 "大中五年, 遷禮部侍郎. 元年選士, 時謂得才"라 하였다.

【曹鄴】189 참조.

【彭蠡】원래는 范蠡로 잘못 실려 있다. 范蠡는 人名(《史記》越王句踐世家 참조)이며 彭蠡는 鄱陽湖이다. 지금의 江西省에 있는 波陽湖이다.

【河湟】黃河와 湟水 일대를 말하며 지금의 甘肅省 동남부, 寧夏 일대.

【歸馬放牛】'戰爭에 쓰던 말과 소를 자연으로 돌려보내다'의 뜻으로, 太平聖代를 말한다.《尙書》周書 武成篇에 "乃偃武修文, 歸馬於華山之陽, 放牛於桃林之野"라 하였다.

【比興】六義 중의 比와 興으로 여기에서는 正道의 詩作法을 말한다.

1. 유가(劉駕)

《直齋書錄解題》(卷19)에 《劉駕集》 1卷이 著錄되어 있으며 《宋史》(藝文志, 7)에 《古風詩》 1卷이 기록되어 있다. 《全唐詩》(卷585)에 그의 詩 1卷이 편집되어 있고 《唐詩紀事》(卷63)에 관련 기록이 실려 있다.

2. 《唐詩紀事》 卷63

駕與曹鄴友善, 工古風. 鄴大中詩擢第, 不出京, 候駕登科同去.

3. 《全唐詩》 卷585

劉駕, 字司南, 江東人. 登大中進士第, 官國子博士, 詩一卷.

192(7-24)

방간方干

방간方干은 자가 웅비雄飛이며 동려桐廬 사람이다. 어려서 맑은 재주가 있었으나 성품이 산졸散拙하여 생계를 꾸려나가는 데에는 능력이 없었다. 대중大中 연간에 진사시험에 응시하였으나 낙방하자 경호鏡湖에 은거해 버렸다. 그 호수 북쪽에 띠집을 짓고 살았다. 그런데 그 호수 서쪽에 송도松島라는 섬이 있어 매번 풍청명월風淸明月할 때면 어린아이와 이웃집 늙은이를 대동하고 가벼운 배를 타고 오가면서 자신의 생활에 만족하였다.

사는 곳은 물과 나무가 그윽하여 풀 하나 꽃 하나가 나그네를 떠나지 못하게 하는 곳이었다. 집이 가난하였지만 낡은 거문고 하나 두고 행음취와行吟醉臥하면서 스스로 즐겼다.

서응徐凝이 처음 시로써 이름이 나기 시작하였을 때, 방간을 한 번 만나보고는 그의 그릇됨에 반해 즉시 사우師友로 삼고 방간에게 시 짓는 법을 가르쳐 주었다. 이에 방간은 서응에게 이런 시를 주었다.

"새로운 시를 얻어 초야에서 이를 논하네."   把得新詩草裏論

그런데 사람들이 이를 반절反切로 바꾸어 '초리론草裏論'을 '촌리토村裏老'라 고쳐 방간이 서응을 놀린 것이라 하나 이는 사실이 아니다. 방간은 생김이 누추하고 토결兎缺로, 성격이 남을 능멸하고 모욕하기를 잘하였다.

대부大夫 왕구王龜가 절동관찰사浙東觀察使가 되어 예의를 차려 방간을 초청하였다. 그 때 방간은 그에게 가서 예절을 몰라 세 번이나 절을 하자 사람들이 그를 '방삼배方三拜'라 불렀다.

　왕구는 그의 지조를 가상히 여겨 그를 조정에 추천하려고 오융吳融에게 표表의 초안을 작성하도록 하였다. 그런데 며칠 후, 왕구가 그만 병으로 죽고 말아 일이 이루어지지 못하였다. 방간은 어렸을 때 해계偕計를 품고 장안長安과 낙양洛陽에 다다르자 공경과 호사가들이 다투어 그를 대접해 주었다. 그러나 끝내 과거에 이름을 올리지 못하자 그만 되돌아와서는 더 이상 영욕에 대한 꿈을 갖지 않게 되었다.

　절강浙江 일대에는 원림園林과 명승名勝이 많았다. 이에 방간은 마음이 내키면 문득 그 주인들을 찾아가 두루 시를 남겨 주고 왔다. 당초 이빈李頻이 방간으로부터 시를 배웠으며, 이빈이 급제하자 시승詩僧 청월淸越이 이를 축하하여 방간에게 이런 시를 써주었다.

　　"제자가 이미 계수나무를 꺾었는데도　　　　　弟子已折桂
　　　선생은 여전히 정원에 물을 주고 있네."　　　先生猶灌園

　방간이 함통咸通 말년에 죽자 문인들이 서로 그의 덕과 삶을 토론하며 시호를 '현영선생玄英先生'이라 하였다. 그리고 낙안樂安 손합孫郃 등이 방간의 유시遺詩 370여 편을 모아 10권으로 편집하였다.

　왕찬王贊은 방간을 이렇게 논하였다.

　"살 속 깊이 파고들고 뼛속 깊이 씻어내어 빙설이 수정 같듯이, 채하彩霞가 현려絢麗하듯이 그의 시는 깨끗하다. 아름다운 맛이 그대로 들어 있어 그 나머지까지 다 핥아먹고 싶을 정도이다. 아름답되 향기를 마구 풍기지도 않고 쓴맛이면서도 가시가 있지는 않다. 뜻을 얻으면 갑자기 신기神氣와 결합하여 시어詩語의 의미를 다 드러내지 못한 듯하나, 그 뜻이 이미 홀로 드러나 보인다."

　손합도 역시 이렇게 평하였다.

　"그 뛰어남은 흔한 꽃 위에 신선의 꽃봉오리가 피어난 것 같고, 그 울음은 신룡한 타룡鼉龍이 사람들을 향해 소리치는 것 같다."

방간의 작품들을 보건대 이들의 평론이 결코 지나친 것이 아님을 알 수 있다.

◎ 옛날 검루黔婁 선생이 죽자 증삼曾參과 문인들이 조문하면서 그 부인에게 이렇게 물었다.

"선생님께서 돌아가셨으니 시호를 무슨 글자로 할까요?"

그러자 검루 선생의 처가 이렇게 말하였다.

"'강康'으로 하지요!"

증삼이 이에 이렇게 말하였다.

"선생님께서 살아 계실 때 밥은 솥에 차지도 않았고, 옷은 그 육신도 가리지 못하였습니다. 게다가 죽어서는 관이 작아 수족도 다 집어넣을 수 없을 정도이며 그 옆에는 주육酒肉의 제수祭需도 마련해 놓을 수 없을 만큼 가난합니다. 살아서 즐거움을 맛보지도 못하였고, 죽어서도 영광을 누리지 못하셨는데 무엇이 즐겁다고 '강康'자를 넣어 시호를 쓰리오?"

그 아내는 이렇게 설명하였다.

"지난 날 선생께서는 나라의 임금이 재상으로 불러도 사양하고 가지 않았소. 이는 바로 그 귀貴함이 이미 여유가 있는 것입니다. 또 임금이 곡식 30 종鍾을 주었지만 이것도 받지 않고 돌려보냈소. 이로 보면 부富함이 이미 넘쳐난 것입니다. 선생께서는 천하의 담박한 맛을 달다고 하였고, 천하의 낮은 지위를 편안히 여겼으며, 빈천에 척척戚戚하지 않고 부귀에 황황遑遑하지 않았소. 인을 구하면 인을 얻고 의를 구하면 의를 얻었소. 그러니 시호를 '강康'으로 함이 어찌 마땅치 않다는 말이오?"

방간은 위포지사韋布之士에 불과하였지만 살아서 고상하다는 평을 받았고 죽어서 '현영玄英'이라는 시호까지 얻었으니 그 경개와 대절로 보아 어찌 그리 검루 선생과 비슷한가?

方干:

干, 字飛雄, 桐廬人. 幼有淸才, 散拙無營務. 大中中, 擧進士不第, 隱居鏡湖中. 湖北有茅齋, 湖西有松嶋, 每風淸月明, 攜稚子隣叟, 輕棹往返, 甚愜素心. 所住水木幽閟, 一草一花, 俱能留客. 家貧, 蓄古琴, 行吟醉臥以自娛. 徐凝初有詩名, 一見干器之, 遂相師友, 因授格律.

干有贈凝詩云: 『把得新詩草裏論.』

時謂反語爲邨裏老, 疑干譏誚, 非也. 干貌陋兔缺, 性喜凌侮. 王大夫廉問浙東, 禮邀干至, 誤三拜, 人號爲「方三拜」. 王公嘉其操, 將薦於朝, 託吳融草表, 行有日, 王公以疾逝去, 事不果成. 干早歲偕計, 往來兩京, 公卿好事者爭延納, 名竟不入手, 遂歸, 無復榮辱之念. 浙中凡有園林名勝, 輒造主人, 留題幾遍. 初, 李頻學干爲詩, 頻及第, 詩僧淸越賀云: 『弟子已折桂, 先生猶灌園.』

咸通末, 卒. 門人相與論德謨蹟, 謚曰「玄英先生」. 樂安孫郃等綴其遺詩三百七十餘篇, 爲十卷.

王贊論之曰: 「鎪肌滌骨, 冰瑩霞絢. 嘉肴自將, 不吮餘雋, 麗不葩芬, 苦不癯棘. 當其得志, 倏與神會. 詞若未至, 意已獨往.」

郃亦論曰: 「其秀也, 仙藥於常花; 其鳴也, 靈鼉於衆響.」

觀其所述, 論不過矣.

◎ 古黔婁先生死, 曾參與門人來弔, 問曰: 「先生終, 何以謚?」妻曰: 「以『康』.」參曰: 「先生存時, 食不充膚, 衣不蓋形, 死則手足不斂, 傍無酒肉. 生不美, 死不榮, 何樂而謚爲『康』哉?」妻曰: 「昔先生, 國君用爲相, 辭不受, 是有餘貴也. 君饋粟三十鍾, 辭不納, 是有餘富也. 先生甘天下之淡味, 安天下卑位, 不戚戚於貧賤, 不遑遑於富貴, 求仁得仁, 求義得義, 諡之以 『康』, 不亦宜乎?」 方干, 韋布之士, 生稱高尚, 死諡「玄英」, 其梗槩大節, 庶幾乎黔婁者耶?

【雄飛】方干의 字는 다른 기록에는 '飛雄'으로 되어 있다.

【鏡湖】東漢 때 會稽太守 馬臻이 만든 저수지. 매우 맑았다고 한다.

【徐凝】徐凝과 方干의 이 故事는 《唐摭言》(卷4·10)에 실려 있다. (참고)

【把得新詩草裏論】이 구절은 《全唐詩》(卷653)에 斷句로 실려 있다.

【草裏論】'草論'을 反切로 읽으면 '村'이 되고, '論草'를 反切로 읽으면 '老'가 되어 결국 '村老'가 되는 것으로 풀이한다. (참고)

【王龜】字는 大年으로 王起의 아들이다. 아버지를 따라 河東府에서 일하다가 觀察副使 등을 역임하였다. 《新唐書》에 傳이 있다. 王龜와 方干의 이야기는 《唐摭言》(卷10)·《北夢瑣言》(卷6) 참조. (참고)

【偕計】科擧. 원래는 남이 科擧를 보도록 권유하는 것. 본책 180 注 참조.

【李頻】193 참조.

【淸越】당시의 詩僧. 그러나 方干에게 詩를 써 준 詩僧은 淸越이 아니라 貫休로 실려 있다. 이는 《唐摭言》(卷4) 〈師友〉와 《唐詩紀事》(卷60)를 볼 것. 참고

【折桂】科擧에 及第함을 뜻한다. 166 참조.

【弟子已折桂】이 詩는 《全唐詩》(卷829)의 《貫休集》에 실려 있으며 제목은 〈贈方干〉이다. (참고)

【孫郃】唐 昭宗 때 進士에 급제한 方干의 친구. 《唐詩紀事》(卷61)에 관련 기록이 실려 있다. (참고)

【王贊】五代 後周 世宗 때 三司의 副使를 지냈던 人物. 宋이 들어서자 陽州 知州를 지냈다. 《宋史》에 傳이 있다.

【王贊論之】이는 王贊의 〈元英先生詩集序〉(《全唐文》 卷865)의 구절이다.

【鼉龍】일명 揚子鰐. 그 울음소리가 마치 북을 치는 것과 같다고 한다.

【黔婁】戰國時代 齊나라의 隱士. 그 아내와 함께 安貧樂道한 것으로 널리 알려져 있다. 《列女傳》 및 皇甫謐의 《高士傳》 참조.

【曾參】孔子의 弟子. 孝로써 이름난 人物. 字는 子輿.《論語》및《史記》·《說苑》·《韓詩外傳》등 참조.

【戚戚】'괴로워하다'의 뜻.〈五柳先生傳〉에 "贊曰: 黔婁有言, 不戚戚於貧賤, 不汲汲於富貴"라 하였다.

【求仁】《論語》述而篇에 "求仁得仁, 又何怨?"이라 하였다.

【玄英】원래 道教 神仙의 이름.《雲笈七籤》《卷1)《黃庭內景經脾長》〈三老同坐各有朋〉條에 "中玄老君居中黃庭宮, 與赤城童子·丹田君·皓華君·含明君·玄英君·丹元眞人等爲朋也"라 하였다. 한편, 王贊은 '元英先生'이라 하였으며 이는 玄과 元이 같이 쓰이기 때문이다.

참고 및 관련 자료

1. 방간(方干)
字는 雄飛, 혹은 飛雄. 그의 文集은《新唐書》(藝文志, 4)에《玄英先生詩集》10卷이 著錄되어 있으며《全唐詩》에는 그의 詩가 6卷(648~653)으로 편집되어 있다.《全唐詩續拾》에 詩 8首가 補入되어 있으며, 한편《唐詩紀事》(卷63)과《全唐詩話》(卷5)에 관련 기록이 실려 있다.

2.《唐詩紀事》卷63
干, 爲人質野, 每見人設三拜, 曰:「禮數有三.」識者呼爲方三拜. 爲人脣缺, 連應十餘擧, 遂歸鏡湖; 後十數年, 遇醫補脣, 年已老矣. 鏡湖人號曰『補脣先生』.

3.《全唐詩》卷648
方干, 字雄飛, 新定人. 徐凝一見器之, 授以詩律. 始擧進士, 謁錢塘太守姚合, 合視其貌陋, 甚卑之. 坐定覽卷, 乃駭目變容. 館之數日, 登山臨水, 無不與焉. 咸通中, 一擧不得志, 遂遊會稽. 漁於鑑湖, 太守王龜以其亢直, 宜在諫署. 欲薦之, 不果, 干自咸通得名. 迄文德, 江之南無有及者, 歿後十餘年, 宰臣長文蔚奏名儒不第子五人, 請賜一官, 以慰其魂, 干其一也. 後進私諡曰『玄英先生』, 門人楊弇與釋子居遠收得詩三百七十餘篇, 集十卷, 今編詩六卷.

4.〈村里老〉(《唐詩紀事》卷63)
干師徐凝, 干嘗刺凝曰:「把得新詩草裏論, 反語曰村裏老.」餘杭守謂干苦吟, 未能應, 卒因夜讌, 以飛字韻命賦之. 干詩立成曰:
『間世星郎夜讌時, 丁丁寒漏滴聲微. 琵琶絃促千般調, 鸚鵡盃深四散飛. 遍請玉容歌白雪, 高燒紅燭照朱衣. 人間有此榮華事, 爭遣漁翁戀釣磯.』

5. 貫休 〈贈方干〉(《全唐詩》 卷829에 실려 있다. 여기에서는 《唐詩紀事》의 기록을 실었다.)

僧貫休贈詩云: 『盛名與高隱, 合近謝敷村. 弟子已得桂, 先生猶灌園. 投綸侵海分, 得句覓雲根. 白日昇天路, 知君別有門.』(弟子, 謂李頻也.)

6. 孫郃의 〈玄英先生傳〉(《唐詩紀事》 卷61)

○ 孫郃〈玄英先生傳〉曰:「先生新定人, 字雄飛. 章八元卽先生外王父也. 廣明·中和間, 爲律詩, 江之南, 未有及者. 始謁錢塘守姚公合, 公視其貌陋. 初甚侮之坐定覽卷, 駭目變容而歎之. 先生一擧不得志, 遂遁於會稽, 漁於鑑湖. 與鄭仁規·李頻·陶詳爲三益友. 弟子弘農楊弇·釋子居遠. 先生卒, 弇編其詩, 請舍人王贊爲之序. 贊序云:『張祐升杜甫之堂, 方干入錢其之室』云.」

○ 孫郃〈哭玄英方先生〉云:『斗年文星落, 知是先生死. 湖上聞哭聲, 門前見彈指. 官無一寸祿, 名傳千萬里. 死着紙衣裳, 生誰念朱紫. 我心痛其詞, 淚落不能已. 猶喜韋補闕, 揚名獻天子.』

193(7-25)
이빈李頻

이빈李頻은 자가 덕신德新이며 목주睦州 수창壽昌 사람이다. 어려서 대단히 영민하였으며 자라서는 서산西山에 살았다. 이빈은 유람의 기록이 많고 시에 있어서는 특히 공교하다. 같은 고향의 방간方干과는 서로 스승이며 제자인 사이로 친하였다.

급사중給事中 요합姚合이 당시 시로써 이름이 있다는 것을 알고 이빈은 천리 먼 길을 힘들다 여기지 아니하고 직접 찾아가 자신의 작품에 대한 평가를 청하였다. 요합은 그를 보자 크게 칭찬하면서 동시에 그의 품격을 사랑하여 자신의 딸을 주어 사위로 삼았다.

대중大中 8년, 그는 드디어 안표顔標와 동방으로 진사에 급제하여 교서랑校書郎을 조임받고 남릉주부南陵主簿가 되었다. 그리고 다시 시판試判으로 입등入等하여 무공령武功令으로 옮겨갔다.

이빈은 성품이 경개耿介하여 잘못된 일을 그에게 요구할 수 없었다. 그는 기민饑民을 구휼하여 지방의 호족을 안정시켰다. 이에 경기京畿 지역이 안정되어 그의 공적이 널리 알려지게 되었다.

의종懿宗은 이를 가상히 여겨 이빈에게 비단과 은어銀魚를 하사하고 시어사侍御史로 발탁하였다. 이빈은 법을 준수하고 아첨을 물리쳤으며 뒤에 도관원외랑都官員外郎에 올랐다. 그리고 그는 건주자사建州刺史가 되기를 자청하여 건주에 부임한 다음, 법령을 발표하여 예禮로써 다스렸다. 당시 도적들이 도처에 날뛰었지만 오직 건주 지역만은 안정을 얻었다. 얼마 지나지 않아 이빈은 관직에서 죽어 그 시신을 관에 넣어 고향으로 가게 되었다. 그러자 그곳 백성들이 서로 영구를 붙들고 울음을 터뜨렸다. 그리고 영락주永樂州에 무덤을 정하고 이산利山에 그의 사당이 세워져 허마다 제사를 지낸다.

게다가 재앙이 있을 때면 반드시 그의 사당에 제사를 올리며 지금까지도 이빈이 내려주는 복을 누리고 있다.

이빈의 시는 비록 만년에 쓴 것이 많으나 그 시체詩體는 수주隨州 유장경劉長卿과 쌍벽을 이룰 정도이다. 소騷나 풍風같이 엄근嚴謹한 작품은 사람의 마음에 핍진한 느낌을 자아내게 한다.

시집 1권이 있어 지금도 세상에 전한다.

李頻:

頻, 字德新, 睦州, 壽昌人. 少秀悟, 長, 盧西山. 多記覽, 於詩特工. 與同里方干爲師友. 給事中姚合時稱詩穎, 頻不憚走千里丐其品第, 合見, 大加獎挹, 且愛其標格, 卽以女妻之.

大中八年, 顏標牓擢進士, 調校書郞, 爲南陵主簿. 試判入等, 遷武功令. 頻性耿介, 難干以非理. 賑饑民, 戰豪右, 於是京畿多賴, 事事可傳. 懿宗嘉之, 賜緋·銀魚, 擢侍御史. 守法不阿, 遷都官員外郞. 表乞建州刺史, 至則布條敎, 以禮治下. 時盜所在衝突, 惟建賴頻以安. 未幾, 卒官下, 櫬隨家歸, 父老相與扶柩哀悼, 葬永樂州, 爲立廟於梨山, 歲時祭祠, 有蔞沴必禱, 垂福逮今.

頻詩雖出晚年, 體製多與劉隨州相抗, 騷嚴風謹, 慘慘逼人.有詩一卷, 今行世.

【壽昌】지금의 浙江省 建德縣.

【方干】앞장 참조.

【姚合】卷六(157) 참조.

【建州】지금의 福建省 建甌縣.

【南陵】지금의 安徽省 南陵縣.

【永樂州】永洛州의 誤記. 《全閩詩話》에 《閩書》를 인용하여 "梨山上有廟.
唐李頻刺州時, 雅好此山. 公暇時往游, 頻卒官, 父老相率葬之縣永洛州, 既,
卽此山立廟"라 하였다.

【劉長卿】본책 卷2(038) 참조.

참고 및 관련 자료

1. 이빈(李頻)

字는 德新으로 《新唐書》(藝文志, 4)에 《李頻詩》 1卷이 著錄되어 있다. 《全
唐詩》에는 그의 詩 3卷(587~589), 그리고 884에 2首가 실려 있으며 《全唐詩
外編》 및 《全唐詩續拾》에 詩 3首, 斷句 2首가 補入되어 있다. 《唐詩紀事》
(卷60)과 《全唐詩話》(卷5)에 관련 기록이 실려 있다.

2. 《新唐書》 卷203 참조.

3. 《唐詩紀事》 卷60

賓, 字德新, 睦州人. 與里人方干善. 給事中姚合, 名爲詩, 士多歸重. 頻走千里,
丐其品藻. 合大加獎挹, 以女妻之. 乾符中, 以工部外郎爲劍州刺史, 卒.

4. 《全唐詩》 卷587

李頻, 字德新, 睦州壽昌人. 少秀悟, 逮長, 廬西山, 多所記覽. 其屬辭於詩尤長,
給事中姚合名爲詩, 士多歸重. 頻走千里, 丐其品, 合大加獎挹, 以女妻之. 大中
八年, 擢進士第, 調祕書郎, 爲南陵主簿, 判入等. 再遷武功令, 俄擢侍御史, 守法
不阿徇, 遷累都官員外郎, 表丐建州刺史, 以禮法治下. 建賴以安, 卒官. 父老爲
立廟梨山, 歲祠之, 有《建州刺史集》一卷, 又《號梨岳集》, 今編爲三卷.

194(7-26)

이군옥李群玉

이군옥李群玉은 자는 문산文山이며 예주澧州 사람이다. 이군옥은 우수한 재능을 가졌지만 오히려 성품은 광일曠逸하여 벼슬길에는 재미를 느끼지 못하고 오로지 음영吟咏하는 것으로 즐거움을 삼았다. 그의 시는 주려遒麗하고 문체는 풍연豐姸하였다.

이군옥은 생황笙篁 불기를 좋아하였고 글씨도 뛰어나 왕씨王氏·사씨謝氏 집안 제자처럼 따로 하나의 풍류를 즐기고 살았다.

친구들이 과거에 응시하기를 강하게 청하자 이군옥은 오직 한 번 과거에 응시하고는 더 이상 거들떠보지도 않았다.

재상 배휴裴休가 호남관찰사湖南觀察使가 되자 이군옥은 후한 예물로 예를 갖추어 그를 군郡의 부중府中으로 초청하여 이렇게 권면하였다.

"처사가 거친 옷을 입은 채 좋은 뜻을 품고 부귀를 부운浮雲처럼 여기며, 명망이 높은데도 스스로는 모르고 있으니 신기한 보물을 어찌 황폐한 길가에 그대로 버리고만 있겠습니까? 그대도 이제 행동으로 옮길 때입니다."

대중大中 8년, 이군옥은 초택草澤의 미천한 신분으로 장안長安으로 가서 대궐에 이르러 표를 올리며 스스로 시 300편을 바쳤다.

당시 마침 배휴가 재상으로서 그를 다시 추천하자, 임금인 선종宣宗은 아주 즐거워하며 그에게 홍문관교서랑弘文館校書郎을 내릴 것을 명하였다. 그러자 사군使君 이빈李頻은 그를 종형이라 부르기도 하였다.

그 뒤 이군옥은 상중湘中으로 물러나 그 곳에 있는 이비묘二妃廟에서 시를 지었다. 그 날 저녁 그가 산 속의 객사에 자게 되었다. 그런데 꿈에 두 여자가 그에게 나타나 이렇게 일렀다.

"우리는 아황娥皇과 여영女英이오. 선생께서 훌륭한 시를 주셨으니 그 대가로 끝없는 한만汗漫의 세계를 구경시켜 드리리다. 원컨대 따라오시오."

그러고는 잠깐 사이에 그 그림자가 사라지고 말았다.

이군옥은 스스로 우울한 속에 지내다가 일 년쯤 지난 뒤 세상을 뜨고 말았다. 단성식段成式은 이를 두고 시를 지어 이렇게 곡哭을 하였다.

"일찍이 황제 능 이야기를 말하더니   曾話黃陵事
지금 이 좋은 대낮 그대 생명 재촉하였네   今爲白日催
늙으면 남녀의 정도 얽힘이 없으련만   老無男女累
누가 그대 저 세상으로 돌아감을 곡하게 하나?"   誰哭到泉臺

지금 그의 《시집》 3권, 그리고 《후집後集》 5권이 세상에 전한다.

◎ 무릇 예포澧浦는 고래로 시인들이 많이 나는 곳이다. 굴원屈原이 벼슬길에서 참훼를 만났지만 어디에 하소연해야 할지 몰라 그 마음의 괴로움을 〈이소離騷〉라는 글로 지었는데, 소騷란 수愁의 뜻이다.

"끝났도다! 나라에 나를 알아주는 자가 없도다. 그러니 옛 서울을 그리워한들 무엇하랴?"

그 몸을 고기 뱃속에 맡겨 버려 혼을 불러도 오지 않는다. 꽃다운 풀이 시들고 쑥 더미 하늘로 뻗치니, 이런 것이 어찌 굴원 그 당시에만 있을 수 있는 일이겠는가? 이군옥은 자신의 천부적인 재질과 능력을 배양하여 인생의 하늘을 훨훨 날아다니면서 남이 알아주지 않아도 안타까워하지 않았고, 봉록이 자신에게 미치지 않아도 이를 불평하지 않았다. 그는 멀리 잠수涔水의 북쪽, 끝없는 하늘을 바라보고 두란杜蘭의 향기로 술을 담가 마셨다. 이군옥은 경공대부의 문을 찾아가 자신의 흉회胸懷를 털어놓되 일명一命에 멈추자 그만 물러나 은거해 버렸다. 풍경이 눈에 가득하니

차라리 옛 사람에게 부끄럼 없기를 바랐던 것이다.

그러므로 그 시의 격조가 청월淸越하며 주로 등산임수登山臨水하여 송별의 작품을 남기게 되었던 것이다. 이를테면

"멀리 갈 그대 긴 밤 마주 앉아　　　　　　遠客坐長夜
　빗소리 외로운 절에 가을 깊어 가는데　　雨聲孤寺秋
　청컨대 동해물을 얼마인가 재어보소　　　請量東海水
　이별의 이 수심과 어느 것이 더 깊은가!"　看取淺深愁

등의 구절이니, 이미 기려감람羈旅坎壈의 정을 곡진하게 읊은 것이다.

장대한 마음 천리를 가나 도리어 흥중에는 방촌方寸만큼도 흔들림이 없으니 역시 대단히 어려운 경지로다!

李羣玉:

羣玉, 字文山, 澧州人也. 淸才曠逸, 不樂仕進, 專以吟詠自適, 詩筆遒麗, 文體丰姸. 好吹笙, 美翰墨. 如王·謝子弟, 別有一種風流. 親友强之赴擧, 一上卽止. 裴相公休觀察湖南, 厚禮延致之郡中, 嘗勉之曰:「處士被褐懷玉, 浮雲富貴, 名高而身不知, 神寶寧久棄荒途? 子其行矣」

大中八年, 以草澤臣來京, 詣闕上表, 自進詩三百篇, 休適入相, 復論薦, 上悅之, 勅授弘文館校書郞. 李頻使君, 呼爲從兄. 歸湘中, 題詩二妃廟, 是暮宿山舍, 夢見二女子來曰:「兒娥皇·女英也, 承君佳句徵珮, 將遊於汗漫, 願相從也」

俄而影滅, 羣玉自是鬱鬱, 歲餘而卒.

段成式爲詩哭曰:『曾話黃陵事, 今爲白日催. 老無男女累,誰哭到泉臺?』

今有詩三卷, 後集五卷, 行世.

◎ 夫澧浦, 古騷人之國, 屈原仕遭讒毀, 不知所訴, 心煩意亂, 賦爲《離騷》, 騷; 愁也.「已矣哉! 國無人知我兮, 又何懷乎故都?」委身魚腹, 魂招不來. 芳草萎繭, 蕭艾參天, 奚獨一時而然也! 羣玉繼稟修能, 翺翔大化, 人不知而不慍, 祿不及而不言, 望涔陽之亡極, 挹杜蘭之緖馨, 款君門以披懷, 霑一命而潛退. 風景滿目, 寧無愧於古人, 故其格調淸越, 而多登山臨水·懷人送歸之製, 如:『遠客坐長夜, 雨聲孤寺秋. 請量東海水, 看取淺深愁』等句, 已曲盡羈旅坎壈之情. 壯心千里, 於方寸不擾, 亦大難矣.

【澧州】지금의 湖南省 澧縣.
【王謝】六朝時代 大族이었던 王氏와 謝氏를 말한다. 子弟들은 風流와 사치, 文學과 藝術을 즐겼다. 王羲之·謝靈運 등이 그 예이다. 《世說新語》참조.
【裴休】字는 公美이며 兩《唐書》에 傳이 있다. (189) 참조.
【娥皇女英】堯의 두 딸로 舜에게 시집갔다. 《列女傳》참조.
【段成式】本冊 177의 注 참조.
【曾話黃陵事】이 詩는《全唐詩》(卷584)에 실려 있으며 제목은〈哭李群玉〉이다. 詩의 全文이다.
【泉臺】九泉. 즉 저 세상.
【黃陵廟】여기에서는 二妃廟를 가리킨다.《全唐詩》(卷570)에 李群玉의〈黃陵廟〉詩가 있다.
【蕭艾參天】蕭艾는 小人을 가리킨다.《楚辭》離騷에 "何昔日之芳草兮, 今直爲此蕭艾也"라 하였다.
【大化】人生을 말한다.《列子》天瑞篇에 "人自生至終, 大化有四, 嬰孩也.

少壯也. 老耄也, 死亡也"라 하였다.

【不慍】'慍'이 '恤'로 잘못 실린 판본도 있다. 《論語》學而篇에 "人不知而不慍, 不亦君子乎?"라 하였다.

【祿不及】晉 文宗 때 介子推의 말. 《左傳》僖公 24年에 "介之推不言祿, 祿亦不及"이라 하였다.

【澧陽】澧水의 북쪽. 지금의 湖南省 澧縣 澧陽浦 洞庭湖와 長江 사이에 있다.

【杜蘭】杜若. 香草 이름. 杜衡·杜蓮. 山薑이라고도 쓴다.

【一命】官職이 미천함을 뜻한다. 周나라 때 官職이 一命부터 九命까지 있었으며 그중 一命이 가장 낮은 官職이었다.

【遠客坐長夜】이 詩는 《全唐詩》(卷568)에 실려 있으며 제목은 〈雨夜呈長官〉이다. (참고)

【羈旅】떠도는 官職. 원래 春秋戰國時代 타국 출신으로써 벼슬하는 경우를 말하였다. 말(馬)을 매어 놓고 잠시 벼슬하다가 다시 떠나는 신세라는 뜻이다.

【坎壈】疊韻連綿語. 힘들고 어려움.

참고 및 관련 자료

1. 이군옥(李群玉)

字는 文山이며 그의 文集은 《新唐書》(藝文志, 4)에 《詩集》3卷·《後集》5卷이 著錄되어 있으며, 《全唐詩》에는 詩 3卷(568~570)이 편집되어 있고, 《全唐詩續拾》에 詩 1首가 補入되어 있다. 《唐詩紀事》(卷54)·《全唐詩話》(卷4)에 관련 기록이 실려 있다.

2. 《唐詩紀事》卷54 (《全唐詩話》卷4도 같다.)

羣玉, 字文山, 澧州人. 裴休觀察湖南, 厚延致之, 及爲相, 以詩論薦, 授校書郎.

3. 《全唐詩》卷568

李羣玉, 字文山, 澧州人. 性曠逸, 赴擧一上而止, 惟以吟詠自適. 裴休觀察湖南, 延致之, 及爲相. 以詩論薦, 授弘文館校書郎. 未幾, 乞假歸卒, 集三卷, 後集五卷, 今編詩三卷.

4. 〈雨夜呈長官〉〈《全唐詩》卷568〉

『遠客坐長夜, 雨聲孤寺秋. 請量東海水, 看取淺深愁. 愁窮重於山, 終年壓人頭.
朱顏與芳景, 暗赴東波流. 鱗翼思風水, 靑雲方阻修. 孤燈冷素豔, 蟲響寒房幽.
借問陶淵明, 何物號忘憂. 無因一酩酊, 高枕萬情休.』

임동석(茆浦 林東錫)

慶北 榮州 上茆에서 출생. 忠北 丹陽 德尙골에서 성장. 丹陽初中 졸업. 京東高 서울
敎大 國際大 建國大 대학원 졸업. 雨田 辛鎬烈 선생에게 漢學 배움. 臺灣 國立臺灣師範
大學 國文硏究所(大學院) 博士班 졸업. 中華民國 國家文學博士(1983). 建國大學校
敎授. 文科大學長 역임. 成均館大 延世大 高麗大 外國語大 서울대 등 大學院 강의.
韓國中國言語學會 中國語文學硏究會 韓國中語中文學會 會長 역임. 저서에《朝鮮
譯學考》(中文)《中國學術槪論》《中韓對比語文論》. 편역서에《수레를 밀기 위해 내린
사람들》《栗谷先生詩文選》. 역서에《漢語音韻學講義》《廣開土王碑硏究》《東北
民族源流》《龍鳳文化源流》《論語心得》〈漢語雙聲疊韻硏究〉 등 학술 논문 50여 편.

임동석중국사상100

당재자전 唐才子傳

辛文房 撰 / 林東錫 譯註
1판 1쇄 발행/2010년 12월 12일
발행인 고정일
발행처 동서문화사
창업 1956. 12. 12. 등록 16-3799(윤)
서울강남구신사동540-22 ☎546-0331~6 (FAX)545-0331
www.epascal.co.kr
잘못 만들어진 책은 바꾸어 드립니다.

＊

＊

사업자등록번호 211-87-75330
ISBN 978-89-497-0643-6 04080
ISBN 978-89-497-0542-2 (세트)